Começando a Programar em C++

PARA LEIGOS

por Stephen R. Davis

CB002741

ALTA BOOKS
EDITORA
Rio de Janeiro, 2011

Começando a Programar em C++ Para Leigos Copyright © 2011 da Starlin Alta Editora e Consultoria Ltda.
ISBN 978-85-7608-599-7

Produção Editorial
Editora Alta Books

Gerência Editorial
Anderson da Silva Vieira

Supervisão de Produção
Angel Cabeza
Augusto Coutinho
Leonardo Portella

Equipe Editorial
Andréa Bellotti
Andreza Farias
Cristiane Santos
Deborah Marques
Gianna Campolina
Isis Batista
Juliana de Paulo
Lara Gouvêa
Lícia Oliveira
Lorrane Martins
Heloisa Pereira
Otávio Brum
Rafael Surgek
Sergio Cabral
Sergio Luiz de Souza
Thiago Scharbel
Taiana Ferreira
Vinicius Damasceno

Tradução:
Savannah Hartmann

Revisão Gramatical
Renata Valérie
Damião Nascimento

Revisão Técnica
Cristiano Galvão
Bacharel em Informática,
consulor e sócio da Genecsis.

Diagramação
Patrícia Seabra

Marketing e Promoção
Ida Sartório
marketing@altabooks.com.br

1ª reimpressão

Impresso no Brasil

Dados Internacionais de Catalogação na Publicação (CIP)

D261c   Davis, Stephen R.
       Começando a programar em C++ para leigos / Stephen R. Davis. – Rio de Janeiro, RJ : Alta Books, 2011.
       448 p. : il. + 1 CD-ROM – (Para leigos)

       Inclui índice e glossário.
       Tradução de: Beginning prog with c++ for dummies.
       ISBN 978-85-7608-599-7

1   1. C++ (Linguagem de programação de computador). 2. Programação orientada a objetos (Computação). I. Título. II. Série.

                    CDU 004.438C++
                    CDD 005.13

Índice para catálogo sistemático:
Linguagem de programação de computador : C++   004.438C++
(Bibliotecária responsável: Sabrina Leal Araujo – CRB 10/1507)

ALTA BOOKS
EDITORA

Rua Viúva Cláudio, 291 – Bairro Industrial do Jacaré
CEP: 20970-031 – Rio de Janeiro – Tels.: 21 3278-8069/8419 Fax: 21 3277-1253
www.altabooks.com.br – e-mail: altabooks@altabooks.com.br
www.facebook.com/altabooks – www.twitter.com/alta_books

Sobre o Autor

Stephen R. Davis mora perto de Dallas, Texas. Ele escreveu diversos livros, incluindo *C++ For Dummies* e *C++ Weekend Crash Course*. Stephen trabalha para a L-3 Communications, na área de Homeland Defense (Segurança da Terra Natal), e está estudando para um PhD em Geospacial Information Sciences (Ciência de Informação Geoespacial) na Universidade do Texas, em Dallas.

Dedicatória

Para a Janet, por me ajudar a ser o melhor Leigo que posso ser.

Agradecimentos do Autor

Acho bastante estranho que só apareça um único nome na capa de qualquer livro, em especial de um livro como este. Na verdade, muitas pessoas contribuem para a criação de um livro *Para Leigos*. Desde o início, a editora de aquisições, Katie Feltman, e a minha agente, Claudette Moore, estiveram envolvidas na orientação e moldagem do conteúdo do livro. Uma série de editores trabalha por trás das cenas para tornar possível uma obra como esta. Entretanto, gostaria de mencionar, em especial, a minha diretora de projeto, Nicole Sholly. Da mesma forma, o editor técnico, Danny Kalev, que livrou-me de embaraços em várias ocasiões.

Por fim, um resumo da atividade animal na minha casa. Para aqueles de vocês que não leram qualquer dos meus outros livros, devo avisar que isso se tornou um aspecto normal de meus livros *Para Leigos*.

Meus dois cães, Scooter e Trude, já se foram há quase oito anos. Nós nos mudamos para a "cidade grande", há cerca de cinco anos, o que significou dar os nossos cães Chester e Sadie (ambos estão se dando muito bem com outras famílias). Tentamos manter os dois Great Danes, Monty e Bonnie, mas eles eram demais para o quintal. Fomos forçados a dá-los também. Bastou que eu desse os dois Danes, e meu filho apareceu com dois pequenos vira-latas mestiços Catahoola, vindos do canil, Lolli e Bodie. Eu mantive esses dois por vários anos, até que meu filho estivesse acostumado o suficiente em sua própria casa para tirá-los das minhas mãos (a qualquer momento agora).

Se você estiver com problemas para começar, eu mantenho um FAQ (Frequently Asked Questions – Perguntas Frequentes) em www.stephendavis.com. Você pode me enviar perguntas (em inglês) por *e-mail* a partir de lá se não vir o seu problema. Não tenho como escrever o seu programa (você não imagina com que frequência as pessoas me pedem para fazer os seus trabalhos de casa), mas tento responder à maioria das perguntas.

Sumário Resumido

Sumário

● ●

Introdução

*B*em-vindo ao *Começando a Programar em C++ Para Leigos*. Este livro destina-se ao leitor que deseja aprender a programar.

De alguma forma, no decorrer dos anos, programação tornou-se associada à Matemática, aos cálculos lógicos e a outras coisas complicadas. Nunca entendi bem isso. A programação é uma prática como escrever publicidade, desenhar ou fotografar. É preciso habilidade para pensar cuidadosamente sobre um problema, mas eu conheci alguns programadores realmente bons, cujas habilidades em Matemática eram nulas. Algumas pessoas são naturalmente boas nisso e pegam rapidamente, outras não são tão boas nem tão rápidas. Contudo, qualquer um com paciência suficiente e "empenho" pode aprender a programar um computador. Até eu.

Sobre Começando a Programar em C++ Para Leigos

Aprender a programar significa, necessariamente, aprender uma linguagem de programação. Este livro baseia-se na linguagem de programação C++. Uma versão Windows do compilador sugerido está incluída no CD-ROM que acompanha este livro. Versões Macintosh e Linux estão disponíveis para *download* em www.codeblocks.org. (não se preocupe: eu incluo no livro instruções passo a passo de como instalar o pacote e montar o seu primeiro programa).

O objetivo deste livro é ensiná-lo o básico de programação em C++, não inundá-lo com cada detalhe da linguagem de programação C++. Ao final, você será capaz de escrever um programa razoavelmente sofisticado em C++. Você também será capaz de entender rapidamente uma série de outras linguagens similares, tais como Java e C#.NET.

Neste livro, você descobrirá o que é um programa, como ele funciona e também como fazer o seguinte:

- ✔ instalar o compilador CodeBlocks C++ e usá-lo para montar um programa;

- ✔ criar e avaliar expressões;

- ✔ direcionar o fluxo de controle através de seu programa;

- criar estruturas de dados que melhor modelem o mundo real;

- definir e usar cursores C++;

- manipular *strings* (cadeia de caracteres) para gerar a saída como você deseja ver;

- escrever para e ler a partir de arquivos.

Suposições Tolas

Eu tento fazer poucas suposições sobre o leitor neste livro, mas assumo o seguinte:

- **Você tem um computador.** A maioria dos leitores terá computadores que rodam Windows; no entanto, os programas neste livro rodam igualmente bem em Windows, Macintosh, Linux e Unix. Na verdade, visto que C++ é uma linguagem padronizada, esses programas devem rodar em qualquer computador que tenha um compilador C++;

- **Você conhece o básico de como usar seu computador.** Por exemplo, eu suponho que você saiba como rodar um programa, copiar um arquivo, criar uma pasta e assim por diante;

- **Você sabe navegar através de menus.** Eu incluo muitas instruções como "Clique no Arquivo e depois Abra". Se você pode seguir essas instruções, então você está bem para ir em frente;

- **Você é novo em programação.** Eu não imagino que você saiba qualquer coisa sobre programação. Droga, eu nem sequer suponho que você saiba o que é programação.

Convenções Usadas Neste Livro

Para ajudá-lo a navegar por este livro com tanta eficiência quanto possível eu uso algumas convenções:

- Os termos C++ estão em fonte de largura fixa, desse jeito;

- Novos termos são enfatizados em *itálico* (e definidos);

- Etapas numeradas que você precisa seguir e caracteres que precisam ser digitados são colocados em **negrito**.

O Que Você não Precisa Ler

Eu o incentivo a ler uma parte do livro; depois, ponha o livro de lado e brinque por algum tempo antes de ir para a próxima parte. O livro é organizado de forma que, ao final de cada parte, você tenha administrado novo material suficiente para ir em frente e escrever programas.

Gostaria de acrescentar os seguintes conselhos:

- ✔ Se você já sabe que programação nada tem a ver com C++, pode pular o Capítulo 1;

- ✔ Recomendo que você use o compilador CodeBlocks que acompanha o livro, mesmo se quiser usar um compilador C++ diferente depois de terminar o livro. Entretanto, se insistir e não quiser usar CodeBlocks, pode pular o Capítulo 2;

- ✔ Passe os olhos no Capítulo 3 se já tiver feito um pouco de programação de computador;

- ✔ Comece a se concentrar no Capítulo 4, ainda que você tenha experiência com outras linguagens, tais como BASIC;

- ✔ Você pode parar de ler depois do Capítulo 20 se estiver começando a sentir-se saturado. O Capítulo 21 começa com o novo tópico de programação orientada a objeto – é possível que você não queira isso até sentir-se, de fato, confortável com o que já aprendeu;

- ✔ Você pode pular qualquer dos ícones Papo de Especialista.

Como Este Livro é Organizado

Começando a Programar com C++ Para Leigos é dividido em sete partes. Não é preciso que você o leia em sequência, e você nem mesmo tem que ler todas as seções em qualquer capítulo, em especial. É possível usar o sumário e o índice para encontrar as informações de que precisa e conseguir, com rapidez, a sua resposta. Nesta seção, descrevo rapidamente o que você encontrará em cada parte.

Em nosso site você encontra as páginas amarelas que fazem parte deste livro e possuem conteúdo extra para consulta.

Alguns web sites encontrados no decorrer deste livro encontram-se em inglês e podem ser alterados ou desativados pelos seus mantenedores. Sendo assim, a Editora Alta Books não controla ou se responsabiliza por web sites ou conteúdo de terceiros.

Parte I: Vamos Começar

Esta parte descreve o que são programas e como eles funcionam. Usando uma fictícia troca de pneus de computador, eu o levo através de vários algoritmos para remover um pneu de um carro, para oferecer um sentido de como os programas funcionam. Você também terá CodeBlocks ativado e rodando em seu computador antes de sair desta parte.

Parte II: Escrevendo um Programa: Decisões, Decisões

Esta parte apresenta-lhe o básico de programação com C++. Você descobrirá como declarar variáveis inteiras e escrever expressões simples. Será possível até mesmo descobrir como tomar decisões dentro de um programa, porém, você não será exatamente um especialista quando terminar esta parte.

Parte III: Como se Tornar um Programador Funcional

Aqui você aprenderá a direcionar o fluxo de controle dentro de seus programas. Descobrirá como fazer *loop*, separar o seu código em módulos (e porquê), e como montar esses módulos separados de volta em um único programa. Ao final desta parte, você será capaz de escrever programas reais que, de fato, solucionam problemas.

Parte IV: Estruturas de Dados

Esta parte amplia o seu conhecimento sobre tipos de dados. As primeiras seções do livro limitam-se aos inteiros; nessa parte, você trabalha com caracteres, decimais e *arrays*; e até consegue definir seus próprios tipos. Por fim, esta é a parte onde você administra o tópico mais temido, o cursor C++.

Parte V: Programação Orientada a Objeto

É onde você amplia o seu conhecimento nas técnicas de orientação a objeto, a coisa que diferencia C++ de suas antecessoras, principalmente C (não se preocupe se não souber o que é programação orientada a objeto – não é esperado que já saiba). Você desejará estar à vontade com o material das partes I a IV antes de pular para esta parte, mas será um programador muito mais poderoso quando terminá-la.

Parte VI: Tópicos Avançados

Esta é uma coletânea de tópicos que são importantes, porém, que não se ajustam às partes anteriores. Por exemplo, é onde eu discuto como criar, ler e escrever a partir de arquivos.

Parte VII: A Parte dos Dez

Esta parte inclui listas do que fazer (e do que não fazer) ao programar, para evitar a criação desnecessária de *bugs*. Além disso, esta parte inclui alguns conselhos sobre quais tópicos estudar em seguida, caso você resolva expandir seu conhecimento de C++.

O CD-ROM Anexo

Esta parte descreve o que há no CD-ROM incluso e como instalá-lo.

Web sites e informações adicionais

Os web sites contidos no decorrer deste livro encontram-se em inglês e podem ser alterados ou desativados pelos seus mantenedores. Sendo assim, a Editora Alta Books não se responsabiliza por web sites e conteúdos de terceiros.

Ícones Usados Neste Livro

O que é um livro *Para Leigos* sem ícones orientando-o na direção de informações realmente importantes que, certamente, irão ajudá-lo em seu caminho? Nesta seção, descrevo rapidamente cada ícone usado neste livro.

O ícone Dica indica informações úteis que, provavelmente, facilitam o seu trabalho.

Este ícone marca um fato normalmente interessante e útil – que você pode querer se lembrar para uso posterior. Eu também uso este ícone para lembrá-lo de algum fato que possa ter pulado em um capítulo anterior.

O ícone Aviso destaca perigo à volta. Com este ícone, estou dizendo para você prestar atenção e agir com cautela.

Ao ver este ícone, você sabe que por perto há uma questão técnica. Se não estiver se sentindo muito técnico, pode pular essa informação.

Este ícone indica os programas que estão incluídos no CD-ROM deste livro.

Aonde Ir a Partir Daqui

Talvez você encontre um conjunto de erratas e FAQ – Frequently Asked Questions (Perguntas Frequentemente Feitas) sobre este e todos os meus livros em www.stephendavis.com (em inglês). Também é possível encontrar um link para o meu endereço eletrônico no mesmo lugar. Fique à vontade para enviar suas dúvidas e seus comentários (é assim que eu aprendo). É através das informações do leitor que estes livros podem ser aperfeiçoados.

Agora que você ganhou bastante tempo, é hora de passar para o Capítulo 1 e começar a descobrir como programar!

Parte I
Vamos Começar

"Estamos terceirizando tudo, exceto a nossa capacidade central. Assim que descobrirmos o que é isso, iniciaremos o processo de terceirização."

Nesta parte...

Você aprenderá o que significa programar um computador. Também conseguirá ter o primeiro gostinho de programação – eu o levo através de etapas para entrar, montar e executar o seu primeiro programa. Nesta parte, tudo será um pouco misterioso, mas prometo que logo as coisas ficarão claras.

Capítulo 1

O Que é um Programa?

*N*este primeiro capítulo, você aprenderá o que é um programa e o que significa escrever um programa. Você irá praticar em um Computador Humano. Depois, verá fragmentos de programa escritos para um computador de verdade. Por fim, verá seu primeiro fragmento de código escrito em C++.

Até agora, todos os programas rodando em seu computador foram escritos por outra pessoa. Logo, no entanto, isso não será mais verdade. Você estará se juntando às fileiras dos raros, dos orgulhosos: os programadores.

Como Meu Filho é Diferente de um Computador?

Um computador é surpreendentemente rápido, mas uma máquina incrivelmente idiota. Um computador pode fazer qualquer coisa que eu digo a ele (dentro do razoável), mas ele faz *exatamente* o que lhe é dito – nada mais e nada menos.

Neste aspecto, um computador é quase exatamente o oposto de um ser humano: os humanos respondem intuitivamente. Quando eu estava aprendendo uma segunda linguagem, compreendi que não era suficiente entender o que estava sendo dito – é tão importante, e consideravelmente mais difícil, entender o que não foi dito. Esta é a informação que o palestrante compartilha com o ouvinte através da experiência comum ou da educação – coisas que não precisam ser faladas.

Por exemplo, digo coisas para o meu filho como: "Lave os pratos" (tudo pelo meu bem). Estas parecem instruções bem claras, mas a grande maioria das informações contidas em tal frase está implícita e não dita.

Vamos supor que o meu filho saiba o que são pratos, e que pratos sujos, em geral, estão na pia. Mas, e quanto às facas e aos garfos? Afinal, eu falei apenas pratos, não disse nada sobre utensílios usados para comer nem mesmo pensei em copos. Eu quis dizer para lavá-los manualmente ou está bom colocá-los na máquina de lavar louça para serem lavados, enxaguados e secados automaticamente?

O fato é que "Lave os pratos" é instrução suficiente para o meu filho. Ele pode decompor aquela oração e combiná-la com informações que ambos compartilhamos, incluindo um conhecimento de extenso trabalho de pratos sujos, para compreender o significado do que quero que ele faça – se ele faz ou não é outra história. Imagino que ele possa fazer toda a ginástica mental necessária para entender aquela frase em quase o mesmo tempo que eu levo para dizê-la – cerca de 1 a 2 segundos.

Um computador não pode tirar cara ou coroa de algo tão vago quanto "lave os pratos". Você precisa dizer ao computador exatamente o que fazer com diferentes tipos de pratos, como lavar um garfo, ao contrário de uma colher, ao contrário de uma xícara. Quando o programa para de lavar um prato (isto é, como ele sabe quando um prato está limpo)? Quando ele para de lavar (isto é, como ele sabe quando terminou)?

Meu filho tem pedaços de memória – não está exatamente claro quanta memória tem um ser humano normal, mas é um grande carregamento. Infelizmente, a memória humana é difusa. Por exemplo, testemunhas de crimes são notoriamente ruins em relembrar detalhes, mesmo depois de passado um curto período de tempo do evento. Duas testemunhas do mesmo evento, geralmente, discordam radicalmente sobre o que aconteceu.

Os computadores também têm grandes carregamentos de memória, e isso é muito bom. Uma vez armazenado, um computador pode recuperar um fato com tanta frequência quanto você quiser, sem alterações. Cara como era a memória por volta do início da década de 1980, o PC IBM tinha apenas 16K (isto é, 16 mil bytes). Isso podia ser expandido para incríveis 64K. Compare isso com de 1GB a 3GB de armazenagem principal disponível atualmente na maioria dos computadores (1GB significa *um bilhão de bytes*).

Entretanto, por mais cara que a memória fosse, o PC IBM incluía *chips* de memória extra e *hardware* decodificador para detectar falha de memória. Se um *chip* de memória falhasse, esse circuito certamente o encontrava e informava, antes que o programa entrasse em parafuso (enlouquecesse). Essa chamada Parity Memory (Memória com Paridade) não era mais oferecida apenas alguns anos depois e, pelo que sei, não está disponível atualmente, exceto em aplicações específicas, onde é exigida extrema confiabilidade – porque as placas de memória quase nunca falham.

Por outro lado, os seres humanos são muito bons em determinados tipos de processamento que os computadores fazem muito mal, se o fazem. Por exemplo, os humanos são muito bons em entender o significado de uma frase através de uma enorme quantidade de ruído ao fundo. Ao contrário, telefones celulares têm o inacreditável costume de simplesmente ficarem mudos sempre que o nível de ruído ultrapassa o limite interno.

Como Programar um "Computador Humano"

Antes de me aprofundar para mostrar a você como escrever programas para consumo em computador, começo exibindo um programa para guiar o comportamento humano, para que seja possível ver melhor o que você tem pela frente. Escrever um programa para orientar um ser humano é muito mais fácil do que escrever programas para *hardware* de computador, pois temos muita familiaridade com os padrões e comportamentos humanos, entendimento de como funcionam (acho). E, para começar, nós também compartilhamos uma linguagem humana comum. Mas, para tornar as coisas justas, suponhamos que o computador humano tenha sido instruído para ser especialmente literal – assim, o programa terá que ser muito específico. Nosso computador cobaia pretende aceitar literalmente qualquer instrução.

O problema que escolhi é orientar o nosso computador humano na troca de um pneu furado.

O algoritmo

As instruções para trocar um pneu furado são diretas e, mais ou menos, como a seguir:

1. Erga o carro.
2. Remova as porcas* que fixam o pneu danificado ao carro.
3. Remova o pneu.
4. Coloque um novo pneu.
5. Instale as porcas.
6. Abaixe o carro.

(Eu sei que, tecnicamente, as porcas prendem a roda no carro e não o pneu, mas tal distinção não importa aqui. Uso os termos "roda" e "pneu" como sinônimos nesta discussão).

---

* NRT: A maioria dos sistemas de rodas utilizados no Brasil consiste em rodas posicionadas sobre pinos lisos e fixadas por parafusos externos que são introduzidos nos furos e apertados com o uso de uma chave de roda (em formato de cruz). O autor descreve seus exemplos com base em um sistema diferente, em que as rodas são posicionadas diretamente em parafusos fixos e presas externamente por porcas, que são apertadas sobre estes parafusos com uma chave inglesa.

Por mais detalhadas que estas instruções possam parecer, isto não é um programa. Isto é chamado de *algoritmo*. Um algoritmo é uma descrição das etapas a serem executadas, normalmente a um alto nível de abstração. Um algoritmo é detalhado, mas geral. Eu poderia usar este algoritmo para consertar qualquer dos pneus furados que eu tivesse tido ou mesmo que virei a ter. Mas um algoritmo não contém detalhes suficientes nem para o nosso intencionalmente obtuso computador humano realizar a tarefa.

A Tire Changing Language

Antes de podermos escrever um programa, precisamos de uma linguagem com a qual possamos concordar. Pelo resto deste livro, tal linguagem será C++, porém, para este exemplo, uso a recém-inventada TCL (Tire Changing Language – Linguagem de Troca de Pneu). Eu adotei TCL especificamente para o problema de troca de pneus.

TCL inclui alguns substantivos comuns no mundo da troca de pneus:

- carro
- pneu
- porca
- macaco
- caixa de ferramentas
- pneu sobressalente
- chave inglesa

TCL também inclui os seguintes verbos:

- agarrar
- mover
- soltar
- girar

Finalmente, o processador executando a TCL precisará de habilidade para contar e tomar decisões simples.

Isso é tudo o que o robô de troca de pneus entende. Qualquer outro comando que não faça parte da TCL gerará um branco de incompreensão a partir do processador humano de troca de pneu.

O programa

Agora é hora de converter o algoritmo, escrito em português cotidiano, para um programa escrito na Tire Changing Language. Pegue a sentença "Remova as porcas". Na verdade, pouca coisa é deixada de lado nesta frase. A palavra *remover* não está no vocabulário do processador. Além disso, não é feita qualquer menção à chave inglesa.

As etapas seguintes implementam a frase "Remova uma porca", usando apenas os verbos e substantivos contidos na Tire Changing Language:

1. agarre a chave inglesa;

2. mova a chave inglesa para a porca;

3. gire a chave inglesa cinco vezes no sentido anti-horário;

4. mova a chave inglesa para a caixa de ferramentas;

5. solte a chave inglesa.

Não expliquei a sintaxe da Tire Changing Language. Por exemplo, o fato de que cada comando começa com um único verbo ou que o verbo agarrar exige um único substantivo como o seu objeto, e que *girar* requer um substantivo, uma direção e uma contagem do número de giros a fazer. Ainda assim, o fragmento de programa deve ser fácil o bastante para ler (lembre-se de que este não é um livro sobre a Tire Changing Language).

Você pode patinar pela Tire Changing Language, mas terá que aprender a gramática de cada comando C++.

O programa começa na etapa 1 e prossegue através de cada etapa, uma de cada vez, até atingir a etapa 5. Em terminologia de programação, dizemos que o programa flui da etapa 1 até a 5. Claro que o programa não vai a lugar algum – o processador está fazendo todo o trabalho, mas o termo "fluxo de programa" é uma convenção comum.

Até mesmo um exame descuidado deste programa mostra um problema: e se não houver porca? Eu imagino que não cause dano girar a chave inglesa em volta de um parafuso sem porca, mas fazer isso desperdiça tempo e não é a minha ideia de uma boa solução. A Tire Changing Language precisa de uma capacidade de extensão que permita ao programa tomar um caminho ou outro, dependendo de condições externas. Precisamos de uma declaração IF (se) como a seguinte:

1. Agarre a chave inglesa;

2. Se houver porca;

3. {

4.   Mova a chave inglesa para a porca;

5.   Gire a chave inglesa cinco vezes no sentido anti-horário;

6. }

7. Mova a chave inglesa para a caixa de ferramentas;

8. Solte a chave inglesa.

O programa começa com a etapa 1, exatamente como antes, e agarra uma chave inglesa. Porém, na segunda etapa, antes de o programa mover a chave inglesa inutilmente em volta de um parafuso vazio, ele verifica se há uma porca. Se houver, o fluxo prossegue com as etapas 3, 4 e 5, como antes. Entretanto, se não houver, o fluxo do programa pula estas etapas desnecessárias e vai direto para a etapa 7 para retornar a chave inglesa à caixa de ferramentas.

Em linguagem de computador, você diz que o programa executa a expressão lógica "se houver porca". Esta expressão retorna um *valor* verdadeiro (sim, a porca está presente) ou um *valor* falso (não, não há porca aqui).

O que eu chamo de etapas, uma linguagem de programação chamaria, normalmente, de uma *statement* (declaração). Uma *expression* (expressão) é um tipo de declaração que retorna um valor, tal como 1 + 2 é uma expressão. Uma *logical expression* (expressão lógica) é uma expressão que retorna um valor verdadeiro ou falso, tal como "o autor deste livro é bonitão?" é `verdadeiro`.

As chaves na Tire Changing Language são necessárias para dizer ao programa quais etapas devem ser puladas se a condição não for verdadeira. As etapas 4 e 5 só são executadas se a condição for verdadeira.

Creio que não haja necessidade de agarrar uma chave inglesa se não houver porca para remover, mas trabalhe aqui comigo.

Este programa aperfeiçoado ainda tem um problema. Como você sabe que cinco voltas da chave inglesa serão suficientes para remover a porca? Quase com certeza não será para a maioria dos pneus com os quais estou familiarizado. Você poderia aumentar o número de giros para algo que pareça mais do que o suficiente, digamos, 25 voltas. Se a porca começar a afrouxar depois do vigésimo giro, por exemplo, a chave inglesa irá girar cinco vezes extras. Isso não causa danos, mas é uma solução inútil.

Uma abordagem melhor é acrescentar algum tipo de declaração "loop and test" (laço e teste) para a Tire Changing Language:

1. Agarre a chave inglesa;

2. Se houver porca

3. {

4.   Mova a chave inglesa para a porca;

5.   Enquanto (porca anexada ao carro)

6. {

7.   Gire a chave inglesa uma vez no sentido anti-horário;

8. }

9. }

10. Mova a chave inglesa para a caixa de ferramentas;

11. Solte a chave inglesa.

Aqui o programa flui da etapa 1 até a 4, exatamente como antes. Mas, na etapa 5, o processador precisa tomar uma decisão: a porca está encaixada? No primeiro passo, vamos supor que a resposta seja sim, para que o processador execute a etapa 7 e gire uma vez a chave inglesa no sentido anti-horário. A essa altura, o programa retorna para a etapa 5 e repete o teste. Se a porca ainda estiver encaixada, o processador repete a etapa 7 antes de voltar à 5. Eventualmente, a porca ficará frouxa, e a condição na etapa 5 retornará como falso. Nesse ponto, o controle dentro do programa passará para a etapa 9, e o programa prosseguirá como antes.

Esta solução é superior à sua anterior: ela não faz suposições sobre o número de voltas exigidas para remover uma porca. Não é desperdício pedir que o processador gire uma porca que não está mais encaixada, nem ele falha, porque a porca está apenas parcialmente removida.

Independentemente de quão boa seja esta solução, ela ainda tem um problema: Ela só remove uma única porca. A maioria dos carros de porte médio tem cinco porcas em cada roda. Nós poderíamos repetir cinco vezes as etapas 2 até 9, uma vez para cada porca. No entanto, isso também não funciona muito bem. A maior parte dos carros compactos tem apenas quatro porcas, e grandes picapes têm até oito.

O seguinte programa amplia a nossa gramática para incluir a habilidade de fazer um *loop* através das porcas. Este programa funciona independentemente da quantidade de porcas na roda.

1. Agarre a chave inglesa.

2. Para cada porca na roda

3. {

4.   Se houver porca

5.   {

6.　　　Mova a chave inglesa para a porca.

7.　　　Enquanto (porca anexada ao carro)

8.　　{

9.　　　　Gire uma vez a chave inglesa no sentido anti-horário.

10.　　}

11.　}

12. }

13. Mova a chave inglesa para a caixa de ferramentas.

14. Solte a chave inglesa.

Este programa começa exatamente como antes, com o agarrar de uma chave inglesa. Mas, começando com a etapa 2, o programa faz um loop através da etapa 12 para cada porca de parafuso na roda.

Observe como as etapas 7 até 10 ainda são repetidas para cada roda. Isto é conhecido como um loop *nested* (aninhado). As etapas 7 até 10 são chamadas de loop interno, enquanto as etapas 2 até 12 são loop externo.

O programa completo consiste no acréscimo de implementações similares de cada uma das etapas no algoritmo.

Processadores de computador

Remover a roda de um carro parece uma tarefa muito simples e, ainda assim, são necessárias onze instruções em uma linguagem especificamente destinada à troca de pneus, apenas para tirar as porcas. Uma vez a tarefa completada, este programa parece incluir mais de 60 ou 70 etapas, com diversos loops. Ainda mais, se você acrescentar em lógica para verificar quanto a condições de erro, como porcas removidas ou faltando.

Pense em quantas instruções precisam ser executadas apenas para fazer algo tão comum quanto mover uma janela por uma tela (lembre-se de que uma tela típica tem 1260 x 1024, pouco mais de um milhão de pixels exibidos, ou mais). Felizmente, ainda que tolo, um processador de computador é muito rápido. Por exemplo, o processador do seu PC, provavelmente, pode executar vários bilhões de instruções por segundo. As instruções em seu processador genérico pouco fazem – são necessárias diversas instruções apenas para mover um pixel –, mas, quando você consegue atravessar um bilhão ou algo assim de uma vez, rolar um simples milhão de pixels torna-se brincadeira de criança.

O computador não fará nada para o que ele já não tenha sido programado. A criação de uma Tire Changing Language não foi suficiente para trocar o meu pneu furado – alguém tinha que escrever as instruções de programa para mapear etapa por etapa o que o computador teria que fazer. E escrever um programa de mundo real destinado a lidar com todas as condições especiais que podem surgir não é uma tarefa fácil. Escrever um programa de força industrial, provavelmente, é o empreendimento mais desafiador que você pode assumir.

Portanto, surge a pergunta: "Por que se importar?". Porque, uma vez que o computador está programado de forma adequada, ele pode executar repetidas vezes a função exigida, incansavelmente e, em geral, a uma taxa maior do que é possível sob controle humano.

Linguagens de Computador

Claro que a Tire Changing Language não é uma linguagem de computador real. Computadores reais não têm instruções de máquina como "agarre" ou "gire". Pior ainda, os computadores "pensam" usando uma série de uns e zeros. Cada comando interno nada mais é do que uma sequência de números binários. Computadores reais têm instruções como 01011101, o que pode acrescentar 1 a um número contido em um registro de objetivo especial. Tão difícil quanto programar em TCL poderia ser, programar escrevendo longas *cadeias* de números é ainda mais difícil.

A linguagem do computador é conhecida como linguagem de máquina e, geralmente, é representada como uma sequência de números escritos ou em binários (base 2) ou em hexadecimais (base 16). O seguinte representa os primeiros 64 bytes do programa Conversion (conversão) do Capítulo 3.

```
<main+0>:   01010101  10001001  11100101  10000011  11100100  11110000  10000011  11101100
<main+8>:   00100000  11101000  00011010  01000000  00000000  00000000  11000111  01000100
<Main+16>:  00100100  00000100  00100100  01110000  01000111  00000000  11000111  00000100
<main+24>:  00100100  10000000  01011111  01000111  00000000  11101000  10100110  10001100
<main+32>:  00000110  00000000  10001101  01000100  00100100  00010100  10001001  01000100
```

Felizmente, ninguém mais escreve programas em linguagem de máquina. Bem no início, alguém descobriu que é muito mais fácil para um ser humano entender ADD 1, REG1 como "acrescente 1 ao valor contido no registro 1" em vez de 01011101. Na era "pós-linguagem de máquina", o programador escrevia seus programas na chamada linguagem Assembly e, depois, submetia a um programa chamado *assembler* (programa que converte os códigos), que convertia cada uma dessas instruções ao equivalente de sua linguagem de máquina.

Os programas que as pessoas escrevem são conhecidos como código fonte, pois eles são a fonte de todo o mal. Os uns e zeros que, na verdade, o computador executa são chamados de código objeto, porque eles são o objeto de tanta frustração.

O seguinte representa as primeiras poucas instruções do programa Conversion quando compilado para rodar em um processador Intel executando Windows. Estas são as mesmas informações mostradas anteriormente na forma binária.

```
<main>:        push   %ebp
<main+1>:      mov    %esp, %ebp
<main+3>:      and    $0xfffffff0, %esp
<main+6>:      sub    $0x20, %esp
<main+9>:      call   0x40530c < main>
<main+14>:     movl   $0x477024, 0x4(%esp)
<main+22>:     movl   $0x475f80, (%esp)
<main+29>:     call   0x469fac <operator<<>
<main+34>:     lea    0x14(%esp), %eax
<main+38>:     mov    %eax, 0x4(%esp)
```

Isto ainda não é muito inteligível, porém, é muito melhor do que apenas um punhado de uns e zeros. Não se preocupe – você também não precisa escrever qualquer código de linguagem Assembly neste livro.

Na verdade, o computador jamais executa instruções de linguagem Assembly. Ele executa as instruções de máquina que resultam da conversão das instruções Assembly.

Linguagens de alto nível

A linguagem Assembly pode ser mais fácil para lembrar, mas há ainda muita distância entre um algoritmo, como o algoritmo de troca de pneu, e uma sequência de MOVEs (mover) e ADDs (adicionar/acrescentar). Na década de 1950, as pessoas começaram a conceber, gradativamente, linguagens expressivas que poderiam ser automaticamente convertidas para linguagem de máquina por um programa chamado compilador. Essas eram chamadas de linguagens de alto nível, pois eram escritas em um nível mais alto de abstração do que a linguagem Assembly.

Uma dessas primeiras linguagens foi COBOL (Common Business Oriented Language – Linguagem Orientada para Aplicações Comerciais). A ideia por trás de COBOL era permitir ao programador escrever comandos que se pareciam o máximo possível com frases em inglês. De repente, os programadores estavam escrevendo sentenças como as seguintes para converter temperatura de Celsius para Fahrenheit (acredite ou não, isto é exatamente o que os fragmentos da máquina e da linguagem Assembly mostravam anteriormente):

```
INPUT CELSIUS_TEMP
SET FAHRENHEIT_TEMP TO CELSIUS_TEMP * 9/5 + 32
WRITE FAHRENHEIT_TEMP
```

A primeira linha deste programa lê um número do teclado ou um arquivo e o armazena na variável CELSIUS_TEMP. A linha seguinte multiplica este número por 9/5 e acrescenta 32 ao resultado para calcular a temperatura equivalente em Fahrenheit. O programa armazena o resultado em uma variável chamada FAHRENHEIT_TEMP. A última linha do programa escreve este valor convertido para ser exibido.

As pessoas continuaram a criar diferentes linguagens de programação, cada qual com suas forças e fraquezas. Algumas linguagens, como COBOL, foram muito trabalhosas, mas fáceis de ler. Outras eram destinadas a áreas bastante específicas, como linguagens de banco de dados ou linguagens usadas para criar páginas Web interativas. Essas linguagens incluem construções poderosas destinadas a uma área específica de problema.

A linguagem C++

C++ (a propósito, pronunciada "C mais mais") é uma linguagem orientada de alto nível. C++ começou a vida apenas como C, na década de 1970, na Bell Labs. Dois camaradas estavam trabalhando em uma nova ideia para um sistema operacional conhecido como Unix (o predecessor do Linux e do Mac OS e, ainda hoje, usado na indústria e nos meios acadêmicos). A linguagem original C criada na Bell Labs foi ligeiramente modificada e adotada como um padrão ISO mundial no início da década de 1980. C++ foi criada como uma extensão à linguagem C básica, principalmente pelo acréscimo de recursos que abordo nas partes V e VI deste livro. Quando digo que C++ é simbólica, quero dizer que ela não é muito trabalhosa, preferindo usar símbolos em vez de longas palavras, como em COBOL. No entanto, C++ será fácil de ler quando você estiver acostumado com o que todos os símbolos significam. O mesmo código de conversão de Celsius para Fahrenheit mostrado anteriormente em COBOL aparece assim em C++:

```
cin >> celsiusTemp;
fahrenheitTemp = celsiusTemp * 9 / 5 + 32:
cout << fahrenheitTemp;
```

A primeira linha lê um valor na variável celsiusTemp. O cálculo subsequente converte esta temperatura Celsius para Fahrenheit, como antes, e a terceira linha dá o resultado.

C++ apresenta diversas outras vantagens em comparação com outras linguagens de alto nível. Por um lado, C++ é universal. Há um compilador C++ para quase cada computador que existe.

Além disso, C++ é eficiente. Quanto mais coisas uma linguagem de alto nível tenta fazer automaticamente para facilitar o seu trabalho de programação, menos eficiente tende a ser o código de máquina gerado. Isso não faz muita diferença para um pequeno programa como a maioria daqueles neste livro, mas pode fazer uma enorme diferença ao manipular grandes quantidades de dados, como mover pixels através da tela, ou quando você quiser desempenho em tempo real pra valer. Não é por acaso que Unix e Windows foram escritos em C++ e que o Macintosh O/S seja escrito em uma linguagem muito similar à C++.

Capítulo 2
Instalando Code::Blocks

Neste Capítulo

▶ Revendo o processo de compilação

▶ Instalando o ambiente de desenvolvimento Code::Blocks

▶ Como testar a sua instalação com um programa padrão

▶ Revendo os erros comuns de instalação

*N*este capítulo, iremos rever como criar programas executáveis a partir do código fonte C++ que podem ser rodados em computadores Windows, Linux ou Macintosh. Depois, você instalará o ambiente de desenvolvimento integrado Code::Blocks usado no restante do livro e montará um programa padrão de teste para verificar sua instalação. Se tudo estiver funcionando quando chegar ao final deste capítulo, você estará pronto para começar a escrever e montar seus próprios programas C++ – é claro que com uma pequena ajuda!

Revendo o Processo de Compilação

Para criar seus próprios programas C++, você precisa de dois programas. Primeiro, você precisa de um editor de texto que possa ser usado para entrar com as suas instruções C++. Qualquer editor capaz de gerar diretamente letras de texto ASCII (American Standard Code for Information Interchange – código padrão americano para apresentação de símbolos) será suficiente. Costumo escrever meus programas com o editor Bloco de Notas (Notepad) que vem com o Windows. Entretanto, é preferível um editor que saiba alguma coisa sobre a sintaxe de C++, pois pode poupá-lo de muita digitação e, às vezes, destacar erros que você poderia cometer enquanto digita, exatamente da mesma forma que um verificador de ortografia destaca palavras digitadas errado em um processador de palavras.

O segundo programa de que precisará é um compilador que converta as suas declarações de fonte C++ em linguagem de máquina, que o computador pode entender e interpretar. Esse processo de conversão a partir de declarações C++ para código objeto é chamado montagem. Graficamente, o processo se parece com algo semelhante ao mostrado na Figura 2-1.

O processo de montar um programa consiste em duas etapas. Primeiro, o compilador C++ converte as suas declarações de código fonte C++ para um formato executável de máquina, em uma etapa conhecida como *compilação*. Depois, ele combina as instruções de máquina do seu programa com as instruções de um conjunto de bibliotecas que vem como padrão no C++ em uma segunda etapa, conhecida como *linking** (vinculação, ligação), para criar um programa executável completo.

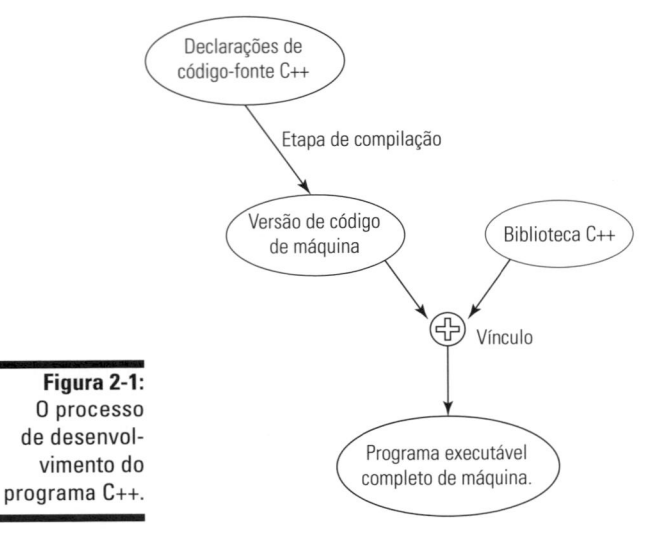

Figura 2-1:
O processo de desenvolvimento do programa C++.

Atualmente, a maioria dos compiladores C++ vem com o que é conhecido como um Integrated Development Environment (Ambiente de Desenvolvimento Integrado) ou IDE. Esses IDEs incluem o editor, o compilador e vários outros programas de desenvolvimento úteis, todos juntos em um só pacote. Isso não apenas o poupa de precisar comprar esses programas separadamente, mas combiná-los em um único pacote conduz a vários benefícios de produtividade. Primeiro, o editor pode chamar rapidamente o compilador, sem que você precise alternar de janelas manualmente para frente e para trás. Além disso, os editores, na maioria dos IDEs, oferecem meios rápidos e eficazes de encontrar e corrigir erros de codificação.

Alguns IDEs incluem ferramentas de programação visual, o que permite ao programador desenhar janelas comuns, tais como caixas de diálogo, na tela – o IDE gera o código C++ necessário para exibir automaticamente essas caixas.

Apesar de ser tão bom quanto parece, o código automaticamente gerado só exibe as janelas. Um programador ainda tem que gerar o verdadeiro código, que é executado sempre que o operador selecionar botões dentro dessas janelas.

Invariavelmente, esses IDEs virtuais são bastante ligados a um ou outro sistema operacional. Por exemplo, o popular Visual Studio é fortemente ligado ao ambiente .NET em Windows. Não é possível usar Visual Studio sem aprender o ambiente .NET e algo sobre Windows junto com C++ (ou uma das linguagens .NET). Além disso, os programas resultantes só rodam em um ambiente .NET.

---

* NRT: Também conhecido como "LINKEDIÇÃO" entre os programadores no Brasil.

Neste livro, você usará um IDE de domínio público de C++ conhecido como Code::Blocks. Há versões de Code::Blocks para Windows, Linux e MacOS – uma versão para Windows está incluída no CD-ROM que acompanha este livro. Versões de Code::Blocks para Macintosh e Linux estão disponíveis para *download* gratuito em `www.codeblocks.org`.

Você usará Code::Blocks para gerar os programas neste livro. Esses programas são conhecidos como Console A*pplications* (aplicativos de console – console = unidade que permite ao operador se comunicar com um sistema de computador), uma vez que eles aceitam a entrada e a exibição de texto de volta para uma janela de console. Enquanto que isso não é tão sexy quanto o desenvolvimento em janelas, permanecer com Aplicativos de Console permitirá que você se focalize em C++, sem se distrair com as exigências de um ambiente em janelas. Além disso, usar os Aplicativos de Console permitirá que os programas no livro rodem da mesma maneira em todos os ambientes que são suportados por Code::Blocks.

Instalando Code::Blocks

Começando a Programar em C++ Para Leigos inclui uma versão de Code::Blocks para Windows no CD-ROM. Esta seção fornece instruções detalhadas de instalação para essa versão. As etapas necessárias para fazer o *download* e instalar as versões de Code::Blocks a partir de `www.codeblocks.org` serão bem similares.

1. **Insira o CD-ROM incluso em seu computador.**

   Isso é bem direto.

2. **Leia o End User License Agreement (EULA – Contrato de Licenciamento de Usuário Final) e selecione Accept (Aceito).**

3. **Selecione a aba Software e depois selecione Code::Blocks para instalar o ambiente Code::Blocks.**

   Em algumas versões de Windows, você verá uma mensagem de que "Um programa não identificado deseja acesso ao seu computador". Claro que o tal programa não identificado é o CodeBlocks Setup (instalador do Code:: Blocks).*

4. **Selecione Allow (Permitir).****

   Agora, o programa desempacota os arquivos dos quais ele precisa e roda o assitente de instalação CodeBlocks Setup. Isso pode levar cerca de um minuto. Quando ele termina, aparece a janela de instalação, mostrada na Figura 2-2.

5. **Feche quaisquer outros programas que estejam em execução e selecione** Next (em seguida).

   O CodeBlocks Setup exibe o End User License Agreement (EULA). Não há nada aqui para causar empolgação.

---

* NRT: Caso apareça uma janela com uma pasta MAC e um arquivo setup.exe, clicar duas vezes em setup.exe e feche a janela do arquivo e a do livro.

** NRT: Isto não será necessário caso não apareça a mensagem de acesso citada anteriormente.

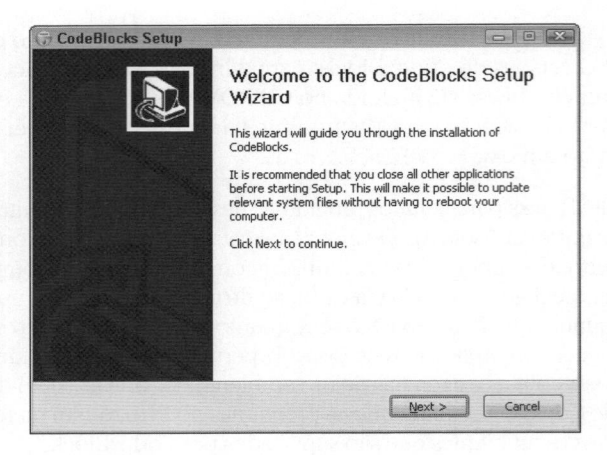

Figura 2-2: O Code::Blocks Setup Wizard irá guiá-lo através do processo de instalação.

6. Selecione I Agree (Eu Concordo).

Depois, o CodeBlocks Setup exibe uma lista de componentes que você pode instalar. Os padrões são bons, mas talvez você também queira marcar a opção Desktop Shortcut (Atalho na área de trabalho), conforme mostrado na Figura 2-3. Fazer isso fornece um ícone no *desktop* que pode ser usado para iniciar o Code::Blocks sem ir através do menu Program Files (Todos os programas).

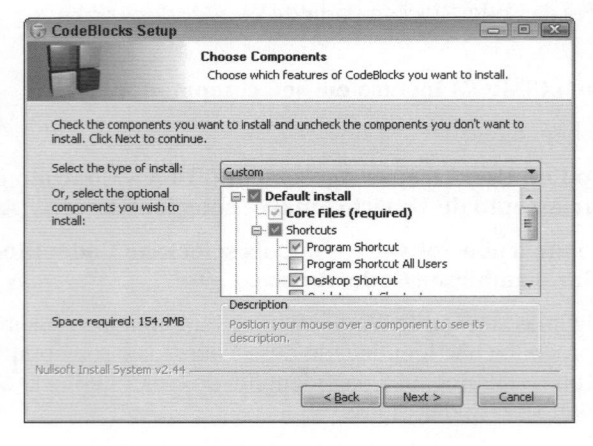

Figura 2-3: Marcar o Desktop Shortcut cria um ícone que pode ser usado para iniciar mais rapidamente o Code::Blocks.

7. Selecione Next.

A janela seguinte pede que você escolha o local de instalação. Ela também informa quanto de espaço no disco rígido Code::Blocks requer (cerca de 150MB, dependendo das opções que você selecionou) e quanto espaço está disponível em seu disco rígido. Se não houver espaço livre suficiente no disco, você terá que apagar alguns daqueles vídeos do YouTube que baixou, para liberar espaço, antes de prosseguir.

8. **O local padrão de instalação está bom assim, então desde que haja espaço em disco suficiente, selecione Install (Instalar).**

   A essa altura, o CodeBlocks Setup vai, de fato, trabalhar. Ele extrai um milhão de arquivos que instala em uma miríade de subdiretórios complicados demais para simples mortais. Esse processo pode demorar vários minutos[*].

9. **Quando a instalação estiver completa, aparecerá uma caixa de diálogo perguntando se você deseja executar agora Code::Blocks. Selecione No (Não).**

   Se tudo correu bem até agora, aparece a janela Installation Complete (Instalação Completa) mostrada na Figura 2-4.

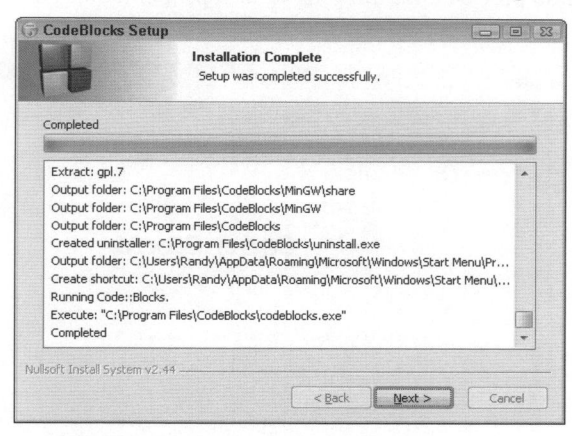

Figura 2-4:
A janela Installation Complete indica que Code::Blocks foi instalado com sucesso.

10. **Clique Next.**

    Finalmente, aparece a janela Completing the CodeBlocks Setup Wizard. Essa etapa final cria os ícones necessários para iniciar o aplicativo.

11. **Clique Finish (Terminar).**

Você conseguiu! Instalou Code::Blocks. Tudo o que falta agora é testar se ele funciona e, depois, você estará pronto para começar a programar.

Como Testar a Instalação de Code::Blocks

Nesta seção, você montará um programa padrão que vem com Code::Blocks. Esse programa nada mais faz do que exibir na tela "Hello, world!" (olá, mundo), mas montar e rodar esse programa com sucesso demonstrará que você instalou adequadamente o Code::Blocks.

---

[*] NRT: Caso você ja tenha um outro ambiente ou compilador de C++ instalado na máquina, ele provavelmente será detectado nesta estapa. Se isto acontecer, você será convidado a escolher ou não o Code::Blocks como ambiente padrão de C++.

1. **Inicie Code::Blocks clicando duas vezes no ícone Code::Blocks criado no desktop ou selecionando o botão Iniciar⇨Todos os programas⇨CodeBlocks⇨CodeBlocks.**

   Isso deverá abrir uma janela como aquela mostrada na Figura 2-5.

No alto da janela, estão as opções normais de menu, começando com File (arquivo), Edit (editar), View (ver) e assim por diante. A janela superior direita, a que diz "Start here" (iniciar aqui), é onde o código fonte irá quando você chegar até lá. A janela inferior direita é onde Code::Blocks exibe mensagens ao usuário. Mensagens de erro de compilação aparecem nesse espaço. A janela à esquerda, rotulada Management (Gerência – Organização) é onde Code::Blocks mantém controle dos arquivos que formam o programa. Agora ela deve estar vazia, uma vez que você ainda precisa criar um programa. A primeira coisa que será preciso fazer é criar um projeto.

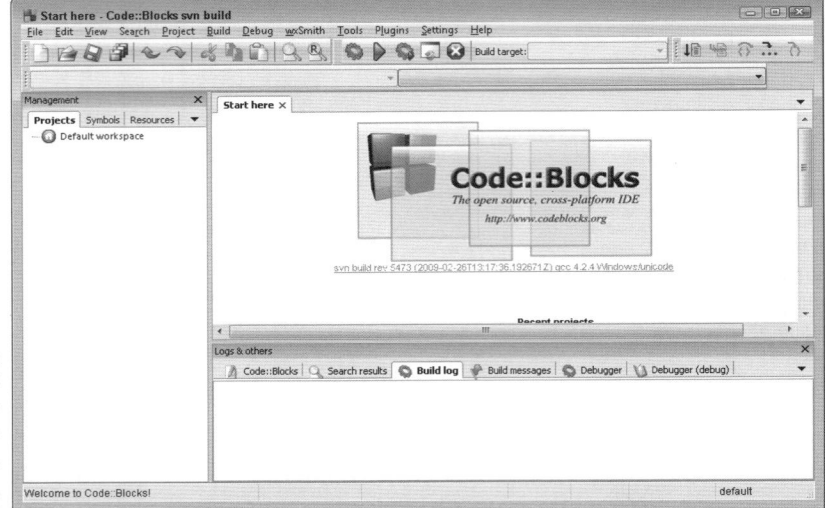

Figura 2-5:
A tela de
abertura do
ambiente
Code::Blocks.

O Que é um Projeto?

Você só quer que o Code::Blocks crie Console Applications, mas ele é capaz de criar muitos tipos diferentes de programas. Para programadores Windows, Code::Blocks pode criar Dynamic Link Libraries (Bibliotecas de Vínculo Dinâmico, também conhecidas apenas como DLLA). Ele pode criar aplicativos Windows e, também, bibliotecas de vínculo estático ou dinâmico para Linux e MacOS.

Além disso, Code::Blocks permite ao programador ajustar diferentes opções da forma que esses alvos são montados. Mostrarei como ajustar algumas dessas configurações em capítulos posteriores. E, finalmente, Code::Blocks lembra como você configurou suas janelas para cada projeto. Ao voltar para o projeto, Code::Blocks recupera as janelas à sua última configuração, para poupar o seu tempo.

Code::Blocks recupera as informações de que ele precisa sobre o tipo de programa que você está montando, as configurações opcionais e o *layout* de janela em dois arquivos de projeto. As configurações são armazenadas em um arquivo com o mesmo nome do programa, mas contendo a extensão `.cbp`. A configuração de janela é armazenada em um arquivo com o mesmo nome, porém, com a extensão `.layout`.

Criando o projeto

1. **Selecione File⇨New⇨Projects (Arquivo⇨Novo⇨Projeto) para abrir a janela mostrada na Figura 2-6.**

   Essa é uma lista de todos os tipos de aplicativos que o Code::Blocks sabe montar.

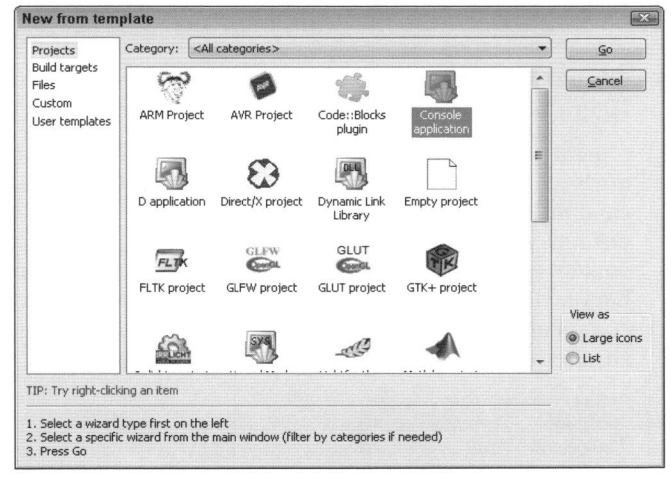

Figura 2-6: Selecione o Console Application a partir dos vários tipos de alvos oferecidos.

Felizmente, você está se concentrando em apenas um, o Console Application.

2. **Selecione Console Application e selecione Go.**

   Code::Blocks responde com a exibição mostrada na Figura 2-7*. Aqui, Code::Blocks oferece a opção de criar um programa C ou um C++.

3. **Selecione C++ e clique Next.**

   Code::Blocks abre uma caixa de diálogo onde você entrará com o nome e a subpasta opcional para o seu projeto. Clique no pequeno botão "...", para criar uma pasta onde guardará os seus projetos e, então, navegue para a raiz do seu disco de trabalho (em uma máquina Windows, ele será C ou D, mais provavelmente C). Selecione o botão Make New Folder (Criar Nova Pasta), à esquerda embaixo na janela. Nomeie a nova pasta como `Beginning_Programming-CPP`.

---

* NRT: Na primeira vez que você cria uma aplicação do tipo console, o Code::Blocks mostra uma tela de boas-vindas (Welcome) que não tem utilidade. Marque a caixa "Skip this page next time" (pular esta parte na próxima vez) e siga em frente com NEXT.

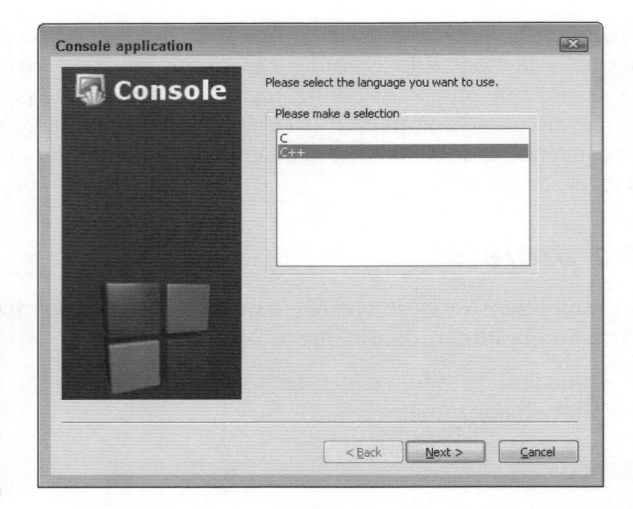

Figura 2-7:
Selecione
C++ como
a sua
linguagem
de escolha.

4. **Clique OK quando a sua exibição estiver parecida com a da Figura 2-8.**

A pasta que você cria para conter o seu projeto não deve conter quaisquer espaços no nome. Além disso, nenhuma das pastas no caminho deve conter espaços. Automaticamente, isso evita a colocação dos seus projetos no *desktop*, uma vez que o caminho para o *desktop* contém espaços. Você também deve evitar espaços no nome do projeto. Em vez disso, é possível usar sublinhados para separar palavras. O compilador Code::Blocks fica confuso com espaços nos nomes de arquivos e gera erros obscuros, muito sem sentido.

Figura 2-8:
Crie a pasta
Begin-
ning_Pro-
gramming-
-CPP, onde
você juntará
seus proje-
tos C++.

Agora, entre com o nome do projeto como **HelloWorld**. Observe que, automaticamente, Code::Blocks cria uma subpasta do mesmo nome para conter os arquivos que formam o projeto.

5. **Clique Next quando sua tela se parecer com aquela da Figura 2-9.**

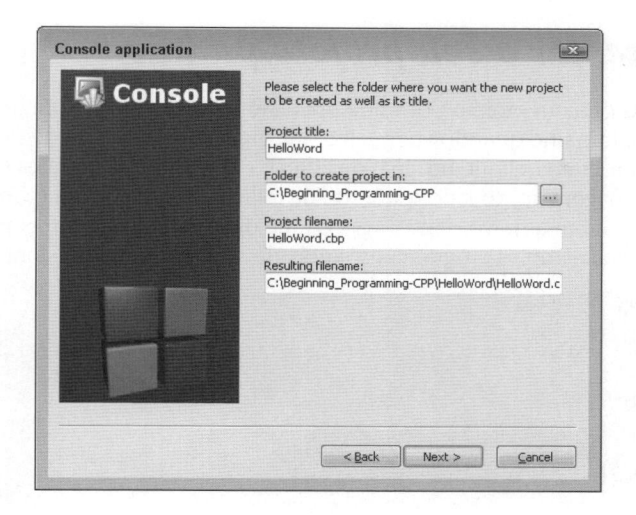

6. **Quando o Code::Blocks perguntar como deseja que
   suas subpastas sejam configuradas, você pode aceitar a
   configuração padrão, conforme mostrado na Figura 2-10.
   Selecione Finish.**

É possível selecionar o botão Back (voltar) para voltar a um menu anterior das
etapas precedentes se você confundir alguma coisa. No entanto, você talvez
tenha que entrar de novo com quaisquer dados fornecidos quando se adiantar
novamente. Quando tiver selecionado Finish, não será mais possível voltar
e alterar suas seleções. Se você misturar as coisas e quiser refazer o projeto,
primeiro precisará removê-lo: clique com o botão direito em HelloWorld na
janela Management e selecione Close Project (Fechar Projeto)*. Agora, você
pode apagar a pasta `Beginning_Programming-CPP\HelloWorld` e
começar de novo.

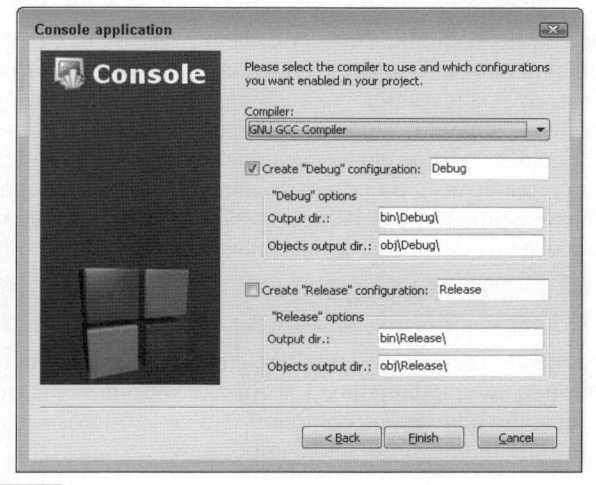

---

* NRT: A guia Projects na janela Management precisa estar ativada. É possível também fechar o projeto
  via menu File.

Como testar o seu projeto padrão

Code::Blocks cria um projeto Console Application e até o enche com um programa de trabalho quando você seleciona Finish no Assistente de Projeto. Para ver tal programa, clique no sinal de adição (+) próximo a Sources (fontes) na janela Management, do lado esquerdo da tela. A lista ramificada (a árvore do projeto) mostra um arquivo, `main.cpp`. Clique duas vezes em main.cpp para exibir o seguinte simples programa na janela de entrada do código fonte, à direita:

```
#include <iostream>

using namespace std;

int main( )
{
  cout << "Hello world!" << endl;
  return 0;
}
```

Por ora, pularei o significado de algumas dessas coisas, mas o ponto crucial do programa começa depois da chave aberta seguindo `main()`. É onde inicia a execução. A linha

```
cout << "Hello world!" << endl;
```

informa a saída da linha "Hello world!" à `cout`, que, por padrão, é a linha de comando. A próxima linha

```
return 0;
```

faz o controle voltar ao sistema operacional, o qual, efetivamente, encerra o programa.

1. **Selecione Build⇨Build para montar as declarações de C++ em um programa executável em linguagem de máquina.**

   (Você pode pressionar Ctrl+F9 ou clicar o ícone Build se preferir.) Imediatamente, será possível ver a aba Build Log (registro de montagem) na tela, embaixo à direita, seguida por uma série de longos comandos, como mostrado na Figura 2-11. Trata-se de Code::Blocks dizendo ao compilador de C++ como montar o programa de teste usando as configurações armazenadas no arquivo de projeto. Os detalhes não são importantes. Porém, o que é importante é que as duas linhas finais da janela Build Log devem ser

   ```
   Process terminated with status 0 (0 minutes, 1 seconds)
   0 errors, 0 warnings
   ```

   A posição encerrada de 0 significa que o processo de montagem funcionou adequadamente. O "0 errors, 0 warnings" (0 erros, 0 avisos) significa que o programa compilou sem erros ou avisos (o tempo de montagem de 1 segundo não é importante).

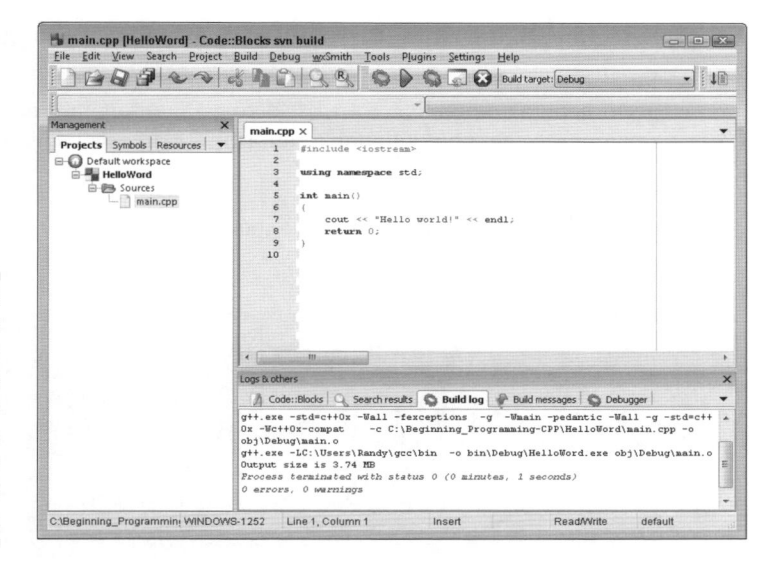

Figura 2-11:
Montar o
programa
padrão deve
resultar em
um programa
funcionando
sem erros e
sem avisos.

Se você não receber uma posição de 0 com 0 erros e 0 avisos, então algo está errado com a sua instalação ou com o seu projeto. As fontes mais comuns de erro são:

- Você já tinha um compilador gcc instalado em seu computador antes de instalar Code::Blocks. Code::Blocks usa uma versão especial do compilador GNU gcc (GNU Compiler Collection), mas ele usará qualquer outro compilador gcc que você já pode ter instalado em seu computador. É melhor desinstalar Code::Blocks, desinstalar o seu outro compilador gcc e reinstalar Code::Blocks do início;

- Você monta o seu projeto em um diretório que contém um espaço no nome; por exemplo, o seu projeto está no *desktop*. Assegure-se de montar o seu projeto na pasta `Beginning_Programming-CPP` na raiz de seu disco de usuário (mais provavelmente C em uma máquina Windows);

- Você monta um projeto diretamente do CD-ROM que vem com o livro. (Isso não se aplica às etapas aqui, mas de qualquer forma, é uma fonte comum de erro. Não é possível montar o seu programa em uma mídia de armazenagem apenas de leitura, como um CD-ROM. Primeiro você terá que copiar os arquivos do CD-ROM no disco rígido.)

2. **Selecione Build⇨Run (Ctrl+F10) para executar o programa.**

   Imediatamente, uma janela abrirá com a mensagem "Hello, world!" seguida pelo código de retorno de zero e a mensagem "Pressione qualquer tecla para continuar", conforme mostrado na Figura 2-12.

3. **Pressione Enter (entrar).**

   A janela desaparecerá, e o controle retornará ao editor de texto de Code::Blocks.

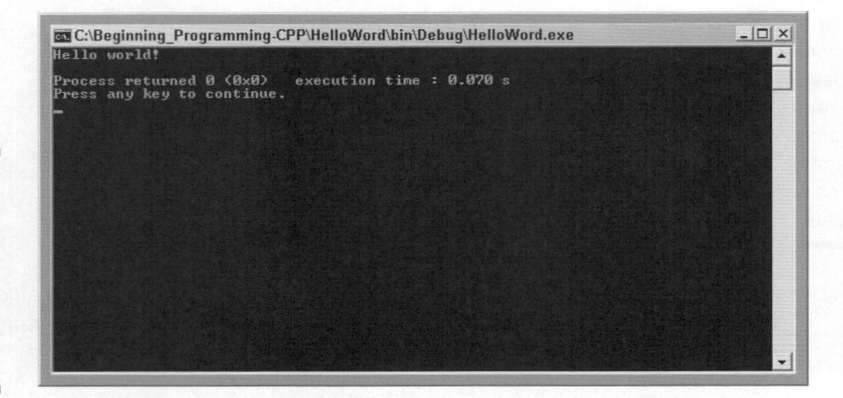

Figura 2-12: O programa padrão exibe "Hello, world!" e espera você pressionar uma tecla.

Se você for capaz de ver a mensagem "Hello, world!" executando o programa, então, parabéns! Você instalou o seu ambiente de desenvolvimento e montou e executou o seu primeiro programa C++ com sucesso. Se não, apague a pasta `Beginning_Programming-CPP`, desinstale Code::Blocks e tente novamente, comparando cuidadosamente a sua exibição com as figuras mostradas neste capítulo. Se ainda estiver com problemas, refira-se a `www.stephendavis.com` para indicações quanto ao que pode ter dado errado, assim como para um *link* ao meu *e-mail*, onde você pode me enviar perguntas e comentários. Eu não posso fazer por você o seu dever de casa de programação, mas, posso responder às suas perguntas, para começar.

Capítulo 3
Como Escrever o seu Primeiro Programa

Neste Capítulo

▶ Como iniciar o seu primeiro programa C++

▶ Compilação e execução de seu programa

▶ Como verificar algumas coisas que poderiam dar errado

▶ Execução de seu programa

▶ Revisando o funcionamento do seu programa

*E*ste capítulo irá guiá-lo através da criação de seu primeiro programa em C++. Você usará o ambiente Code::Blocks C++. Todo ele será um pouco como um "livro de receitas", visto que é a sua primeira vez. Eu explico todas as partes que formam este programa em capítulos posteriores, começando com a Parte II, mas, por ora, você será solicitado a aceitar algumas coisas de boa fé. Logo, tudo será revelado e cada coisa que você fizer neste capítulo fará todo o sentido.

Criação de um Novo Projeto

Como sempre, você precisa criar um novo projeto para hospedar seu programa. Siga as etapas abreviadas aqui (ou pode usar as etapas detalhadas do Capítulo 2):

1. **Com Code::Blocks abra, selecione File⇨New⇨Project.**

2. **Selecione Console Applications e selecione Go (ou clique duas vezes no ícone Console Applications).**

3. **Selecione C++ como sua linguagem de escolha e selecione Next.**

4. **Entre com** Conversion **como o Project Title (título do projeto).**

   Se você seguiu as etapas do Capítulo 2, a "Pasta para criar projeto" já deve estar ajustada para Beginning_Programming-CPP. Se não, não é tarde demais para clicar o botão "..." para criar a pasta na raiz de seu disco de trabalho (isso é descrito em detalhes no Capítulo 2). O Code::Blocks Wizard preenche para você o nome do projeto e o do programa resultante.

Quando tiver terminado, sua janela deve se parecer com aquela mostrada na Figura 3-1.

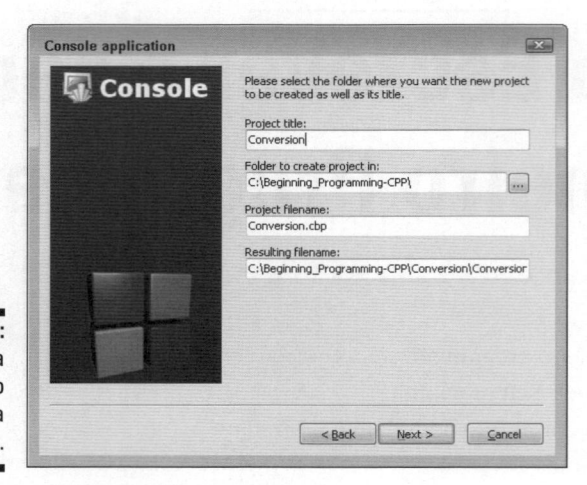

Figura 3-1:
A janela
Projeto do
programa
Conversion.

5. **Selecione Next.**

A janela seguinte permite que você mude as pastas-alvo. Está bom para os padrões.

6. **Selecione Finish.**

Code::Blocks cria um novo projeto e o acrescenta ao projeto anterior HelloWorld (veja no quadro "Organizando projetos" uma explicação do motivo pelo qual isso acontece). A exibição resultante se parece com a da Figura 3-2.

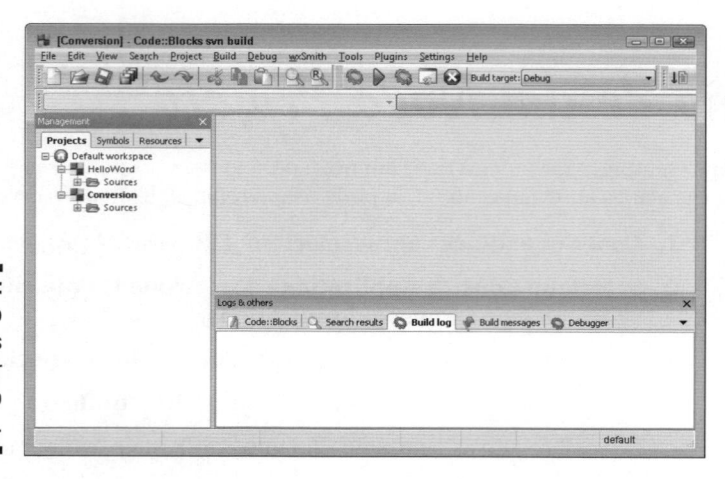

Figura 3-2:
A exibição
inicial depois
de criar
o projeto
Conversion.

Organizando projetos

Você pode estar curioso quanto ao motivo pelo qual Code::Blocks acrescentou o novo projeto Conversion a um projeto HelloWorld existente, em vez de recolocá-lo. Um grande esforço envolvendo vários desenvolvedores pode ser rompido em uma série de diferentes programas, todos destinados a trabalhar juntos. Para apoiar isso, Code::Blocks permite que você tenha qualquer quantidade de diferentes projetos carregados ao mesmo tempo.

A coleção de todos os projetos é chamada de um *workspace* (espaço de trabalho). Como você não especifica um espaço de trabalho ao iniciar Code::Blocks, os projetos criados até agora vão para o *espaço de trabalho padrão*. Só um projeto no espaço de trabalho poderá ficar ativo de cada vez. Esse é o projeto que aparece em negrito (volte à Figura 3-2 e verá que Conversion está em negrito, enquanto que HelloWorld não está). Quaisquer comandos Code::Blocks que você executa são direcionados ao projeto ativo. Por padrão, o último projeto criado é o ativo, mas

é possível mudar o projeto ativo, clicando nele com o botão direito na janela Management e selecionando Activate Project [Ativar Projeto] (a primeira opção na lista).

Se agora você fosse dar uma olhada na pasta Beginning_Programming-CPP, notaria duas subpastas: HelloWorld e Conversion. Essas duas subpastas incluem um arquivo de projeto com a extensão .cbp, que contém as configurações de compilador, um arquivo de *layout* com a extensão de *layout*, que descreve a forma que você deseja as suas janelas configuradas quando trabalhar nesse projeto e o arquivo main.cpp que contém o programa C++ criado pelo assistente de aplicativo. HelloWorld contém ainda outra subpasta, chamada Debug (depurar).

Os programas C++ podem ter qualquer nome do seu agrado, porém, deve terminar em .cpp. No capítulo 12, você verá como criar múltiplos arquivos fonte C++ com diferentes nomes.

Como Iniciar o seu Programa

Agora é a hora de iniciar o seu primeiro programa acompanhando as seguintes etapas:

1. **Assegure-se de que Conversion esteja em negrito na janela Management (veja a Figura 3-2).**

   Isso indica que ele é o projeto ativo. Se não estiver, clique com o botão direito em Conversion e selecione Activate Project do menu de *drop-down*[*].

2. **Feche quaisquer janelas de arquivo fonte que possam estar abertas, selecionando File⇨Close (arquivo ⇨ fechar) para fechar todos os arquivos.**

   Alternativamente, é possível fechar apenas os arquivos fonte que deseja, clicando no pequeno X próximo ao nome do arquivo na aba editor. Você não deseja, inadvertidamente, editar o arquivo fonte errado.

3. **Abra a pasta Sources, clicando no pequeno sinal de adição próximo a Sources, sob Conversion, na janela Management.**

   O menu de *drop-down* deve exibir o único arquivo main.cpp.

---

[*]   NRT: O mesmo efeito pode ser obtido com um duplo clique.

Extensões de nome de arquivo

O Windows tem o mau hábito de ocultar extensões de nome de arquivo ao exibir nomes de arquivos. Em alguns aplicativos essa pode ser uma boa ideia, mas, na maioria dos casos, quase nunca é uma boa ideia para um programador. Com extensões ocultas, o Windows pode exibir três ou quatro arquivos com o mesmo nome `HelloWorld`. Essa posição confusa de assuntos é facilmente corrigida quando você exibe extensões de arquivo e nota que todas elas são diferentes.

É possível desativar o recurso Windows Hide Extensions (Ocultar Extensões Windows). Exatamente como isso é feito depende de qual versão Windows você está usando:

- Windows 2000: Selecione Start ⇨ Settings ⇨ Control Panel ⇨ Folder Options (Iniciar ⇨ Configurações ⇨ Painel de Controle⇨ Opções de Pasta).

- Windows XP com vista Padrão: Selecione Start ⇨ Control Panel ⇨ Performance and Maintenance ⇨ File Types (Iniciar ⇨ Painel de controle ⇨ Desempenho e Manutenção⇨ Tipos de arquivos).

- Windows XP com vista Clássica: Selecione Start⇨Control Panel⇨Folder Options (Iniciar⇨Painel de Controle⇨Opções de Pasta).

- Windows Vista com vista Padrão: Selecione Start⇨Control Panel⇨Appearance (Iniciar ⇨Painel de Controle⇨Aparência) e Personalization⇨Show hidden files and folders (Personalização ⇨ Exibir arquivos e pastas ocultas).

- Windows Vista com vista Clássica: Selecione Start⇨Settings⇨Control Panel⇨Folder Options.

Agora, navegue para a aba View da caixa de diálogo Folder Options que aparece. Role para baixo até encontrar "Hide extensions for known file types" (ocultar as extensões de tipos de arquivo conhecidos). Assegure-se de que essa caixa seja desmarcada. Selecione OK e feche a caixa de diálogo.

4. **Clique duas vezes `main.cpp` para abrir o arquivo no editor.**

5. **Edite o conteúdo de `main.cpp`, fornecendo o seguinte programa, exatamente como ele aparece aqui.**

   O resultado é mostrado na Figura 3-3.

   Definitivamente, esta é a parte difícil, portanto, fique à vontade e seja paciente:

```
//
// Conversion - Program to convert temperature from
//        Celsius degrees into Farhrenheit
//            Fahrenheit = Celsius * (212 - 32)/100 + 32
//
#include <cstdio>
#include <cstdlib>
#include <iostream>
using namespace std;

int main(int nNumberofArgs, char* pszArgs[])
{
// enter the temperature in Celsius
int celsius;
cout << "Enter the temperature in Celsius:";
cin >> celsius;
```

```
// convert Celsius into Fahrenheit values
int fahrenheit;
fahrenheit = celsius * 9/5 + 32;

// output the results (followed by a NewLine)
cout << "Fahrenheit value is:";
cout << fahrenheit << endl;

// wait until user is ready before terminating program
// to allow the user to see the program results
system("Pause");
return 0;
}
```

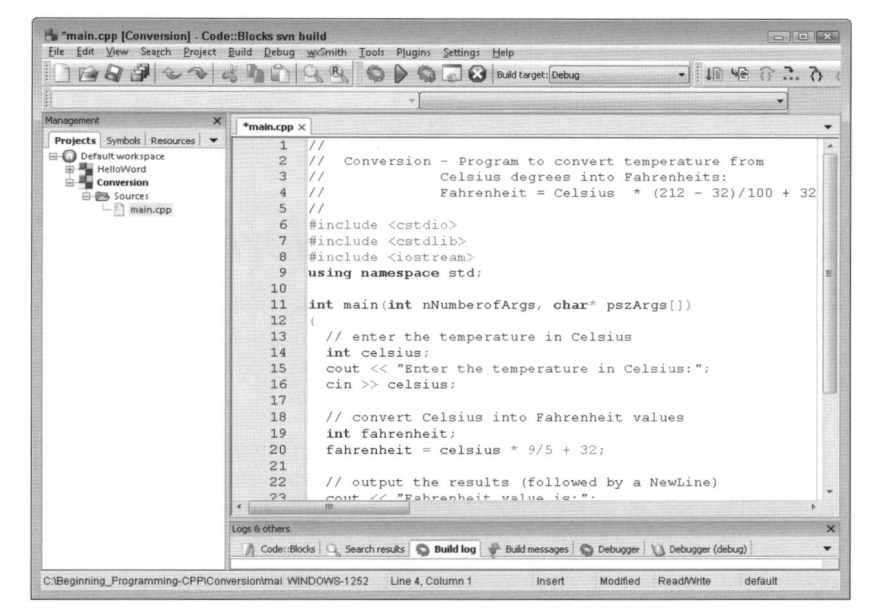

Figura 3-3:
O arquivo
`main.cpp`
editado do
programa
Conversion.

O que quero dizer com "exatamente o que você vê aqui"? C++ é bem enjoada quanto à sintaxe. Ela não gosta de pontos e vírgulas faltando ou palavras com ortografia errada. Ela não se preocupa com espaços extras, desde que eles não apareçam no meio de uma palavra. Por exemplo, `int fahren heit;` não é igual a `int fahrenheit;` mas, `int fahrenheit;` está bem. C++ trata abas, espaços e novas linhas da mesma maneira, considerando tudo simplesmente como espaços em branco.

Talvez seja só eu, mas levei muito tempo para me acostumar com o fato de que C++ diferencia entre letras maiúsculas e minúsculas. Assim, `int Fahrenheit;` não é a mesma coisa que `int fahrenheit;`. Uma dica final: C++ ignora qualquer coisa que aparece depois de `//`, portanto, você não precisa se preocupar em escrever essa parte igualzinha.

6. **Salve o arquivo, selecionando File⇨Save all files (Arquivo⇨Salvar todos os arquivos).**

Montando o Programa

Agora vem a parte que mais mexe com os nervos de todo o processo de desenvolvimento de *software:* montar o seu programa. É durante esta etapa que C++ revê o seu trabalho manual, para ver se pode fazer qualquer sentido o que você escreveu.

Programadores são eternos otimistas. Em algum lugar, bem no fundo de nosso coração, realmente acreditamos que cada vez que tocamos o botão Build (montar), tudo vai funcionar, mas, quase nunca acontece. Invariavelmente, a falta de um ponto e vírgula ou uma palavra escrita errado desapontará C++ e trará um punhado de mensagens de erro, muito parecido com a crítica de nossos professores no Ensino Fundamental, entupindo os nossos ouvidos.

Na verdade, montar o programa requer apenas uma etapa: você seleciona Build⇨Build ou pressiona Ctrl+F9 ou, então, clica o pequeno ícone Build.

Descobrindo o que Poderia dar Errado

Sem ofensa, mas quase com certeza a etapa Build não veio sem erro. Um programa Gold Star (estrela de ouro) é um que funciona na primeira vez em que você o monta e executa. Quase nunca você escreverá um programa Gold Star em toda a sua carreira de programação.

Felizmente, o editor Code::Blocks é tão bem-integrado com o compilador que, automaticamente, ele pode direcioná-lo para bem perto de seus erros. Na maioria das vezes, ele pode colocar o cursor exatamente na fileira que contém o erro. Para provar o ponto, deixe-me levá-lo através de um par de exemplos de erros.

 Existem apenas duas, da miríade de maneiras, de se dar mal em C++. Provavelmente, não posso mostrá-las todas. Aprender como interpretar o que o compilador está tentando informar com as suas mensagens de erro e aviso é uma parte importante do aprendizado da linguagem. Isso pode ocorrer apenas depois de muitos meses de prática conseguindo experiência com a linguagem. Felizmente, esses dois exemplos irão ajudá-lo a dar o pulo de início.

Comandos grafados erradamente

Comandos grafados erradamente são os erros mais fáceis de identificar e corrigir. Para demonstrar o ponto, acrescentei um t extra à linha 14 do código anterior, para que ele agora apareça como

```
intt celsius;
```

Diferente de `int`, a palavra `intt` não tem significado para C++. Montar o programa resultante gerou a exibição mostrada na Figura 3-4.

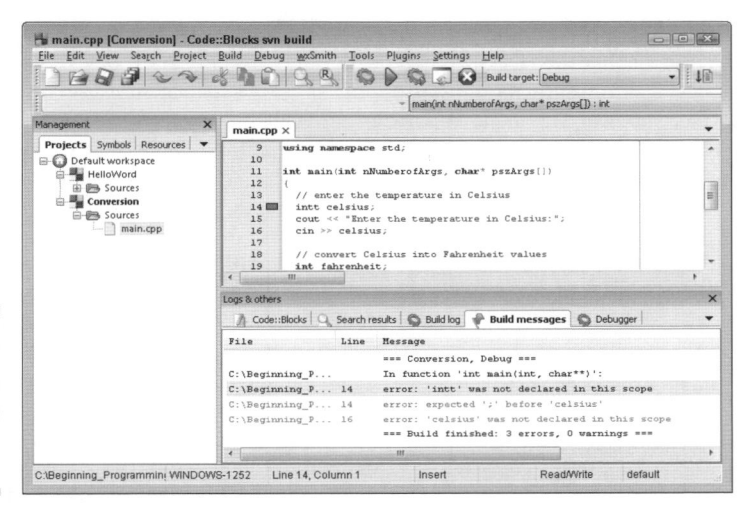

Figura 3-4:
As mensagens de erro resultantes da ortografia errada de `int`.

Observe o pequeno bloco vermelho na linha 14 indicando que há um problema em algum lugar desta linha. Você pode ler tudo sobre ele na aba Build Messages (mensagens de montagem) na janela inferior à direita. Aqui é possível ver as seguintes mensagens:

```
In function 'int main(int, char**)':
14 error: 'intt' was not declared in this scope
14 error: expected '; ' before 'celsius'
16 error: 'celsius' was not declared in this scope
```

A primeira linha indica o nome da função contendo o erro. Eu não apresento funções até o Capítulo 12, mas é fácil acreditar que todo o código neste programa está em uma função chamada `main`. A linha seguinte é a chave. Essa diz, essencialmente, que C++ não entende por que `int` está na linha 14 do programa. A mensagem de erro é um pouco crítica, porém, basta dizer que você obterá essa mesma mensagem de erro sempre que digitar alguma coisa errada. As demais mensagens de erro são apenas subprodutos do erro original.

Um erro C++ pode gerar uma cascata de mensagens de erro. É possível identificar e corrigir múltiplos erros em uma única tentativa de montagem, porém, requer experiência para descobrir quais erros se originam de outros. Por ora, fique atento à primeira mensagem de erro. Corrija-o e remonte o programa.

Por que C++ é tão enjoado?

Rapidamente, você descobrirá que C++ é quase tão enjoado quanto um juiz em uma questão de ortografia. Tudo precisa ser exato ou o compilador não o aceita. É bem interessante que não precisa ser assim. Algumas linguagens preferem tentar obter sentido de qualquer coisa que você oferece. A versão mais extrema disso foi uma linguagem lançada pela IBM para os seus *mainframes* (computadores de grande porte) na década de 1970, conhecida como PL/1 (isso significava "Programming Language 1" – Linguagem de Programação 1). Uma versão desse compilador tentaria encontrar sentido para qualquer coisa que recebesse. Nós, aficionados (nerds), costumávamos nos divertir muito, durante as madrugadas, no centro de computadores, torturando o compilador com um programa que consistia de nada mais do que a palavra "IF" ou "WHILE". Por meio de uma lógica tortuosa, PL/1 conseguia montar todo um programa desse único comando.

O outro campo em linguagens de programação, o campo ao qual C++ pertence, tem uma visão oposta: essas linguagens levam o programador a declarar exatamente o que pretende. Tudo precisa ser especificado. Cada verificação é conferida com todo e qualquer uso, para garantir que tudo combina. Nenhum ponto e vírgula faltando ou uma etiqueta declarada incorretamente fica sem punição.

Afinal, a abordagem de amor difícil adotada pela C++ é, de fato, mais eficaz. O problema com PL/1, abordagem de "amor livre" é que quase sempre ela estava errada em seu entendimento do que eu pretendia. PL/1 terminou criando um programa que compilava, mas fazia algo diferente do que eu pretendia quando era executado. C++ gera um erro de compilador se alguma coisa não é verificada, para me forçar a expressar claramente e sem ambiguidade as minhas intenções.

Sendo assim, é muito mais fácil descobrir e corrigir os erros cometidos por ocasião da compilação gerados por C++ do que os chamados erros de tempo de execução criados por um computador que supõe entender o que quero, mas entende errado.

Falta de ponto e vírgula

Um outro erro comum é deixar de fora um ponto e vírgula. A mensagem que esse erro gera pode ser um pouco confusa. Para demonstrar, removi o ponto e vírgula da declaração na linha 14, para que ela fique assim:

```
int celsius
cout << "Enter the temperature in Celsius:";
```

Esse erro informado por C++ não indica para a linha 14, mas, para a seguinte, a linha 15:

```
15 error: expected initialization before 'cout'
16 error: 'celsius' was not declared in this scope
```

Isto é mais fácil de entender quando você pensa que C++ imagina novas linhas exatamente como uma diferente forma de espaço. Sem o ponto e vírgula, C++ roda as duas linhas juntas. Não há mais separação da linha 14. C++ pode interpretar a primeira parte, mas não entende a seguinte sentença que começa com cout.

Geralmente, a falta de ponto e vírgula gera mensagens de erro que se parecem um pouco com a atual mensagem de erro, e elas estão quase sempre na linha seguinte, depois do erro atual. Se você suspeitar da falta de um ponto e vírgula, comece a procurar, de trás para frente, na linha com relato de erro.

Como Usar o CD-ROM Incluso

Se você não puder conseguir que o programa inicie corretamente, sempre é possível copiar o programa a partir do CD-ROM incluso. (No caso de quaisquer dúvidas referentes ao uso do CD-ROM, veja o anexo; ele detalha o que você encontrará no CD-ROM, assim como dicas para solucionar problemas, caso precise delas.)

Na verdade, você deveria iniciar o programa primeiro à mão, antes de desistir e usar o CD-ROM como solução. Apenas trabalhando sobre os seus erros é que você desenvolve o sentido de como a linguagem funciona.

Existem várias maneiras de usar o CD-ROM anexo. A mais direta é copiar e colar o conteúdo do arquivo do CD para o seu próprio, como a seguir:

1. **Insira o CD-ROM anexo em seu computador.**

2. **Selecione File⇨Open de dentro de Code::Blocks. Navegue para x:\Beginning_Programming-CPP\Conversion, onde X é a letra do seu *drive* de CD-ROM.**

3. **Selecione o arquivo main.cpp.**

   Code::Blocks abrirá o arquivo (no modo Somente Leitura) em uma nova aba, na janela de editor.

4. **Selecione Edit⇨Select All (Editar⇨Selecionar tudo) ou pressione Ctrl+A.**

   Isso selecionará todo o conteúdo do arquivo fonte.

5. **Selecione Edit⇨Copy (Editar⇨Copiar) ou pressione Ctrl+C.**

   Isso copiará todo o arquivo para a área de transferência.

6. **Selecione a aba main.cpp correspondente ao seu programa.**

7. **Selecione Edit⇨Select All ou pressione novamente Ctrl+A.**

8. **Selecione Edit⇨Paste (Editar⇨Colar) ou pressione Ctrl+V.**

   Isso sobrescreverá todo o conteúdo do main.cpp com o qual você tem trabalhado, com o conteúdo do arquivo correspondente no CD-ROM.

9. **Feche a aba contendo a versão de arquivo do CD-ROM, clicando no pequeno X próximo ao nome de arquivo.**

Rodando o Programa

Você pode executar o programa quando conseguir uma compilação limpa (ou seja, 0 erros e 0 avisos), seguinte às próximas etapas:

1. **Selecione Build⇨Run ou pressione Ctrl+F10.**

   Isso executará o programa sem o depurador (não se preocupe se não souber o que é um *debugger:* no Capítulo 20, eu ensino como usá-lo).

   O programa abre uma janela de 80 colunas por 25 linhas e pede que você forneça uma temperatura em graus Celsius.

2. **Forneça uma temperatura conhecida, como 100 graus. Pressione Enter.**

   Imediatamente, o programa responde com a temperatura equivalente em Fahrenheit, de 212:

   ```
   Enter the temperature in Celsius: 100
   Fahrenheit value is:212
   Press any key to continue . . .
   ```

3. **Pressione duas vezes Enter para sair do programa e voltar para o editor.**

Como Funciona o Programa

Ainda que esse seja o seu primeiro programa, eu não queria sair deste capítulo sem dar a você alguma ideia de como funciona esse programa.

O gabarito

A primeira parte do programa eu chamo de GABARITO Começando a Programar. Esse será o encantamento mágico igual ao usado em todos os programas deste livro. É assim:

```
//
// ProgramName -      short explanation of what the
//           program does
//
#include <cstdio>
#include <cstdlib>
#include <iostream>
using namespace std;

int main(int nNumberofArgs, char* pszArgs[])
```

```
{
    // origram goes here

    // wait until user is ready before terminating program
    // to allow the user to see the program results
    system("PAUSE");
    return 0;
}
```

Comentários

As primeiras poucas linhas neste gabarito parecem ser texto de forma livre. Ou este "código" foi feito para consumo humano ou o computador é muito mais esperto do que as pessoas acreditam que seja. Estas primeiras quatro linhas são conhecidas como *comments* (comentários). Um comentário é uma linha ou parte de uma linha que é ignorada pelo compilador C++. Os comentários permitem ao programador explicar o que está fazendo ou pensando enquanto escreve um segmento especial de código.

Um comentário C++ começa com barras duplas de encaminhamento e termina com uma nova linha. Você pode colocar qualquer caractere que quiser em um comentário, e comentários podem ser tão longos quanto você quiser, ainda que seja comum limitá-los a 80 caracteres ou algo assim, de modo a que eles se ajustem na largura de uma tela normal.

Nota: Talvez você ache estranho ter um comentário em C++ ou em qualquer outra linguagem de programação, que é especificamente ignorado pelo compilador; ainda assim, todas as linguagens de programação têm algum tipo de comentário. É importante que o programador seja capaz de explicar o que passava em sua mente enquanto uma parte de código estava sendo escrita. Pode não ficar claro para a próxima pessoa que pegar o programa e usá-lo ou modificá-lo. Na verdade, pode não ser óbvio ao próprio programador depois de apenas alguns dias trabalhando em alguma outra coisa.

Arquivos include

As seguintes poucas linhas são chamadas de *include statements* (declarações include), pois ocasionam os comentários do arquivo nomeado ser incluído naquele ponto do programa. Arquivos include sempre começam com a declaração #include na coluna 1, seguido pelo nome do arquivo a incluir. No Capítulo 12, explicarei mais acerca disso. Por ora, pense neles como mágicos.

main

Cada programa precisa conter um main() em algum lugar. A execução do programa começa na chave de abertura imediatamente depois de main() e termina na declaração de retorno, imediatamente antes da chave de fechamento. Uma explicação sobre o formato exato da declaração para main() terá que esperar.

Observe que o gabarito padrão termina com a declaração system("PAUSE") antes de return 0. Esse comando faz o programa esperar o usuário fornecer uma tecla antes do programa encerrar.

Não é preciso chamar ("PAUSE") desde que você execute seus programas a partir do ambiente Code::Blocks. De qualquer forma, Code::Blocks espera que o usuário entre com uma tecla antes de fechar a janela do console de aplicativo. No entanto, nem todos os ambientes são tão compreensivos. Esqueça isso e com muita frequência C++ fechará a janela de aplicativo antes de você ter a oportunidade de ler a saída do programa. Recebo muita correspondência de pessoas com raiva quando isso acontece.

O programa Conversion

O restante do programa Conversion faz o gabarito se parecer como a seguir:

```cpp
// enter the temperature in Celsius
int celsius;
cout << "Enter the temperature in Celsius:";
cin >> celsius;

// convert Celsius into Fahrenheit values
int fahrenheit;
fahrenheit = celsius * 9/5 + 32;

// output the results (followed by a NewLine)
cout << "Fahrenheit value is:";
cout << fahrenheit << endl;
```

Pulando as linhas de comentário, as quais C++ ignora de qualquer modo, este programa começa declarando uma variável chamada Celsius. Uma variável é um lugar que você pode usar para armazenar um número ou caractere.

A linha seguinte exibe o *prompt* (indicador) para o usuário "Enter the temperature in Celsius:" (fornecer a temperatura em Celsius). Por padrão, o objeto cout indica para a janela do console.

A próxima linha lê qualquer número que o operador fornecer e o armazena na variável Celsius declarada anteriormente.

As duas linhas seguintes declaram uma segunda variável fahrenheit, a qual depois é ajustada ao valor da variável celsius * 9 ; 5 + 32, que é a fórmula de conversão da temperatura de Celsius para Fahrenheit.

As duas linhas finais fornecem a saída da *string* "Fahrenheit value is:" e o valor calculado e armazena na variável fahrenheit acima.

Parte II

Escrevendo um Programa: Decisões, Decisões

Nesta parte...

Agora que você está familiarizado com o modo de escrever e montar um programa, pode começar a aprender sobre a própria C++. Esta parte o apresenta aos elementos básicos de C++: a declaração variável e a expressão. Você até descobrirá como tomar uma decisão em seu programa se conseguir aguentar. Por fim, verá algumas técnicas iniciais para encontrar erros em seus programas.

Capítulo 4
Expressões Inteiras

*N*este capítulo, você estudará declarações inteiras e expressões. A aula de álgebra apresentou-o ao conceito de variáveis e expressões. O professor deve ter escrito algo assim no quadro:

```
x = 1
```

Isso define uma *variável* x e a ajusta igual ao valor 1 até que alguma declaração subsequente a altere por algum motivo. O termo x se torna um substituto de 1. O professor então, deve ter escrito a seguinte *expressão*:

```
y = 2x
```

Pelo fato de que eu sei que x é 1, agora sei que y é igual a 2. Isso foi um avanço na sétima série. Todas as linguagens de computador seguem esse mesmo padrão e manipulação de variáveis.

Declarando Variáveis

Uma *declaração variável* inteira começa com a palavra-chave int seguida pelo nome de uma variável e um ponto e vírgula, como no exemplo a seguir:

```
int n1; // declare a variable n1
```

Todas as variáveis em C++ precisam ser declaradas antes que possam ser usadas. Uma declaração de variável ocupa uma pequena quantidade de espaço em memória, apenas o bastante para um único inteiro e designa a ela um nome. Você pode declarar mais do que uma variável na mesma declaração, como no seguinte exemplo, mas não é uma boa ideia por razões que logo ficarão claras na medida em que você trabalhar os próximos capítulos:

```
int n2, n3; // declare two variables n2 and n3
```

Uma *palavra-chave* é uma palavra que tem significado para C++. Não é possível nomear uma variável como uma palavra-chave. Assim, você não pode criar uma variável com o nome int. Porém, visto que palavras-chave são case sensitive (diferem maiúsculas ou minúsculas), você poderia criar uma variável Int ou INT. Através dos capítulos, você será apresentado a outras palavras-chave.

O fato de a palavra-chave int ser usada, em vez de integer, é apenas um reflexo da secura total da linguagem C++. Os criadores da linguagem devem ter sido péssimos datilógrafos e desejado minimizar a quantidade de digitação que precisavam fazer.

Diferente da aula de álgebra, a faixa de abrangência de um inteiro em C++ não é ilimitada. Entretanto, é, de fato, bastante ampla. Se você exceder a faixa de uma int, receberá uma resposta errada. Discutirei, no Capítulo 14, o tamanho e a faixa da variável.

Nomes de variáveis

Você pode nomear uma variável da maneira que quiser, com as seguintes restrições:

- A primeira letra da variável deve ser um caractere na sequência de a até z, A até Z ou sublinhado ('_');

- Cada letra depois da primeira deve ser um caractere na sequência de a até z, A até Z, sublinhado ('_') ou os dígitos de 0 até 9;

- Um nome de variável pode ser de qualquer comprimento. Todos os caracteres são significativos.

Os seguintes são nomes legais de variável:

```
int myVariable;
int MyVariable;
int myNumber2Variable;
int _myVariable;
int my_Variable;
```

Os seguintes nomes de variávelsão legais:

```
int myPercentage%;         // contains illegal character
int 2ndVariable;              // starts with a digit
int my Variable;            // contains a space
```

As variáveis devem ser descritivas. Nomes de variáveis como x são desencorajados.

Como designar um valor a uma variável

Cada variável tem um valor a partir do momento em que ela é declarada. Entretanto, até que você designe um valor a ela, uma variável simplesmente aceitará qualquer valor inútil que por acaso esteja no local de memória quando ela for alocada. Isso significa que você não sabe qual é o valor, e é provável que ele mude cada vez que você rodar o programa.

É possível designar à variável um valor, usando o sinal de igual (=), como no seguinte exemplo:

```
int n;      // declare a variable n
n = 1;      // set it to 1
```

Isto é muito parecido com a declaração de designação da aula de álgebra, porém, o efeito não é bem igual. Em C++, a declaração de designação diz "tome o valor do lado da direita do sinal de igual" (neste caso, 1) "e o armazene no local do lado esquerdo, sobrescrevendo o que possa ter estado lá antes" (neste caso, n).

Você pode ver a diferença na seguinte expressão:

```
n = n + 1;   // increment the variable n
```

Esta declaração não faria qualquer sentido na aula de álgebra. Como n poderia ser, ao mesmo tempo, igual tanto a n quanto a n + 1? No entanto, esta declaração faz todo sentido em C++ se você acompanhar a definição de designação dada acima: "Tome o valor armazenado na variável n" (1) "acrescente 1 e armazene o resultado" (2) "na variável n." Isto é mostrado graficamente na Figura 4-1.

Figura 4-1:
O efeito de executar a expressão n = n + 1 quando n começa como 1.

```
// digamos que n começa com 1
n = n + 1;              Etapas para avaliar
n = 1 + 1;              a expressão
n = 2;
```

Inicializando uma variável na declaração

Você pode inicializar a sua variável na hora em que ela é declarada, acompanhando-a com um sinal de igual e um valor:

```
int n = 1;   // declare and initialize variable
```

Esquecendo-se de inicializar uma variável

É um erro muito comum em C++ esquecer-se de inicializar uma variável antes de usá-la. Tanto que o compilador, na verdade, sente dolorosamente quando nota essa situação e o avisa sobre isso. Pense nas seguintes declarações:

```
int n1, n2 = 0;
n2 = n1 + 1;
cout << "n1 = " << n1 << endl;
cout << "n2 = " << n2 << endl;
```

Code::Blocks gera o seguinte aviso ao montar o programa contendo este fragmento:

```
warning: "n1" is used uninitialized in this function
```

Ainda que, de fato, seja uma má ideia, você tem a liberdade de ignorar avisos. Executar o programa gera a saída:

```
n1 = 54
n2 = 55
```

É fácil ver por que n2 é igual a 55, visto que n1 é 54, mas por que n1 é igual a 54? Eu poderia inverter a pergunta, dizendo "Por que não?". Esta é uma expressão do velho ditado "Cada coisa em seu lugar". O equivalente em C++ é: "Cada variável deve ter um valor". Se você não inicializar uma variável para alguma coisa, ela obterá um valor aleatório da memória. Neste caso, o valor 54 foi deixado de alguma utilização anterior.

Isso só inicializa uma variável, portanto, se você escrever a seguinte declaração composta

```
int n1, n2 = 0;
```

você inicializou n2, mas não n1. Este é um motivo pelo qual não é uma boa ideia declarar múltiplas variáveis em uma única declaração. (Veja o quadro "Esquecendo-se de inicializar uma variável".)

Constantes Inteiras

C++ entende qualquer símbolo que comece com um dígito e só contenha dígitos como sendo uma *integer constant* (constante inteira). As seguintes são constantes legais:

```
123
1
256
```

Uma constante não pode conter quaisquer caracteres estranhos. A seguinte é legal:

```
123Z456
```

A próxima é legal, mas não significa o que você pensa:

```
123+456
```

Na verdade, isso define a soma de duas constantes, 123 e 456, ou o valor 479.

Geralmente, C++ supõe que constantes são decimais (base 10). No entanto, por motivos históricos, um número que começa com um 0 é suposto ser octal (base 8). Pelo mesmo motivo, um número que inicia com 0x ou 0X supostamente deve ser hexadecimal. Hexadecimais usam as letras de A até F, ou de a até f para dígitos além de 9. Assim, 0xFF, 0377 e 255 são todos equivalentes. Não se preocupe se você não souber o que é octal ou hexadecimal – não vamos usá-los neste livro.

Não inicie uma constante com 0 a menos que deseje que ela seja em octal.

Uma constante inteira pode ter determinados símbolos anexados ao final, para alterar o seu tipo. Você verá diferentes tipos de constantes inteiras no Capítulo 14.

Expressões

Variáveis e constantes só são úteis se você puder usá-las para fazer cálculos. O termo *expressão* em C++ é o jargão para um cálculo. Você já deve ter visto a expressão mais simples:

```
int n;      // declaration
n = 1;      // expression
```

As expressões sempre envolvem variáveis, constantes e operadores. Um *operador* executa alguma operação aritmética em seus argumentos. A maioria dos operadores toma dois argumentos – esses são chamados de *binary operators* (operadores binários). Alguns operadores tomam um único argumento – são os *unary operators* (operadores unários).

Todas as expressões retornam um valor e um tipo. (Note que int é o tipo de todas as expressões descritas neste capítulo.)

Operadores binários

Um *operador binário* é aquele que toma dois argumentos. Se você puder dizer var1 op var2, então op deve ser um operador binário. Os operadores binários mais comuns são iguais às simples operações que você aprendeu no Ensino Fundamental. Os operadores binários comuns aparecem na Tabela 4-1 (esta tabela também inclui os operadores unários, que são descritos um pouco adiante neste capítulo).

Tabela 4-1: Operadores matemáticos em ordem de precedência

Precedência	Operador	Significado
1	- (unário)	Retorna o negativo do argumento
2	++ (unário)	Aumenta
2	-- (unário)	Diminui
3	* (binário)	Multiplica
3	/ (binário)	Divide
3	% (binário)	Módulo
4	+ (binário)	Adição
4	- (binário)	Subtração
5	=, *=, %=, +=, -= (especial)	Tipos de designação

O binário mais simples é o operador de designação destacado pelo sinal de igual. O operador de designação diz "tome o valor do lado direito e armazene no local do lado esquerdo do operador". (Ao final deste capítulo descrevo os operadores especiais de designação.)

Multiplicação, divisão, adição, subtração e módulo (módulo = ramo da aritmética que usa o resto de um número quando dividido por outro) são os operadores usados para executar operações aritméticas. Eles funcionam exatamente como os operadores aritméticos que você aprendeu no Ensino Fundamental, com as seguintes considerações especiais:

✔ **A multiplicação deve ser sempre expressamente declarada e nunca é pressuposta como é em álgebra.** Veja o seguinte exemplo:

```
int n = 2; // declare a variable
int m = 2n;  // this generates an error
```

A expressão acima não designa m ao valor de 2 vezes n. Em vez disso, C++ tenta interpretar 2n como um nome de variável. Visto que nomes de variável não podem iniciar com um dígito, ela gera um erro durante a etapa de montagem.

O que o programador queria dizer era:

```
int n = 2;
int m = 2 * n;        // this is OK
```

✔ **A divisão de inteiro descarta o resto.** Assim, o seguinte:

```
int n = 13 / 7;       // assigns the value 1 to n
```

Catorze dividido por 7 são 2. Treze dividido por sete é 1. (Você verá tipos de variável decimal que podem lidar com frações no Capítulo 14.)

✔ **O operador de módulo retorna o resto depois da divisão** (você poderia não se lembrar de módulo):

```
int n = 13 % 7;      // sets n to 6
```

Catorze módulo de sete é zero. Treze módulo de sete é seis.

Decompondo expressões compostas

Uma única expressão pode incluir múltiplos operadores:

```
int n = 5 + 100 + 32;
```

Quando todos os operadores são iguais, C++ avalia a expressão da esquerda para a direita:

```
5 + 100 + 32
105 + 32
137
```

Quando diferentes operadores são combinados em uma única expressão, C++ usa uma propriedade chamada *precedence* (precedência). A precedência é a ordem pela qual os operadores são avaliados em uma expressão composta. Veja o seguinte exemplo:

```
int n = 5 * 100 + 32;
```

O que vem primeiro: multiplicação ou divisão? Ou esta expressão é simplesmente avaliada da esquerda para a direita? Voltando à Tabela 4-1, o que diz que a multiplicação tem uma precedência de 3, que é maior do que a precedência de adição, a qual é 4 (valores menores têm precedência mais alta). Assim, a multiplicação acontece primeiro:

```
5 * 100 + 32
500 + 32
532
```

A ordem das operações é negada pela precedência dos operadores. Como é possível ver

```
int n = 32 + 5 * 100;
```

gera o mesmo resultado:

```
32 + 5 * 100
32 + 500
532
```

Mas e se realmente você quiser 5 vezes a soma de 100 mais 32? Você pode sobrepor a precedência dos operadores, envolvendo em parênteses as expressões que deseja que sejam executadas primeiro, como a seguir:

```
int n = 5 * (100 + 32);
```

Agora, a adição é realizada antes da multiplicação:

```
5 * (100 + 32)
5 * 132
660
```

Você pode combinar os parênteses para tornar as expressões tão complicadas quanto quiser. C++ sempre começa com os parênteses mais profundamente aninhados que ela pode encontrar e abre o seu caminho.

```
(3 + 2) * ((100 / 20) + (50 / 5))
(3 + 2) * (5 + 10)
5 * 15
75
```

Sempre é possível dividir expressões complicadas usando variáveis. O seguinte é seguro:

```
int factor = 3 + 2;
int principal = (100 / 20) + (50 / 5);
int total = factor * principal;
```

Designar um nome a valores intermediários também permite ao programador explicar as partes de uma equação complexa, facilitando o entendimento pelo camarada seguinte.

Operadores Unários

Os *operadores unários* são aqueles que tomam um único argumento. Os operadores unários matemáticos são -, ++ e –.

O operador menos (subtração) muda o sinal de seu argumento. Um número positivo torna-se negativo, e um número negativo torna-se positivo:

```
int n = 10;
int m = -n; // m is now -10
```

Os operadores ++ e – aumentam e diminuem seus argumentos em um.

Por que um operador separado de incremento?

Para que os autores de C++ pensaram que um operador de incremento deveria ser chamado? Afinal, esse operador nada mais faz do que acrescentar 1, o que pode ser feito com uma expressão de designação. Os autores de C++ (e de sua antecessora, C) foram obsessivos com a eficiência. Eles queriam gerar o código de máquina mais rápido possível. Sabiam que a maioria dos processadores tem uma instrução de incremento e decremento, e queriam que o compilador C++ usasse aquela instrução, ao máximo possível. Eles imaginaram que n++ poderia ser convertido em uma instrução de incremento, enquanto que n = n + 1; não poderia. Esse tipo de pensamento faz pouca diferença atualmente, mas os operadores de incremento e decremento estão aqui para ficar. Como você verá nos capítulos 9 e 10, os operadores são bem mais úteis do que você poderia imaginar.

Os operadores de aumento e diminuição são únicos no sentido de que vêm em duas versões: uma versão *prefix* (prefixo) e uma *postfix* (sufixo).

A versão de prefixo de incremento é escrita como ++n, enquanto a de sufixo é escrita como n++.

Ambos os operadores de aumento, prefixo e sufixo, aumentam seus argumentos em um. A diferença está no valor retornado. A versão de prefixo retorna o valor depois da operação de incremento, enquanto o sufixo retorna o valor de antes do incremento (o mesmo se aplica ao operador de decremento). Isto é demonstrado no seguinte programa IncrementOperator:

```cpp
// IncrementOperator - demonstrate the increment operator

#include <cstdio>
#include <cstdlib>
#include <iostream>

using namespace std;

int main(int nNumberofArgs, char* pszArgs[])
{
// demonstrate the increment operator
int n;

// first the prefix
n = 1;
cout << "The value of n is   " <<   n << endl;
cout << "The value of ++n is " << ++n << endl;
cout << "The value of n afterwards is " << n << endl;
cout << endl;

// now the postfix
n = 1;
cout << "The value of n is   " <<   n << endl;
cout << "The value of n++ is " << n++ << endl;
```

```
cout << "The value of n afterwards is " << n << endl;
cout << endl;

// wait until user is ready before terminating program
// to allow the user to see the program results
system("PAUSE");
return 0;
}
```

A saída deste programa aparece como a seguir:

```
The value of n is    1
The value of ++n is 2
The value of n afterwards is 2

The value of n is    1
The value of n++ is 1
The value of n afterwards is 2

Press any key to continue . . .
```

Este exemplo demonstra os dois aumentos: prefixo e sufixo. Em ambos os casos, a variável n é inicializada para 1. Observe que o valor de n depois de executar tanto ++n quanto n++ é 2. Entretanto, o valor de ++n era 2 (o valor depois do incremento), enquanto o valor de n++ era 1 (o valor antes do incremento).

Os Operadores de Designação Especial

O operador de designação é totalmente crítico a qualquer linguagem de computador. De que outra forma eu posso armazenar um valor computado? Porém, C++ fornece um conjunto completo de versões extras do operador de designação que parecem menos críticas.

Os autores de C++ devem ter percebido que expressões da seguinte forma eram muito comuns:

```
x = x # value;
```

Aqui # significa algum operador binário. Provavelmente, em sua busca de secura superzelosa, os autores criaram uma designação separada para cada um dos operadores binários na forma:

```
x #= value; // where # is any one of the binary operators
```

Assim, por exemplo,

```
n = n + 2;
```

pode ser escrito como

```
n += 2;
```

Nota: Você não vê isso com tanta frequência, e eu mostro aqui, principalmente, por uma questão de complementação.

Capítulo 5
Expressões de Caractere

O capítulo 4 apresenta o conceito de variável integer (inteiro). Este capítulo introduz o menor parente de inteiro, o caractere, ou char (pronunciado com variações de *care, chair* ou como na primeira sílaba de charco) para nós, que estamos dentro. Eu usei caracteres em programas que apareceram nos capítulos anteriores – agora é a hora de apresentá-los formalmente.

Definindo Variáveis de Caractere

As *variáveis de caractere* são declaradas exatamente como inteiros, exceto que com a palavra-chave char no lugar de int:

```
char inputCharacter;
```

As constantes de caractere são definidas como um único caractere envolto em aspas simples, como a seguir:

```
char letterA = 'A';
```

Isso pode parecer uma pergunta tola, mas o que é exatamente "A"? Para responder isto, preciso explicar o que significa codificar caracteres.

Codificação de caracteres

Conforme mencionei no Capítulo 1, tudo no computador é representado por um padrão de uns e zeros, que podem ser interpretados como números. Assim, o pequeno padrão 0000 0001 é o número 1 quando interpretado como um inteiro. Entretanto, esse mesmo pequeno padrão significa algo completamente diferente quando interpretado como uma instrução dada pelo processador. De modo que não deve ser surpresa que o computador codifica que os caracteres do alfabeto, designando a cada qual um número.

Imagine o caractere 'A'. Você poderia designar a ele qualquer valor que quisesse, desde que todos concordássemos. Por exemplo, seria possível designar um valor de 1 a 'A', se você quisesse. Logicamente, em seguida você poderia designar o valor de 2 a 'B', de 3 a 'C' e assim por diante. Nesse esquema, 'Z' obteria o valor de 26. Depois, você poderia recomeçar designando o valor 27 para 'a', 28 para 'b', até 52 para 'z'. Isso ainda deixa os dígitos de '0' a '9', mais todos os símbolos especiais, como espaço, ponto, vírgula, barra, ponto e vírgula e os caracteres engraçados que vê ao pressionar as teclas de número enquanto mantém Shift pressionada. Acrescente a isso os caracteres que não são impressos, como *tab* (tabulação) e *newline* (nova linha). Quando tudo isto é dito e feito, você poderia codificar todo o teclado em inglês usando números entre 1 e 127.

Eu digo *você poderia* designar um valor para 'A', 'B' e os caracteres restantes, no entanto, essa não seria uma boa ideia, porque já foi feita. A certa altura, por volta de 1963, houve um acordo geral sobre como caracteres deveriam ser codificados em inglês. A codificação de caractere ASCII (American Standard Coding for Information Interchange), mostrada na Tabela 5-1 foi adotada quase que universalmente, exceto por uma empresa. A IBM publicou o seu próprio padrão, também em 1963. Os dois padrões de codificação batalharam por cerca de dez anos, mas, no início da década de 1970, quando C e C++ estavam em processo de criação, ASCII simplesmente venceu a batalha. O tipo `char` foi criado com a codificação de caractere ASCII em mente.

Tabela 5-1: O conjunto de caracteres ASCII

Valor	Char	Valor	Char
0	NULO	64	@
1	Início de Cabeçalho	65	A
2	Início de Texto	66	B
3	Final de Texto	67	C
4	Final de Transmissão	68	D
5	Pedido – Consulta	69	E

Valor	Char	Valor	Char
6	Confirmação	70	F
7	Sino	71	G
8	Backspace	72	H
9	Tabulação	73	I
10	Nova linha	74	J
11	Tabulação Vertical	75	K
12	Nova Página; Alimentação de Formulário	76	L
13	Retorno de Carro	77	M
14	Deslocamento para fora	78	N
15	Deslocamento para dentro	79	O
16	Escape de Ligação de Dados	80	P
17	Dispositivo de Controle 1	81	Q
18	Dispositivo de Controle 2	82	R
19	Dispositivo de Controle 3	83	S
20	Dispositivo de Controle 4	84	T
21	Confirmação Negativa	85	U
22	Síncrono Ocioso	86	V
23	Fim de Transmissão	87	W
24	Cancelar	88	X
25	Fim do Meio	89	Y
26	Substituto	90	Z
27	(ESC)	91	[
28	Separador de Arquivo	92	\
29	Separador de Grupo	93	]
30	Separador de Registro	94	^
31	Separador de Unidade	95	_
32	Espaço	96	`
33	!	97	a
34	"	98	b
35	#	99	c
36	$	100	d
37	%	101	e

(continua)

Tabela 5-1 *(continuação)*

Valor	Char	Valor	Char
38	&	102	f
39	'	103	g
40	(	104	h
41	)	105	i
42	*	106	j
43	+	107	k
44	,	108	l
45	=	109	m
46	.	110	n
47	/	111	o
48	0	112	p
49	1	113	q
50	2	114	r
51	3	115	s
52	4	116	t
53	5	117	u
54	6	118	v
55	7	119	w
56	8	120	x
57	9	121	y
58	:	122	z
59	;	123	{
60	<	124		
61	=	125	}
62	>	126	~
63	?	127	DEL

A primeira coisa que você perceberá é que os primeiros 32 caracteres são caracteres "que não podem ser impressos". Isso não significa que eles sejam tão "atrevidos", que o *filtro* não permita que eles sejam impressos – significa que eles não são exibidos como um símbolo quando saindo de uma impressora (ou então, no console). Muitos desses caracteres não são mais usados ou só de formas obscuras. Por exemplo, o caractere 25 "Fim do Meio", provavelmente foi impresso como o último caractere antes do fim de um rolo de fita magnética.

Isso foi uma grande coisa em 1963, mas, atualmente, tem uso limitado. O meu caractere preferido é o 7, Sino (*Bell*) – era comum o sino tocar nas antigas máquinas de escrever. (O Code::Blocks C++ gera um *bip* quando você exibe um caractere sino.)

Todos os caracteres a partir de 32 podem ser impressos, exceto o último, 127, que é o caractere Delete (apagar).

Exemplo de codificação de caractere

O seguinte programa simples permite que você brinque com o conjunto de caracteres ASCII:

```
// CharacterEncoding -       allow the user to enter a
//                 numeric value then print that value
//                 out as a character

#include <cstdio>
#include <cstdlib>
#include <iostream>

using namespace std;

int main(int nNumberofArgs, char* pszArgs[])
{
// Prompt the user for a value
int nValue;
cout << "Enter decimal value of char to print:";
cin >> nValue;

// Now print that value back out as a character
char cValue = (char)nValue;
cout << "The char you entered was [" << cValue
     << "]" << endl;

// wait until user is ready before terminating program
// to allow the user to see the program results
system("PAUSE");
return 0;
}
```

Este programa começa solicitando ao usuário que "Enter decimal value of a char to print" (Fornecer um valor decimal de um caractere para imprimir). Depois, o programa lê o valor fornecido pelo usuário em int da variável nValue.

Então, o programa designa esse valor a um char da variável cValue.

O (char) que aparece na frente de nValue é chamado de um cast (instrução que converte uma variável de um tipo em outro tipo), o qual converte o valor de nValue de um int a um char. Eu poderia ter executado a designação sem o *cast*, como em exemplo:

```
cValue = nValue;
```

Entretanto, o tipo das variáveis não combinaria: o valor à direita da designação é uma int, enquanto o valor à esquerda, char. C++ executará, de qualquer forma, a designação, mas, normalmente, ela reclama sobre tais conversões, gerando um aviso durante a etapa de montagem. *Cast* converte o valor em nValue a um caractere antes de realizar a designação:

```
cValue = (char)nValue;        // cast nValue to a char before
                              // assigning the value to cValue
```

A linha final exibe o caractere cValue dentro de um conjunto de colchetes.

O seguinte mostra alguns exemplos de execução do programa. Na primeira rodada, entrei com o valor 65, que a Tabela 5-1 mostra como o caractere 'A':

```
Enter decimal value of char to print:65
The char you entered was [A]
Press any key to continue . . .
```

Na segunda vez, entrei com o valor 97, o qual corresponde ao caractere 'a':

```
Enter decimal value of char to print:97
The char you entered was [a]
Press any key to continue . . .
```

Nas vezes subsequentes, experimentei caracteres especiais:

```
Enter decimal value of char to print:36
The char you entered was [$]
Press any key to continue . . .
```

O valor 7 não imprimiu nada, mas levou o meu PC a emitir um *bip* sonoro que me assustou muito.

O valor 10 gerou a seguinte saída esquisita:

```
Enter decimal value of char to print:10
The char you entered was [
]
Press any key to continue . . .
```

Fazendo referência à Tabela 5-1, você pode ver que 10 é um caractere de nova linha. Na verdade, esse caractere não imprime nada, mas leva a saída subsequente a começar na próxima linha, exatamente o que aconteceu neste caso. O colchete de fechamento aparece sozinho no início da linha seguinte quando seguido de um caractere de nova linha.

 O endl que aparece no final de muitos dos comandos de saída vistos até agora gera uma nova linha. Ele também faz algumas outras coisas, as quais você verá no Capítulo 31.

Codificando Strings de Caracteres

Teoricamente, seria possível imprimir qualquer coisa que você quisesse usando caracteres individuais. Entretanto, isso poderia ficar muito tedioso, como demonstra o seguinte fragmento de código:

```
cout <<    'E' <<    'n' <<  't' <<  'e' <<    'r' <<  ' '
     <<  'd' <<  'e'  <<  'c' <<  'i' <<  'm' <<  'a'
     <<  'l' <<  ' '  <<  'v' <<  'a' <<  'l' <<  'u'
     <<  'e' <<  ' '  <<  'o' <<  'f' <<  ' ' <<  'c'
     <<  'h' <<  'a'  <<  'r' <<  ' ' <<  't' <<  'o'
     <<  ' ' <<  'p'  <<  'r' <<  'i' <<  'n' <<  't'
     <<  ':';
```

C++ permite que você codifique uma sequência de caracteres, fechando a *string* (sequência) entre aspas duplas:

```
cout << "Enter decimal value of char to print:";
```

Tenho muito mais a dizer sobre sequências de caracteres no Capítulo 16.

Constantes de Caracteres Especiais

Você pode codificar um caractere normal que pode ser impresso, colocando-o entre aspas simples:

```
char cSpace = ' ';
```

É possível codificar qualquer caractere que você queira, podendo ele ser impresso ou não, colocando o seu valor octal depois de uma barra invertida:

```
char cSpace = '\040';
```

 Uma constante aparecendo com um zero à frente deve ser octal, também conhecida como de base 8.

Você pode codificar caracteres na base 16, hexadecimal, precedendo o número com uma barra invertida, seguido por um pequeno x, como no seguinte exemplo:

```
char cSpace = '\x20';
```

O valor decimal 32 é igual a 40 na base 8, e a 20, na base 16. Não se preocupe se não estiver à vontade com octal e hexadecimal. C++ oferece atalhos para os caracteres mais comuns.

C++ oferece um nome para alguns dos caracteres que são especialmente úteis e não podem ser impressos. Alguns dos mais comuns são mostrados na Tabela 5-2.

Tabela 5-2: Alguns caracteres especiais de C++

Char	Símbolo Especial	Char	Símbolo Especial
'	\'	Nova linha	\n
"	\"	Retorno de carro	\r
\	\\	Tabulação	\t
Nulo	\0	Sino	\a

O caractere de nova linha é o mais comum, cujo apelido é '\n'. Além disso, você deve usar a barra invertida se quiser imprimir o caractere de aspa simples.

```
char cQuote = '\'';
```

Visto que geralmente C++ interpreta uma marca de aspa simples como um caractere de encerramento, você precisa preceder uma marca de aspa simples com um caractere de barra invertida para informar a ela: "Ei, esta aspa simples não é um caractere de encerramento, este é o caractere."

Além disso, o caractere '\\' é uma barra invertida simples.

Isso leva a uma das mais infelizes coincidências em C++. No Windows, a barra invertida é usada em nomes de arquivos, conforme a seguir:

```
C:\Base Directory\Subdirectory\File Name
```

Isto é codificado em C++ com cada barra invertida substituída por um par de barras invertidas, como a seguir:

```
"C:\\Base Directory\\Subdirectory\\File Name"
```

Transferência de dados grandes à frente

Por volta do início da década de 1970, C e C++ inventaram o conjunto de 128 caracteres ASCII, que superou, em muito, todos os rivais. Assim, era claro que o tipo char fosse definido para acomodar o conjunto de caracteres ASCII. Este caractere era bom para o Inglês, mas tornou-se muito restritivo quando os programadores tentavam escrever aplicativos em outros idiomas europeus.

Felizmente, C e C++ tinham concebido espaço suficiente em char para 256 caracteres diferentes. Os comitês padrão ficaram ocupados e usaram os caracteres entre 128 e 256 para caracteres que poderiam surgir nos idiomas europeus, mas não em inglês, tal como tremas e caracteres acentuados. Os resultados do trabalho manual deles podem ser vistos usando o exemplo do programa CharacterEncoding deste capítulo: entre com 142, e o programa imprime um Ä.

Independente do que você faça, a variável char simplesmente não é grande o bastante para lidar com tantos alfabetos diferentes, tais como cirílico, hebraico, árabe e coreano – sem mencionar os vários milhares de símbolos chineses. Era preciso fazer algo.

C++ respondeu, primeiro apresentando o "caractere grande", de tipo wchar_t. Isso tentava implementar qualquer conjunto de caractere grande que fosse nativo do sistema operacional hospedeiro. No Windows, isso seria a variante de Unicode, conhecida como UTF-2 ou UTF-16 (aqui, o 2 significa dois *bytes*, o tamanho de cada caractere grande, enquanto que 16 quer dizer 16 *bits*). Entretanto, os sistemas operacionais da Macintosh X usam uma variante diferente de Unicode, conhecida como UTF-8. Unicode pode exibir não apenas cada alfabeto do planeta, mas também os símbolos usados em chinês e japonês. A atualização de 2009 do padrão C++ acrescentou dois outros tipos, char16_t e char32_t, que implementam UTF-16 e UTF-32, especificamente.

Para quase cada recurso que eu descrevo neste livro, para lidar com variáveis de caractere, há um equivalente para tipos de caractere grande; porém, programar Unicode está além do escopo de um texto iniciante.

Capítulo 6
Se eu Pudesse Tomar Minhas Próprias Decisões

Neste Capítulo

▶ Como definir caracteres de variáveis e constantes

▶ Codificação de caracteres

▶ Declarando uma *string*

▶ Gerando a saída de caracteres para o console

*T*omar decisões faz parte do dia a dia mundial. Devo tomar um drinque agora ou esperar pelo comercial? Devo pegar a saída desta autoestrada para ir ao banheiro ou aguardar pela próxima? Devo dar outro passo ou parar e cheirar as rosas? Se eu estou com fome ou preciso de gasolina, então, devo parar na loja de conveniência. Se for um fim de semana e eu quiser, então posso dormir. Vê o que quero dizer?

Um assistente, mesmo que idiota, precisa ser capaz de tomar, no mínimo, as decisões mais rudimentares. Lembre-se da Tire Changing Language do Capítulo 1. Mesmo lá, o programa teve que ser capaz de testar quanto à presença de uma porca para evitar rodar inutilmente a chave inglesa em um espaço vazio, sem um parafuso, perdendo assim o tempo de todo mundo.

Todas as linguagens de computador oferecem algum tipo de capacidade de tomada de decisão. Em C++, isso é tratado principalmente pela declaração `if`.

A Declaração if

O formato da declaração `if` é direto:

```
if (m > n) // if m is greater than n...
{
// ...then do this stuff
}
```

Ao encontrar if, primeiro C++ executa a expressão lógica contida entre parênteses. Neste caso, o programa avalia a expressão condicional "is m greater than n" (m é maior que n). Se a expressão for true, ou seja, se m for realmente maior do que n, então o controle passa para a primeira declaração depois de { e continua a partir de lá. Se a expressão lógica não for verdadeira, o controle passará para a primeira declaração após o }.

Operadores de comparação

A Tabela 6-1 mostra os diferentes operadores que podem ser usados para comparar valores em expressões lógicas.

Operadores binários têm formato expr1 operator expr2.

Tabela 6-1: Os operadores de comparação

Operador	Significado
==	igualdade; verdadeiro se o argumento do lado esquerdo tiver o mesmo valor que a expressão à direita
!=	desigualdade; oposto de igualdade
>	maior que; verdadeiro se o argumento do lado esquerdo for maior que o do lado direito
<	menor que; verdadeiro se o argumento do lado esquerdo for menor que o do lado direito
>=	maior que ou igual a; verdadeiro se o argumento esquerdo for maior que ou igual ao direito
<=	menor que ou igual a; verdadeiro se o argumento esquerdo for menor que ou igual ao direito

Não confunda o operador de igualdade (= =) com o de designação (=). Esse é um erro comum dos iniciantes.

O seguinte programa BranchDemo mostra como os operadores exibidos na Tabela 6-1 são usados:

```
// BranchDemo - demonstrate the if statement

#include <cstdio>
#include <cstdlib>
#include <iostream>

using namespace std;

int main(int nNumberofArgs, char* pszArgs[])
```

```
{
// enter operand1 and operand2
int nOperand1;
int nOperand2;
cout << "Enter argument 1:";
cin >> nOperand1;
cout << "Enter argument 2:";
cin >> nOperand2;

// now print the results
if (nOperand1 > nOperand2)
{
  cout << "Argument 1 is greater than argument 2"
    << endl;
}
if (nOperand1 < nOperand2)
{
  cout << "Argument 1 is less than argument 2"
    << endl;
}
if (nOperand1 == nOperand2)
{
  cout << "Argument 1 is equal to argument 2"
    << endl;
}

// wait until user is ready before terminating program
// to allow the user to see the program results
system("PAUSE");
return 0;
}
```

Como sempre, a execução do programa começa com `main()`. Primeiro, com sabedoria, o programa declara duas variáveis `int` chamadas `nOperand1` e `nOperand2`. Depois, ele solicita que o usuário `"Enter argument 1"` (entre com o argumento 1), o qual ele lê em `nOperand1`. O processo é repetido para `nOperand2`.

Em seguida, o programa executa uma sequência de três comparações. Primeiro, ele verifica se `nOperand1` é menor que `nOperand2`. Se for, o programa emite a notificação de que `"Argument 1 is less than argument 2"` (o argumento 1 é menor que o 2). A segunda declaração if exibe uma mensagem se os dois operadores tiverem valor igual. A comparação final é verdadeira se `nOperand1` for maior que `nOperand2`.

O seguinte exibe uma amostra de executar o programa BranchDemo:

```
Enter argument 1:5
Enter argument 2:10
Argument 1 is less than argument 2
Press any key to continue . . .
```

A Figura 6-1 mostra graficamente o controle de fluxo desta execução em especial.

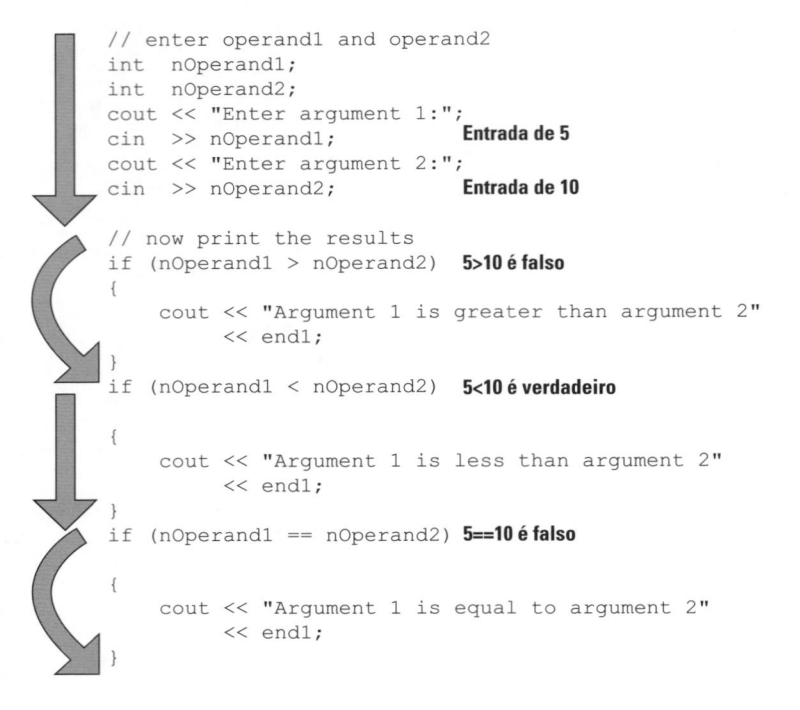

```
// enter operand1 and operand2
int  nOperand1;
int  nOperand2;
cout << "Enter argument 1:";
cin  >> nOperand1;          Entrada de 5
cout << "Enter argument 2:";
cin  >> nOperand2;          Entrada de 10

// now print the results
if (nOperand1 > nOperand2)  5>10 é falso
{
    cout << "Argument 1 is greater than argument 2"
         << endl;
}
if (nOperand1 < nOperand2)  5<10 é verdadeiro

{
    cout << "Argument 1 is less than argument 2"
         << endl;
}
if (nOperand1 == nOperand2) 5==10 é falso

{
    cout << "Argument 1 is equal to argument 2"
         << endl;
}
```

Figura 6-1:
O caminho tomado pelo programa BranchDemo quando o usuário entra com 5 para o primeiro argumento, e 10 para o segundo.

Da forma pela qual o programa BranchDemo é escrito, as três comparações são executadas a cada vez. Isso resulta em um pouco de perda de tempo, visto que as três condições são mutuamente exclusivas. Por exemplo, nOperand1 > nOperand2 não pode, de forma alguma, ser verdadeiro se nOperand1 < nOperand2 já tiver sido declarado verdadeiro. Mais adiante neste capítulo, mostrarei como evitar esse desperdício.

Diga "Não" a "Sem Chaves"

Na verdade, as chaves são opcionais. Sem chaves, apenas a primeira expressão depois da declaração if é condicional. Entretanto, é muito fácil cometer um erro dessa maneira, conforme demonstrado no seguinte fragmento:

```
// Can't have a negative age. If age is less than zero...
if (nAge <0)
 cout << "Age can't be negative; using 0" << endl;
 nAge = 0;

// program continues
```

Talvez você pense que, se nAge for menor que 0, esse fragmento de programa emitirá uma mensagem e reajustará nAge para zero. De fato, o programa ajusta nAge para zero, independentemente de qual é seu valor original. O fragmento anterior é equivalente ao seguinte:

```
// Can't have a negative age. If age is less than zero...
if (nAge < 0)
{
 cout << "Age can't be negative; using 0" << endl;
}
 nAge = 0;

// program continues
```

A partir dos comentários e recuos, está claro que o programador quis, de fato, dizer o seguinte:

```
// Can't have a negative age. If age is less than zero...
if (nAge < 0)
{
 cout << "Age can't be negative; using 0" << endl;
 nAge = 0;
}

// program continues
```

O compilador C++ não pode pegar este tipo de erro. É mais seguro simplesmente fornecer sempre as chaves.

C++ trata todos os espaços em branco da mesma forma. Ele ignora o alinhamento de expressões na página.

Use sempre chaves para envolver as declarações depois de uma declaração if, mesmo se houver apenas uma. Assim você irá gerar bem menos erros.

O Que Mais Há?

C++ permite que o programa especifique uma cláusula depois da palavra-chave else ("caso contrário", "senão") que é executada se a expressão condicional for falsa, como no exemplo a seguir:

```
if (m > n) // if m is greater than n...
{
        // ...then do this stuff;...
}
else     // ...otherwise,...
{
        // ...do this stuff
}
```

A cláusula else deve aparecer imediatamente depois da chave de fechamento da cláusula if. Em uso, else aparece conforme mostrado no seguinte fragmento:

```
if (nAge < 0)
{
 cout << "Age can't be negative; using 0." << endl;
 nAge = 0;
}
else
{
 cout << "Age of " << nAge << " entered" << endl;
}
```

Neste caso, se nAge for menor que zero, o programa emitirá a mensagem "Age can't be negative; using 0." E depois, ajustará nAge para 0. Isso corresponde ao controle de fluxo mostrado na primeira imagem da Figura 6-2. Se nAge não for menor que zero, o programa emitirá a mensagem "Age of x entered", onde x é o valor de nAge. Isto é mostrado na segunda imagem da Figura 6-2.

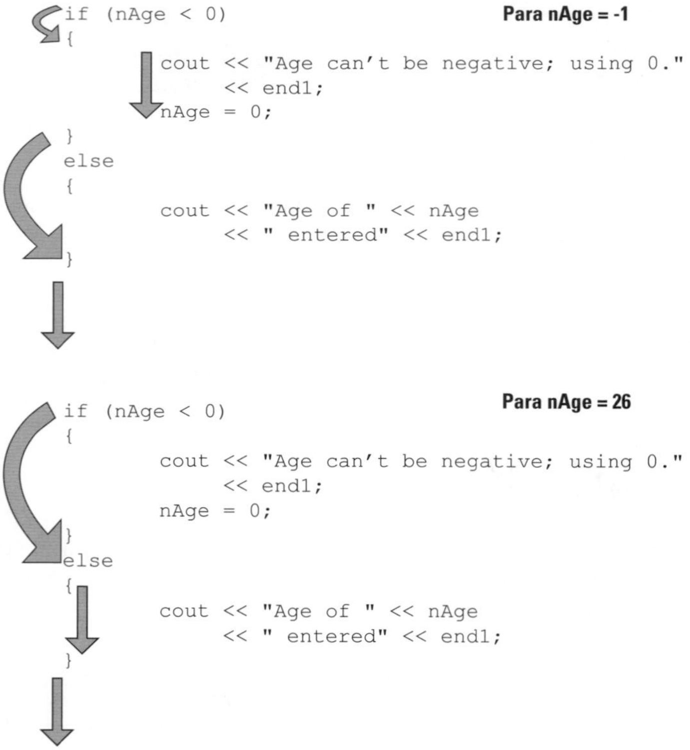

Figura 6-2:
Controle de fluxo emitido através de if e else para dois valores diferentes de nAge.

Expressões lógicas: Elas têm qualquer valor?

No início deste capítulo, chamei os símbolos de comparação < e > de operadores e descrevi declarações contendo estes operadores como expressões. Mas as expressões têm um valor e um tipo. Qual é o valor e o tipo de uma expressão como m > n? Em C++, o tipo desta expressão é *lógico, bool* (denominado em honra a George Boole, o inventor do Cálculo Lógico). Expressões de tipo *bool* só podem ter um de dois valores: true ou então false. Assim, podemos escrever o seguinte:

```
bool bComparison = m > n;
```

Por razões históricas, há uma conversão entre os tipos numéricos, como int e char e bool: Um valor de 0 é considerado igual a false. Qualquer valor diferente de zero é considerado como true.

Desta forma, a declaração if

```
if (cCharacter)
{
   // execute this code if cCharacter is not NULL
}
```

é igual a

```
if (cCharacter != '\0')
{
   // execute this code if cCharacter is not Null
}
```

Designar um valor true/false a um caractere pode parecer um pouco tolo, mas, no capítulo 16, você verá que tem uma aplicação bastante útil.

Aninhando Declarações if

As chaves de uma cláusula if ou else podem conter uma outra declaração if. Essas são conhecidas como declarações if *nested* (aninhadas). O seguinte programa NestedIf mostra um exemplo de declaração if aninhada em uso.

```
// NestedIf - demonstrate a nested if statement
//
#include <cstdio>
#include <cstdlib>
#include <iostream>

using namespace std;

int main(int nNumberofArgs, char* pszArgs[])
{
```

```
// enter your birth year
int nYear;
cout << "Enter your birth year: ";
cin >> nYear;

// Make determination of century
if (nYear > 2000)
{
    cout << "You were born in the 21st century"
        << endl;
}
else
{
    cout << "You were born in ";
    if (nYear < 1950)
    {
      cout << "the first half";
    }
    else
    {
      cout << "the second half";
    }
    cout << " of the 20th century"
        << endl;
}

// wait until user is ready before terminating program
// to allow the user to see the program results
system("PAUSE");
return 0;
}
```

Este programa começa perguntando ao usuário pelo seu ano de nascimento. Se o ano de nascimento for maior que 2000, então o programa emitirá a sequência "You were Born in the 21st century" (você nasceu no século XXI).

O ano 2000 pertence ao século XX, não XXI.

Se o ano de nascimento não for maior que 2000, então o programa entrará com a cláusula else da declaração externa de if. Essa cláusula começa apresentando a sequência "You were born in" antes de comparar o ano de nascimento com 1950. Se o ano de nascimento for menor que 1950, então o programa acrescentará a primeira "the first half" (a primeira metade). Se o ano de nascimento não for menor que 1950, então a cláusula else da declaração if é executada, o que emite a frase "the second half" (a segunda metade). Por fim, o programa acrescentará a fase de encerramento "of the 20th century" (do século XX) ao que tiver sido fornecido até então.

Na prática, a saída do programa se parece como a mostrada a seguir, em três valores possíveis para o ano de nascimento. Inicialmente, 2002 produz o seguinte:

```
Enter your birth year: 2002
You were born in the 21st century
Press any key to continue...
```

O meu próprio ano de nascimento, 1956, gera o seguinte:

```
Enter your birth year: 1956
You were born in the second half of the 20th century
Press any key to continue...
```

Finalmente, o ano de nascimento do meu pai, 1932, gera a terceira possibilidade:

```
Enter your birth year: 1932
You were born in the first half of the 20th century
Press any key to continue...
```

Eu poderia usar uma `if` aninhada para evitar comparações desnecessárias no programa NestedBranchDemo:

```cpp
if (nOperand1 > nOperand2)
{
 cout << "Argument 1 is greater than argument 2"
      << endl;
}
else
{
 if (nOperand1 < nOperand2)
 {
        cout << "Argument 1 is less than argument 2"
             << endl;
 }
 else
 {
        cout << "Argument 1 is equal to argument 2"
             << endl;
 }
}
```

Esta versão executa a primeira comparação exatamente como antes. Se `nOperand1` for maior que `nOperand2`, este fragmento promove a saída da sequência `"Argument 1 is greater than argument 2"` (argumento 1 é maior que argumento 2). No entanto, a partir daí, o controle salta para a chave final de encerramento, pulando assim as comparações restantes.

Se nOperand1 não for maior do que nOperand2, então o fragmento executará um segundo teste para diferenciar o caso de que nOperand1 é menor que nOperand2 do caso em que eles são iguais em valor.

A Figura 6-3 mostra graficamente o controle de fluxo do programa NestedBranchDemo para a mesma saída de 5 e 10, descrita anteriormente neste capítulo.

```
// enter operand1 and operand2
int  nOperand1;
int  nOperand2;
cout << "Enter argument 1:";
cin  >> nOperand1;              Entrada de 5
cout << "Enter argument 2:";
cin  >> nOperand2;              Entrada de 10

// now print the results
if (nOperand1 > nOperand2)      5 > 10 é falso
{
    cout << "Argument 1 is greater than argument 2"
        << endl;
}
else
{
    if a(nOperand1 < nOperand2) 5 < 10 é verdadeiro
    {
    cout << "Argument 1 is less than argument 2"
        << endl;
    }
    else
    {
    cout << "Argument 1 is equal to argument 2"
        << endl;
    }
}
```

Figura 6-3: O caminho tomado pelo programa NestedBran-chDemo quando o usuário entra com 5 e 10, como antes.

É desnecessário executar o teste de igualdade: se nOperand1 não for maior nem menor que nOperand2, então ele deverá ser igual.

Expressões Condicionais Compostas

Os três operadores lógicos que podem ser usados para criar o que são conhecidas como *compound conditional expressions* (expressões condicionais compostas) são mostrados na Tabela 6-2.

Tabela 6-2: Os operadores lógicos

Operador	Significado
&&	AND (e); verdadeiro, se argumentos do lado esquerdo e direito forem verdadeiros; caso contrário, falso
||	OR (ou); verdadeiro se qualquer dos argumentos, da esquerda ou da direita forem verdadeiros; caso contrário, falso
!	NOT (não); verdadeiro se o argumento da direita for falso; caso contrário, falso.

O programador está fazendo duas ou mais perguntas em uma expressão condicional composta, como no seguinte fragmento de código:

```
// make sure that nArgument is between 0 and 5
if (0 < nArgument && nArgument < 5)
```

A Figura 6-4 mostra como três valores diferentes de nArgument são avaliados por esta expressão.

Figura 6-4:
A avaliação
da expressão
composta
`0 < n &&`
`n < 5` **em**
três valores
diferentes
de `n`.

```
0 < nArgument && nArgument < 5
    sendo nArgument = –1
        0 < –1 && –1 < 5
        false && true
            false
    sendo nArgument = 7
        0 < 7 && 7 < 5
        true&&false
            false
    sendo nArgument = 2
        0 <2 && 2 < 5
        true && true
            true
```

A propósito, o fragmento

```
if (m < nArgument && nArgument < n)
```

é a maneira normal de codificar a expressão "if nArgument is between m and n, exclusive". Este tipo de teste não inclui as extremidades – isto é, este teste falhará se nArgument for igual a m ou n. Use o operador de comparação <= se você quiser incluir as extremidades.

Avaliação de curto circuito

Olhe, cuidadosamente, para a expressão composta envolvendo uma lógica AND, como

```
if (expr1 && expr2)
```

Se expr1 for false, então todo o resultado da expressão composta será false, independente do valor de expr2. Na verdade, C++ nem ao menos avalia expr2 se expr1 for false – false && anything is false (falso – qualquer coisa é falsa). Isso é conhecido como avaliação de curto circuito, pois corta os circuitos de executar código desnecessário, para poupar tempo.

A situação é totalmente oposta para a lógica OR:

```
if (expr1 || expr2)
```

Se expr1 for true, então toda a expressão será true, independente do valor de expr2.

A avaliação de curto circuito é uma coisa boa, visto que os programas resultantes executam mais rapidamente; no entanto, poderá levar a resultados inesperados em alguns casos. Imagine o seguinte caso, reconhecidamente arranjado:

```
if (m <= nArgument && nArgument++ <= n)
```

A ideia é testar se nArgument cai na faixa [m, n] e incrementar nArgument como parte do teste. Porém, a avaliação de curto circuito significa que o segundo teste não é executado se m <= nArgument não for true. Se o segundo teste nunca for avaliado, então nArgument não será incrementado.

Lembre-se: Se você não seguir isto, lembre-se apenas do seguinte: não coloque uma expressão que tenha um efeito colateral, como incrementar uma variável em uma condicional.

Capítulo 7
Trocando Caminhos

Neste Capítulo

▶ Como usar a palavra-chave `switch` para escolher entre múltiplos caminhos

▶ Tomando um caminho `default`

▶ Caindo de um circuito para outro

Geralmente, os programas precisam decidir entre uma quantidade muito limitada de opções: se m é maior que n ou não; se a porca está presente ou não. Às vezes, entretanto, um programa precisa decidir entre uma grande quantidade de possíveis entradas válidas. Isso poderia ser lidado por uma série de declarações `if`, cada qual testando uma das entradas válidas. Porém, C++ oferece um mecanismo de controle mais conveniente para selecionar dentre uma série de opções, conhecida como a declaração `switch` (desvio).

Como Controlar o Fluxo com uma Declaração Switch

A declaração switch tem o seguinte formato:

```
switch(expression)
{
case const1:
   // go here if expression == const1
   break;

case const2:
   // go here if expression == const2
   break;

case const3:  // repeat as often as you like
   // go here if expression == const3
   break;

default:
   // go here if none of the other cases match
}
```

Ao encontrar a declaração switch, C++ avalia expression. Depois, ela passa o controle para o comando com o mesmo valor que expression. O controle continua de lá para a declaração break. Break transfere o controle para } ao final da declaração switch. Se nenhum dos comandos combinar, o controle passa para o comando *default* (padrão).

O comando padrão é opcional. Se a expressão não combinar com qualquer comando e nenhum comando padrão for oferecido, o controle passará imediatamente para}.

Considere o exemplo do fragmento de código a seguir:

```
int nMonth;
cout << "Enter the number of the month: ";
cin >> nMonth;

switch (nMonth)
{
 case 1:
   cout << "It's January"     << endl;
   break;
 case 2:
   cout << "It's February"    << endl;;
   break;
 case 3:
   cout << "It's March"       << endl;;
   break;
 case 4:
   cout << "It's April"       << endl;;
   break;
 case 5:
   cout << "It's May" << endl;;
   break;
 case 6:
   cout << "It's June"        << endl;;
   break;
 case 7:
   cout << "It's July"        << endl;;
   break;
 case 8:
   cout << "It's August"      << endl;;
   break;
 case 9:
   cout << "It's September"   << endl;;
   break;
 case 10:
   cout << "It's October"     << endl;;
   break;
 case 11:
   cout << "It's November"    << endl;;
   break;
```

```
case 12:
  cout << "It's December"    << endl;;
  break;
default:
  cout << "That's not a valid month" << endl;;
}
```

Eu obtive a seguinte saída do programa quando entrei com um valor de 3:

```
Enter the number of the month: 3
It's March
Press any key to continue . . .
```

A Figura 7-1 mostra como o controle fluiu através da declaração switch para gerar o resultado prévio de "March" (março).

```
int nMonth;
cout << "Enter the number of the month: ";
cin  >> nMonth;                           Para nMonth = 3

switch (nMonth)
{
    case  1:
      cout << "It's January" << endl;;
      break;
    case  2:
      cout << "It's February" << endl;;
      break;
    case  3:
      cout << "It's March" << endl;;
      break;
    case  4:
      cout << "It's April" << endl;;
      break;

    case
      co        s December" << endl;;
      break;
default:
      cout << "That's not a valid month" << endl;;
}
```

Figura 7-1: Fluxo através de uma declaração switch relacionando os meses do ano, onde o operador fornece o mês 3.

Uma declaração `switch` não é como uma série de declarações if. Por exemplo, apenas constantes são permitidas depois da palavra-chave `case` (ou expressões que podem ser completamente avaliadas por ocasião da montagem). Você não pode fornecer uma expressão depois de um comando. Assim, o seguinte é ilegal:

```
// cases cannot be expressions; in general, the
// following is not legal
switch(n)
{
 case m:
   cout << "n is equal to m" << endl;
   break;
 case 2 * m:
   cout << "n is equal to 2m" << endl;
   break;
 case 3 * m:
   cout << "n is equal to 3M" << endl;
}
```

Cada um dos comandos (cases) deve ter um valor por ocasião da montagem. O valor de m não é conhecido até o programa executar.

Quebra de Controle Constante: eu o Rompi?

Exatamente como o comando padrão é opcional, `break` ao final de cada comando também é opcional. Mas, sem a declaração `break`, o controle simplesmente prossegue de um comando para o outro. Os programadores dizem que o controle *sente (ou cai) através*. Isso é mais útil quando dois ou mais comandos são tratados da mesma maneira.

Por exemplo, C++ pode diferenciar entre letra maiúscula e minúscula, porém, a maioria dos seres humanos não faz isso. O fragmento de código a seguir solicita que o usuário entre com um C para criar uma conta-corrente, e S para criar uma conta-poupança (*savings account*, em Inglês). Entretanto, ao fornecer declarações extras de comando, o fragmento tratará as minúsculas c e s da mesma maneira:

```
cout << "Enter C to create checking account, "
   << "S to create a savings account, "
   << "and X to exit: ";
cin >> cAccountType;
switch(cAccountType)
{
 case 'S':   // upper case S
 case 's':   // lower case s
   // creating savings account
   break;

 case 'C':   // upper case C
 case 'c':   // lower case c
```

```
    // create checking account
    break;

case 'X':   // upper case X
case 'x':   // lower case x
    // exit code goes here
    break;

default:
    cout << "I didn't understand that" << endl;
}
```

Implementando uma Calculadora de Exemplo com Declaração Switch

O seguinte programa SwitchCalculator usa a declaração `switch` para implementar uma simples calculadora:

```
// SwitchCalculator - use the switch statement to
//           implement a calculator

#include <cstdio>
#include <cstdlib>
#include <iostream>

using namespace std;

int main(int nNumberofArgs, char* pszArgs[])
{
    // enter operand1 op operand2
    int nOperand1;
    int nOperand2;
    char cOperator;
    cout << "Enter 'value1 of value2'\n"
         << "where op is +, -, *, / ou %:" << endl;
    cin >> nOperand1 >> cOperator >> nOperand2;

    // echo what the operator entered
    cout << nOperand1 << " "
         << cOperator << " "
         << nOperand2 << " = ";

    // not calculate the result; remember that the
    // user might enter something unexpected
    switch (cOperator)
    {
```

```
case '+':
  cout << nOperand1 + nOperand2;
  break;
case '-':
  cout << nOperand1 - nOperand2;
  break;
case '*':
case 'x':
case 'X':
  cout << nOperand1 * nOperand2;
  break;
case '/':
  cout << nOperand1 / nOperand2;
  break;
case '%':
  cout << nOperand1 % nOperand2;
  break;
default:
  // didn't understand the operator
  cout << " is not understood";
}
cout << endl;

// wait until user is ready before terminating program
// to allow the user to see the program results
system("PAUSE");
return 0;
}
```

Este programa começa pedindo ao usuário que entre com "value1 op value2", onde *op* é um dos operadores comuns de aritmética +, -, *, / ou %. Depois, o programa lê as variáveis nOperand1, cOperator e nOperand2.

O programa inicia repetindo para o usuário o que ele lê a partir do teclado. Esse resultado é seguido do cálculo.

Repetir a entrada ao usuário é sempre uma boa prática de programação. Dá ao usuário a confirmação de que o programa lê a sua entrada corretamente.

O switch em cOperator diferencia entre as operações que esta calculadora implementa. Por exemplo, se esse cOperator for "+", o programa informará a soma de nOperand1 e nOperand2.

Pelo fato de que 'X' é outro símbolo comum de multiplicação, o programa aceita '*', 'X' e 'x', todos como sinônimos de multiplicação, usando o comando de recurso "que atravessa". O programa emitirá uma mensagem de erro se cOperator não combinar com qualquer dos operadores conhecidos.

O resultado de rodar alguns exemplos aparece como a seguir:

```
Enter 'value1 op value2'
where op is +, -, *, / or %:
22 x 6
22 x 6 = 132
Press any key to continue...
```

```
Enter 'value1 op value2'
where op is +, -, *, / or %:
22 /6
22 / 6 = 3
Press any key to continue...
```

```
Enter 'value1 op value2'
where op is +, -, *, / or %?
22 % 6
22 % 6 = 4
Press any key to continue...
```

```
Enter 'value1 op value2'
where op is +, -, *, / or %:
22 $ 6
22 $ 6 = is not understood
Press any key to continue...
```

Observe que a execução final percorre o comando padrão da declaração
`switch`, visto que o caractere '$' não combina com qualquer dos circuitos.

Capítulo 8
Depurando Seus Programas, Parte 1

Neste Capítulo

▶ Como evitar introduzir erros desnecessariamente

▶ Criação de comandos de teste

▶ Pesquisando o interior de trabalhos do seu programa

▶ Como corrigir e refazer o teste de seus programas

*T*alvez você tenha observado que, geralmente, seus programas não funcionam da primeira vez em que são executados. Na verdade, raramente, se é que alguma vez eu escrevi um programa C++ incomum que não tivesse algum tipo de erro na primeira vez em que tentei executá-lo.

Isso o deixa com duas alternativas: pode abandonar um programa que tenha um erro ou pode encontrar e corrigir o erro. Suponho que você queira optar pela segunda abordagem. Neste capítulo, primeiro eu o ajudo a distinguir entre tipos de erros e, acima de tudo, como evitar erros. Depois, você tem que encontrar e erradicar dois *bugs* que, originalmente, infestaram o programa Conversion, no Capítulo 3.

Identificação de Tipos de Erros

Existem dois tipos de erros – aqueles que C++ pode detectar sozinho e aqueles que o compilador não pode detectar. Os erros que C++ podem detectar são conhecidos como *erros de compile-time* (tempo de compilação) ou *de build-time* (tempo de montagem). Normalmente, os erros de tempo de montagem são mais fáceis de corrigir, pois o compilador indica o problema, se você puder entender o que o compilador está dizendo. Às vezes, a descrição do problema não é certa o bastante (é fácil confundir um compilador), mas você começa a entender melhor como o compilador pensa, na medida em que adquire experiência.

Erros que C++ não consegue detectar não aparecem até que você tente executar o programa, durante o processo conhecido como *unit testing* (teste de unidade). Durante o teste de unidade, você executa o seu programa com uma série de diferentes entradas, tentando encontrar as entradas que o fazem quebrar. (Claro que você não quer que seu programa quebre, mas é melhor que você – em vez de o seu usuário – encontre e corrija essas situações.)

Os erros que talvez encontre ao executar o programa são conhecidos como erros de *run-time* (tempo de execução). Os erros de tempo de execução são mais difíceis de detectar do que os de tempo de montagem, porque você não tem uma ideia do que deu errado, exceto por qualquer saída desviada que o programa pode gerar.

A saída nem sempre é tão direta. Imagine, por exemplo, que o programa perdeu o seu caminho e começou a executar instruções que nem ao menos fazem parte do programa que você escreveu (isso acontece muito mais frequentemente do que você imagina). Um programa alterado é como um trem desgovernado – o programa não para de executar até atingir algo realmente grande. Por exemplo, pode acontecer da CPU executar simplesmente uma divisão por zero – isso gera um alarme que o sistema operacional intercepta e usa como uma desculpa para encerrar o seu programa.

Um programa alterado é como um trem descarrilado de uma outra maneira – uma vez que o programa começa a rumar pelo caminho errado, ele *nunca* volta aos trilhos.

Nem todos os erros de tempo de execução são tão dramáticos. Alguns programas alterados ficam nos trilhos, mas geram a saída errada (quase que universalmente conhecida como "saída de lixo"). Esses são ainda mais difíceis de detectar, visto que a saída pode parecer razoável, até que você a examine cuidadosamente.

Neste capítulo, você irá depurar um programa que tem ambos, um erro de tempo de compilação e um de tempo de execução – não a variedade de "sair dos trilhos e começar a executar aleatoriamente", porém, mais do tipo de geração de lixo.

Como Evitar Introduzir Erros

Para começar, a maneira mais fácil e melhor de corrigir erros é evitar introduzi-los em seus programas. Parte disso é apenas uma questão de experiência, mas ajuda adotar um estilo de programação mais claro e consistente.

Como codificar com estilo

Nós, seres humanos, temos uma quantidade limitada de poder de CPU entre nossos ouvidos. Precisamos direcionar quais ciclos da CPU precisamos para o ato de criar um programa que funcione. Não deveríamos ser distraídos por coisas como recuo.

Para isso é importante que você seja consistente em como nomeia suas variáveis, onde coloca chaves de abertura e fechamento, quanto você recua e assim por diante. Esse é chamado o seu estilo de codificação. Desenvolva um estilo e fique com ele. Depois de algum tempo, o seu estilo de codificação irá se tornar sua segunda natureza. Você descobrirá que pode codificar seus programas em menos tempo e que pode ler os programas resultantes com menos esforço se o seu estilo de codificação for mais claro e consistente. Isso se traduz em menos erros de codificação.

Recomendo que, como um iniciante, você imite o estilo que vê neste livro. Mais tarde, poderá mudá-lo, quando tiver adquirido mais experiência.

Ao trabalhar em um programa com vários programadores, é muito importante que todos usem o mesmo estilo, para evitar um efeito Torre de Babel com estilos conflitantes e confusos. Em cada projeto no qual eu trabalhei, tinha um manual de código que, às vezes, era articulado em detalhes exaustivos, exatamente como uma declaração `if` tinha que ser apresentada, quão longe recuar em comandos e se colocar uma linha em branco depois de declarações `break`, citando apenas alguns exemplos.

Felizmente, Code::Blocks pode ajudar. O editor Code::Blocks entende C++. Automaticamente, ele fará por você um recuo com o número adequado de espaços depois de uma chave de abertura e desfará o recuo quando você digitar na chave de fechamento, para alinhar declarações adequadamente.

É possível rodar o *plug-in* (programa acessório) "Source code formatter" (formatador de código fonte) que vem com Code::Blocks. Com o arquivo no qual você está trabalhando aberto e o projeto ativo, selecione Plugins⇨Source Code Formatter (AStyle). Isso reformatará o arquivo atual usando as regras de recuo padrão.

C++ não se preocupa com recuo. Para ela, todos os espaços em branco são iguais. O recuo está lá para tornar mais fácil ler e entender o programa resultante.

Estabelecendo convenções de nomeação de variável

Há mais debates sobre a nomeação de variáveis do que sobre quantos anjos caberiam na cabeça de um alfinete. Eu uso as seguintes regras ao nomear variáveis:

- **A primeira letra é minúscula e indica o tipo da variável,** n em int, c em char, b em bool. Em capítulos posteriores, você verá outras. Isso é muito útil ao usar a variável, porque imediatamente saberá o seu tipo.

- **Nomes de variáveis são descritivos.** Não nomes de variáveis como x ou y. Eu sou velho demais – preciso de algo que possa reconhecer quando tentar ler meu próprio programa amanhã, na próxima semana ou no próximo ano.

- **Muitos nomes usam maiúsculas no início de cada palavra, sem sublinhado entre elas.** Eu guardo os sublinhados para um aplicativo especial que descrevo no Capítulo 12.

Estas regras são ampliadas nos capítulos envolvendo outros tipos de objetos C++ (tais como funções, no Capítulo 11, e classes, no Capítulo 19).

Como Encontrar o Primeiro Erro com Pequena Ajuda

A minha primeira versão do programa Conversion apareceu como a seguir (ela está no CD-ROM como ConversionError1):

```
//
// Conversion - Program to convert temperature from
//          Celsius degrees into Fahrenheit:
//          Fahrenheit = Celsius * (212 - 32)/100 + 32
//
#include <cstdio>
#include <cstdlib>
#include <iostream>
using namespace std;

int main(int nNumberofArgs, char* pszArgs[])
{
// enter the temperature in Celsius
int nCelsius;
cout << "Enter the temperature in Celsius: ";

// convert Celsius into Fahrenheit values
int nFahrenheit;
nFahrenheit = 9/5 * nCelsius + 32;

// output the results (followed by a NewLine)
cout << "Fahrenheit value is: ";
cout << nFahrenheit << endl;

// wait until user is ready before terminating program
// to allow the user to see the program results
system("PAUSE");
return 0;
}
```

Durante a etapa de montagem, tenho a minha primeira indicação de que há um problema – com Code::Blocks gerando a seguinte mensagem de aviso:

```
In function 'int main(int char**)':
Warning: 'nCelsius is used uninitialized in this function
=== Build finished: 0 errors, 1 warnings ===
```

Quão ruim isto pode ser? Afinal, é apenas um aviso, certo? Então, resolvi ir em frente e executar o programa assim mesmo.

Claro que recebi a seguinte saída sem sentido, sem me dar uma chance de fornecer a temperatura Celsius:

```
Enter the temperature in Celsius:
Fahrenheit value is:110
Press any key to continue...
```

Com relação à solicitação, posso ver que me esqueci de fornecer um valor para nCelsius. O programa continuou em frente, calculando uma temperatura Fahrenheit com base em qualquer lixo que poderia estar em nCelsius quando foi declarado.

Acrescentar imediatamente a seguinte linha faz a solicitação se livrar do aviso e solucionar o primeiro problema:

```
cin >> nCelsius;
```

A moral da história é: "Preste atenção aos avisos!" Quase sempre um aviso indica um problema em seu programa. Você não deve nem ao menos começar a testar seus programas até obter uma montagem limpa: sem erros ou avisos. Se isso não for possível, pelo menos, tenha a certeza de entender o motivo de cada aviso gerado.

Como Encontrar o Erro de Run-Time (tempo de execução)

Quando todos os avisos tiverem acabado, é hora de começar a testar. O bom teste exige uma abordagem organizada. Primeiro, você resolve testar os dados que vai usar. Em seguida, determina a saída esperada de cada uma das entradas de teste fornecidas. Depois, executa o programa e compara os resultados atuais com os resultados esperados. O que poderia ser tão difícil?

Formulando teste de dados

Determinar qual teste de dados usar é parte engenharia, e parte magia negra. A parte de engenharia é aquela que em você deseja selecionar dados para que cada declaração em seu programa seja executado pelo menos uma vez. Isso significa cada ramo de cada declaração if e cada comando de cada declaração switch ser executado ao menos uma vez.

Fazer com que cada declaração execute ao menos uma vez é chamado de *full statement coverage* (cobertura completa de declarações) e é considerado o critério mínimo aceitável de teste. A possibilidade de erros de programação colocados em campo é simplesmente alta demais sem que cada declaração seja executada ao menos uma vez sob condições de teste.

Este simples programa tem apenas um caminho e não contém ramos.

A magia negra é olhar o programa e determinar onde, no cálculo, os erros poderiam estar. Por algum motivo, eu simplesmente imagino que cada teste deve incluir os valores-chave de 0 e 100 graus Celsius. Para fazer isso, acrescentarei um valor negativo e um valor no meio, entre 0 e 100. Antes de começar, uso um programa conveniente de conversão para consultar a temperatura equivalente em Fahrenheit, conforme mostrado na Tabela 8-1.

Tabela 8-1: Teste de dados para o programa de conversão

Entrada em Celsius	Fahrenheit Resultante
0	32
100	212
-40	-40
50	122

Executando comandos de teste

Rodar os testes é apenas uma questão de executar o programa e fornecer os valores de entrada da Tabela 8-1. O primeiro comando gera os seguintes resultados:

```
Enter the temperature in Celsius: 0
Fahrenheit value is: 32
Press any key to continue...
```

Até agora, tudo bem. O segundo comando de dados gera a seguinte saída:

```
Enter the temperature in Celsius: 100
Fahrenheit value is: 132
Press any key to continue...
```

Isto não combina com o valor esperado. Houston, estamos com um problema.

O valor de 132 graus não é totalmente sem razão. Por isso é importante decidir quais são os resultados esperados antes de começar. Caso contrário, resultados razoáveis, porém incorretos, podem passar, sem serem detectados.

Como ver o que está havendo em seu programa

O que poderia estar errado? Verifiquei todos os cálculos e tudo parece certo. Preciso conseguir espiar o que está acontecendo no cálculo. Uma maneira de olhar no interior de seu programa é acrescentar declarações de saída. Quero imprimir os valores que estão em cada cálculo. Também preciso ver os resultados intermediários. Para fazer isso, separo o cálculo em partes que posso imprimir. Mantenha a expressão original como um comentário, para não se esquecer de onde ela veio.

Essa versão do programa está incluída no CD-ROM anexo como ConversionError2.

Essa versão do programa inclui as seguintes alterações:

```
// nFahrenheit = 9/5 * nCelsius + 32/
cout << "nCelsius = " << nCelsius << endl;
int nFactor = 9 / 5;
cour << "nFactor = " << nFactor << endl;
int nIntermediate - nFactor * nCelsius;
cout << "nIntermediate = " ,, nIntermediate << endl;
nFahrenheit = nIntermediate + 32;
cout << "nFalhrenheit = " << nFahrenheit << endl;
```

Exibo o valor de nCelsius para ter certeza de que consegui ler adequadamente a partir da entrada do usuário. Em seguida, tento exibir os resultados intermediários do cálculo da conversão na mesma ordem que C++ fará. O primeiro é o cálculo 9 / 5, o qual salvo em uma variável que chamo de nFactor (o nome não é importante). Esse valor é multiplicado por nCelsius, cujo resultado salvo em nIntermediate. Por fim, esse valor será acrescentado a 32 para gerar o resultado, que é armazenado em nFahrenheit.

Exibindo cada um desses valores intermediários, posso ver o que está acontecendo em meus cálculos. Repetindo o comando de erro, tenho os seguintes resultados:

```
Enter the temperature in Celsius: 100
nCelsius = 100
nFactor = 1
nIntermediate = 100
nFahrenheit = 132
Fahrenheit value is: 132
Press any key to continue...
```

Imediatamente eu vejo o problema: nFactor é igual a 1 e não a 9 / 5. Depois, entendo o problema: a divisão de inteiros arredonda para baixo, para o valor inteiro mais próximo. Inteiro 9 dividido por inteiro 5 é 1.

Posso evitar esse problema, executando a multiplicação antes de dividir. Ainda há uma pequena quantidade de inteiro a arredondar, mas será da ordem de apenas um grau.

Outra solução seria usar variáveis decimais, que podem reter valores fracionados. Você verá tal solução no Capítulo 14.

A fórmula resultante aparece como a seguir:

```
nFahrenheit = nCelsius * 9 / 5 + 32;
```

Esta é a versão do cálculo que aparece no CD-ROM, no programa Conversion original.

Executando novamente agora os testes, obtenho o seguinte:

```
Enter the temperature in Celsius: 0
Fahrenheit value is: 32
Press any key to continue...
```

```
Enter the temperature in Celsius: 100
Fahrenheit value is: 212
Press any key to continue...
```

```
Enter the temperature in Celsius: -40
Fahrenheit value is: -40
Press any key to continue...
```

```
Enter the temperature in Celsius: 50
Fahrenheit value is: 122
Press any key to continue...
```

Isto combina com os valores esperados da Tabela 8-1.

Observe que, depois de fazer a alteração, recomecei desde o início, fornecendo todos os quatro comandos de teste – não apenas os valores que não funcionaram perfeitamente da primeira vez. Quaisquer mudanças no cálculo invalidam todos os testes anteriores.

Parte III

Como se Tornar um Programador Funcional

A 5ª Onda   por Rich Tennant

"Estamos pesquisando as tecnologias moleculares e digitais que transportam enormes quantidades de informações através dos caminhos binários que interagem com programas independentes capazes de tomar decisões e executar tarefas lógicas. Temos este tipo de aplicativos em campainhas (de portas) altamente avançadas."

Nesta parte...

A gora que você administrou o básico de expressões simples, é hora de aprender sobre *loops* (laços de instruções em um programa que são executados repetidamente), como entrar neles e, ainda mais importante, como se livrar deles. Você também verá como separar um grande programa em componentes menores, que são mais fáceis de programar. No último capítulo desta parte, você conhecerá mais algumas técnicas para depurar o seu programa.

Capítulo 9
while Rodando em Círculos

Neste Capítulo

▶ Como fazer loop usando a declaração while (enquanto)
▶ Rompendo do meio de um *loop*
▶ Como evitar o fatal *loop* infinito
▶ Aninhando *loops* dentro de *loops*

Tomar decisões é uma parte fundamental de quase cada programa que você escreve, o que enfatizo logo no Capítulo 1. No entanto, um outro recurso importante que fica claro – mesmo no simples algoritmo Lug Nut Removal (remoção de porca) – é a habilidade de fazer *loop*. Aquele programa girou a chave inglesa em um *loop* até que a porca saísse e fez outro *loop* de uma porca a outra, até que toda a roda saísse. Este capítulo apresenta duas das três construções de *loop* em C++.

Criação de um Loop while

O *loop* while tem o seguinte formato:

```
while (expression)
{
 // stuff to do in a loop
}

// continue here once expression is false
```

Quando um programa se depara com um *loop* while, primeiro ele avalia a expressão entre parênteses. Se essa expressão for true, então o controle passa para a primeira linha dentro de {. Quando o controle chega a }, o programa volta para a expressão e recomeça. O controle continua a circular através do código entre chaves, até que expression avalie para false (ou até que alguma outra coisa rompa o *loop* – mais sobre isso, um pouco adiante no capítulo).

O seguinte programa Factorial (fatorial) demonstra o *loop* while:

```
Factorial(N) = N * (N-1) * (n-2) * ... * 1
```

```cpp
//
// Factorial -calculate factorial using the while
//               construct.
//
#include <cstdio>
#include <cstdlib>
#include <iostream>
using namespace std;

int main(int nNumberofArgs, char* pszArgs[])
{
  // enter the number to calculate the factorial of
  int nTarget;
  cout << "This program calculates factorial.\n"
       << "Enter a number to take factorial of: ";
  cin  >> nTarget;

  // start with an accumulator that's initialized to 1
  int nAccumulator = 1;
  int nValue = 1;
  while (nValue <= nTarget)
  {
    cout << nAccumulator << " * "
         << nValue << " equals ";
    nAccumulator = nAccumulator * nValue;
    cout << nAccumulator << endl;
    nValue++;
  }

  // display the result
  cout << nTarget << " factorial is "
       << nAccumulator << endl;

  // wait until user is ready before terminating program
  // to allow the user to see the program results
  system("PAUSE");
  return 0;
}
```

O programa começa solicitando do usuário um valor alvo. O programa lê esse valor em nTarget. Depois, ele inicializa ambos, nAccumulator e nValue para 1 antes de entrar no *loop*.

(Preste atenção – esta é a parte interessante.) O programa compara nValue com nTarget. Suponha que o usuário tenha entrado com um valor 5 de alvo. A questão surge no primeiro *loop*, "1 é menor que ou igual a 5?". Claro que a resposta é true, assim, o controle flui no *loop*. O programa promove a saída do valor de nAccumalator (1) e nValue (também 1) antes de multiplicar nAccumulator por nValue e armazenar o resultado de volta em nAccumulator.

A última declaração no *loop* aumenta nValue de 1 para 2.

Feito isso, o controle passa de volta para a declaração while, onde nValue (agora 2) é comparado com nTarget (ainda 5): "2 é menor que ou igual a 5?". Lógico que é: então, o controle flui de volta no *loop*. nAccumulator agora está ajustado para o resultado de nAccumulator (1) vezes nValue (2). A última declaração aumenta nValue para 3.

Este ciclo de diversão continua até que nValue atinja o valor 6, que deixa de ser menor que ou igual a 5. A essa altura, o controle passa para a primeira declaração, além da chave de fechamento (}). Isto é mostrado graficamente na Figura 9-1.

Figura 9-1: O controle continua a fazer o círculo através do corpo de um *loop* while, até que a expressão condicional avalie para false

```
while (nValue <= nTarget)
{     sendo nValue <= nTarget is igual a verdadeiro
          cout << nAccumulator << " * "
              << nValue << " equals ";
          nAccumulator = nAccumulator * nValue;
          cout << nAccumulator << endl;
          nValue++;
}
```

```
while (nValue <= nTarget)
{     sendo nValue <= nTarget igual a falso
          cout << nAccumulator << " * "
              << nValue << " equals ";
          nAccumulator = nAccumulator * nValue;
          cout << nAccumulator << endl;
          nValue++;
}
```

A verdadeira saída do programa aparece como a seguir para um valor 5 de entrada:

```
This program calculates factorial.
Enter a number to take factorial of: 5
1 * 1 equals 1
1 * 2 equals 2
2 * 3 equals 6
6 * 4 equals 24
24 * 5 equals 120
5 factorial is 120
Press any key to continue ...
```

Não há garantia de que o código entre chaves de um *loop* while será executado: se a expressão condicional for falsa na primeira vez em que for avaliada, o controle passará em volta das chaves sem ao menos se aprofundar. Imagine, por exemplo, a saída do programa Factorial quando o usuário fornece um valor alvo de 0:

```
This program calculates factorial.
Enter a number to take factorial of: 0
0 factorial is 1
Press any key to continue ...
```

Não é gerada nenhuma linha de saída de dentro do *loop*, pois a condição "nValue é menor que ou igual a 0" foi falsa, mesmo com o valor inicial de 1. O corpo do *loop* while nunca foi executado.

Rompendo o Centro de um Loop

Às vezes, a condição que o leva a encerrar um loop não acontece até determinado ponto no meio dele. Isso é especialmente verdadeiro ao testar a entrada do usuário quanto a algum caractere de encerramento. C++ oferece esses dois comandos de controle para lidar com esse comando:

- ✔ break sai imediatamente do interior do *loop*, em sua maioria.

- ✔ continue retorna o controle para o início do *loop*.

O seguinte programa Product (produto) demonstra ambos, break e continue. Este programa multiplica valores positivos fornecidos pelo usuário, até que o usuário entre com um número negativo. O programa ignora zero.

```
//
// Product - demonstrate the use of break and continue.
//
#include <cstdio>
#include <cstdlib>
#include <iostream>
using namespace std;

int main(int nNumberofArgs, char* pszArgs[])
{
  // enter the number to calculate the factorial of
  cout << "This program multiplies the numbers\n"
       << entered by the user. Enter a negative\n"
       << number to exit. Zeroes are ignored. \n"
       << endl;

  int nProduct = 1;
  while (true)
  {
```

```
int nValue;
cout << "Enter a number to multiply: ";
cin >> nValue;
if (nValue < 0)
{
    cout << "Exiting." << endl;
    break;
}
if (nValue == 0)
{
    cout << "Ignoring zero." << endl;
    continue;
}

// multiply accumulator by this value and
// output the result
cout << nProduct << " * " << nValue;
nProduct *= nValue;
cout << " is " << nProduct << endl;
}

// wait until user is ready before terminating program
// to allow the user to see the program results
system("PAUSE");
return 0;
}
```

O programa começa com um valor inicial de nProduct de 1. Depois, ele avalia a expressão lógica true, para ver se é verdadeiro. É.

Não há muitas regras em C++ sem exceção, mas aqui vai uma: true é sempre true (verdadeiro).

Depois, o programa entra no *loop* para solicitar ao usuário um outro valor para multiplicar nProduct, o produto acumulado de todos os números fornecidos até então. Se o valor fornecido for negativo, então o programa promoverá a saída da frase "Exiting." (saindo), antes de executar break, o qual passa o controle para fora da *loop*.

Se o valor fornecido não for negativo, o controle passará para a segunda declaração if. Se nValue for igual a zero, então o programa promoverá a saída da mensagem "Ignoring zero." (ignorando zero) antes de executar a declaração continue, que passará o controle para o início do *loop*, de modo a permitir ao usuário entrar com um outro valor.

Se nValue não for nem menor do que zero nem for zero, então o controle fluirá, descendo para onde nValue é multiplicado por nProduct, usando o operador especial de designação (veja o Capítulo 4 se não se lembrar dele):

```
nProduct *= nValue;
```

Por que "break" é necessário?

Você poderia ficar tentado a se perguntar por que break é, de fato, necessário. E se eu tivesse codificado o *loop* no programa de exemplo Product como

```
int nProduct = 1;
int nValue = 1;
while (nValue > 0)
{
 cout << "Enter a number to multiply: ";
 cin   >> nValue;

 cout << nProduct << " * " << nValue;
 nProduct *= nValue;
 cout << " is " << nProduct << endl;
}
```

Seria possível pensar que, assim que o usuário entrasse com um valor negativo para nValue, a expressão nValue > 0 não seria mais verdadeira e, imediatamente, o controle sairia do *loop* – infelizmente, esse não é o caso.

O problema é que a expressão lógica só é avaliada no início de cada passagem, através do *loop*. O controle não voa imediatamente para fora do corpo do *loop* assim que a condição deixa de ser verdadeira. Uma declaração if seguida por um break me permite mover a expressão condicional no corpo do *loop*, onde o valor de nValue é designado.

Esta expressão é igual a:

```
nProduct = nProduct * nValue;
```

A saída de uma execução de amostra deste programa aparece como a seguir:

```
This program multiplies the numbers
entered by the user. Enter a negative
number to exit. Zeroes are ignored.

Enter a number to multiply:    2
1 * 2 is 2
Enter a number to multiply:    5
2 * 5 is 10
Enter a number to multiply:    0
Ignoring zero.
Enter a number to multiply:    3
10 * 3 is 30
Enter a number to multiply:    -1
Exiting.
Press any key to continue ...
```

Loops Aninhados

O corpo de um *loop* pode, por si próprio, conter um *loop* no que é conhecido como *nested loops* (*loops* aninhados). O *loop* interno deve executar totalmente durante cada vez, através do externo.

Eu criei um programa que use *loops* aninhados para criar uma tabela de multiplicação, no formato:

```
    0    1    2    3    4    5    6    7    8    9
00*0  0*1  0*2  0*3  0*4  0*5  0*6  0*7  0*8  0*9
11*0  1*1  1*2  1*3  1*4  1*5  1*6  1*7  1*8  1*9
22*0  2*1  2*2  2*3  2*4  2*5  2*6  2*7  2*8  2*9
// ... and so on ...
```

É possível ver que, para a fileira 0, o programa precisará interagir a partir da coluna 0 para a 9. O programa repetirá o processo para a fileira 1 e, novamente, para a 2, até a fileira 9. Isso implica a necessidade de dois *loops:* um interno para interagir sobre as colunas, e um externo, para interagir sobre as fileiras. Cada posição na tabela é apenas a fileira de número vezes a coluna de número.

É exatamente assim que o programa NestedLoops funciona:

```cpp
//
// NestedLoops - this program uses a nested loop to
//               calculate the multiplication table.
//
#include <cstdio>
#include <cstdlib>
#include <iostream>
using namespace std;

int main(int nNumberofArgs, char* pszArgs[])
{
  // display the column headings
  int nColumn = 0;
  cout << "   ";
  while (nColumn < 10)
  {
    // set the display width to two characters
    // (even for one digit numbers)
    cout.width(2);

    // now display the column number
    cout << nColumn << " ";

    // increment to the next column
    nColumn++;

  }
  cout << endl;

  // now go loop through the rows
  int nRow = 0;
```

```
while (nRow < 10)
{
  // start with the row value
  cout << nRow << " - ";

  // now for each row, start with column 0 and
  // go through column 9
  nColumn = 0;
  while(nColumn < 10)
  {
      // display the product of the column*row
      // (use 2 characters even when product is
      // a single digit)
      cout.width(2);
      cout << nRow * nColumn << " ";

      // go to next column
      nColumn++;
  }

  // go to next row
  nRow++;
  cout << endl;
}

// wait until user is ready before terminating program
// to allow the user to see the program results
system("PAUSE");
return 0;
}
```

A primeira seção cria o cabeçalho da coluna. Esta seção inicializa nColumn para 0. Depois, ela interage através de nColumn, exibindo o seu valor separadamente, por um espaço, até que nColumn chegue a 10. Nessa altura, o programa sai do primeiro *loop* e, então, muda para uma nova linha para terminar a fileira. Isso é mostrado graficamente na Figura 9-2.

Executar apenas esta seção gera a seguinte saída:

```
1  2  3  4  5  6  7  8  9
```

Este programa demonstra uma vantagem injusta que tenho. A expressão cout. width(2) ajusta a largura da exibição para duas colunas – C++ colocará um espaço à esquerda em números de dígito único. Eu sei que é trapaça usar um recurso que não apresento ao leitor até o Capítulo 31, mas é muito difícil conseguir alinhar colunas sem recorrer à saída de largura fixa.

O segundo conjunto de *loops*, os aninhados, começa em nRow igual a 0. O programa exibe o número da fileira seguido por um traço antes de lançar um segundo loop, que começa com nColumn em 0 de novo e a interage de volta para 9. Em cada passe através desse loop interno, o programa ajusta a largura de saída para dois espaços e, depois, exibe nRow * nColumn, seguido de um espaço.

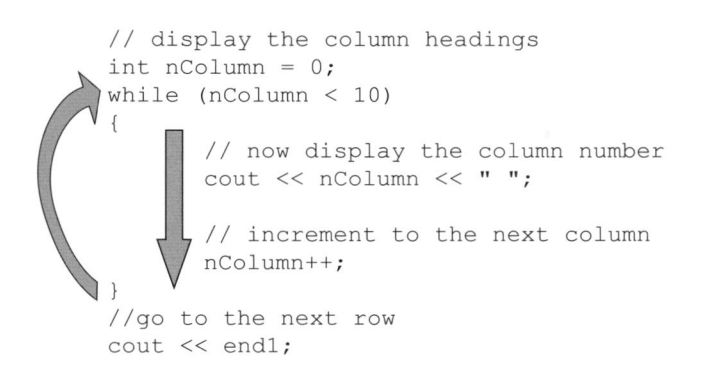

```
// display the column headings
int nColumn = 0;
while (nColumn < 10)
{
    // now display the column number
    cout << nColumn << " ";

    // increment to the next column
    nColumn++;
}
//go to the next row
cout << endl;
```

Figura 9-2:
O primeiro
loop promo-
ve saídas na
coluna de
cabeçalhos.

Output: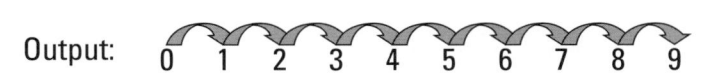
0 1 2 3 4 5 6 7 8 9

A largura da exibição se reajusta sozinha cada vez que você promove a saída, portanto, será necessário reajustá-la para dois sempre antes de fornecer a saída de um número.

O programa oferece uma nova linha para mover a saída para a fileira seguinte sempre que aumenta nRow. Isso é mostrado graficamente na Figura 9-3.

A saída desse programa aparece como a seguir:

```
        0   1   2   3   4   5   6   7   8   9
0  -    0   0   0   0   0   0   0   0   0   0
1  -    0   1   2   3   4   5   6   7   8   9
2  -    0   2   4   6   8  10  12  14  16  18
3  -    0   3   6   9  12  15  18  21  24  27
4  -    0   4   8  12  16  20  24  28  32  36
5  -    0   5  10  15  20  25  30  35  40  45
6  -    0   6  12  18  24  30  36  42  48  54
7  -    0   7  14  21  28  35  42  49  56  63
8  -    0   8  16  24  32  40  48  56  64  72
9  -    0   9  18  27  36  45  54  63  72  81
Press any key to continue ...
```

Não há nada de mágico sobre 0 a 9 nesta tabela. Eu poderia, simplesmente, ter criado uma tabela de multiplicação 12 x 12 (ou qualquer outra combinação), trocando a expressão de comparação nos três *loops* while. Assim, para qualquer coisa maior que 10 x 10, você precisará aumentar a largura mínima para acomodar os produtos de três dígitos. Use cout.width(3).

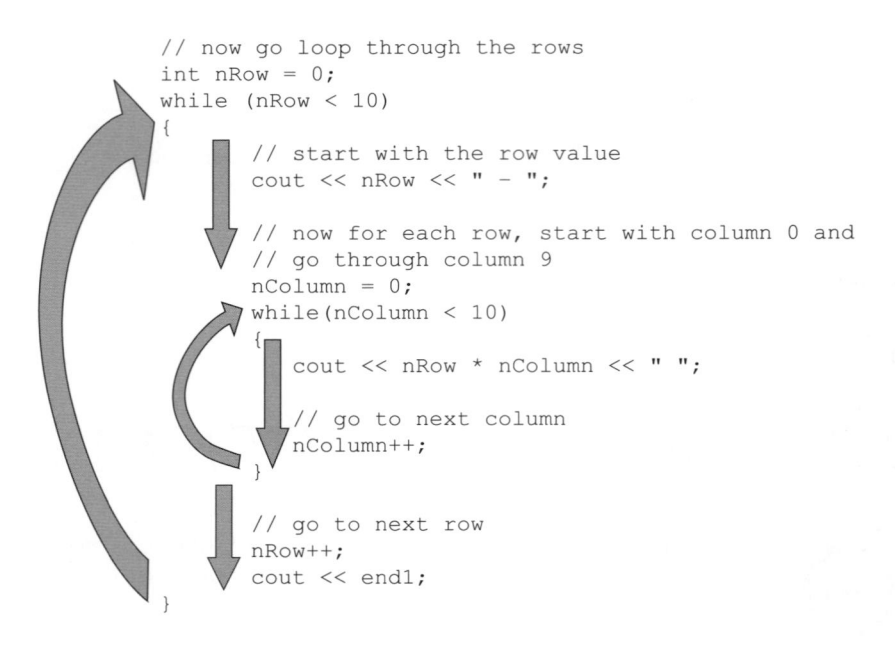

```
// now go loop through the rows
int nRow = 0;
while (nRow < 10)
{
    // start with the row value
    cout << nRow << " - ";

    // now for each row, start with column 0 and
    // go through column 9
    nColumn = 0;
    while(nColumn < 10)
    {
        cout << nRow * nColumn << " ";

        // go to next column
        nColumn++;
    }

    // go to next row
    nRow++;
    cout << end1;
}
```

Figura 9-3:
O *loop*
interno
interage da
esquerda
para a
direita
através das
colunas,
enquanto
que o
externo o
faz de cima
para baixo
nas fileiras.

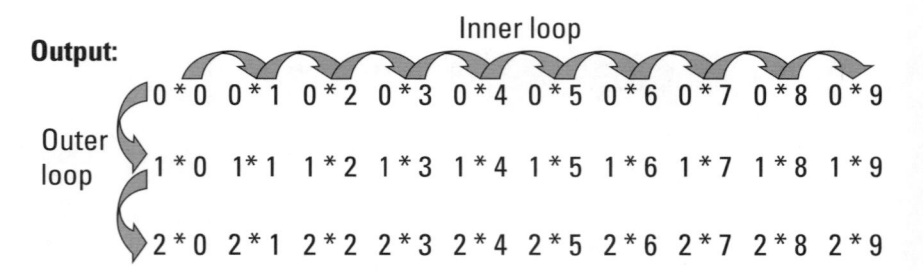

Inner loop

Output:

Outer loop

0*0	0*1	0*2	0*3	0*4	0*5	0*6	0*7	0*8	0*9
1*0	1*1	1*2	1*3	1*4	1*5	1*6	1*7	1*8	1*9
2*0	2*1	2*2	2*3	2*4	2*5	2*6	2*7	2*8	2*9

Capítulo 10
Fazendo *Loop* Pela Diversão

Neste Capítulo
▶ Introdução ao *loop* for
▶ Como rever um exemplo do programa ForFactorial
▶ Usando a vírgula como operador para conseguir mais em um único *loop* for

A estrutura mais básica de todos os controles é o *loop* while, o qual é o tópico do Capítulo 9. Este capítulo apresenta um parente dele, o *loop* for. Ainda que não tão flexível, o *loop* for é, na verdade, o mais popular dos dois – ele tem certa elegância, que é difícil de ignorar.

As Quatro Partes de Cada Loop

Se você olhar de novo os exemplos do Capítulo 9, verá que a maioria dos *loops* tem quatro partes essenciais. (Isso parece como quebrar um giro em um jogo de golfe nas partes que o completam.)

✔ **A configuração:** Geralmente, a configuração envolve declarar e inicializar uma variável increment. Normalmente, isso acontece imediatamente antes de while.

✔ **O teste de expressão:** A expressão dentro do *loop* while que levará o programa a executar o *loop* ou sair e ir em frente. Isso sempre acontece entre os parênteses depois da palavra-chave while.

✔ **O corpo:** Esse é o código dentro de chaves.

✔ **O incremento:** É onde a variável *increment* é incrementada. Normalmente, isso acontece ao final do corpo.

No caso do programa Factorial, as quatro partes pareciam com isto:

```
int nValue = 1;        // the setup
while (nValue <= nTarget)      // the test expression
{  // the body
 cout << nAccumulator << " * "
```

```
    << nValue << " equals ";
  nAccumulator << nAccumulator << endl;
  nValue++; // the increment
  }
```

O loop for incorpora essas quatro partes em uma única estrutura, usando a palavra-chave for:

```
  for (setup; test expression; increment)
  {
  body;
  }
```

O fluxo é mostrado graficamente na Figura 10-1.

1. Na medida em que a CPU se aproxima inocentemente da palavra-chave for, o controle é desviado para a cláusula setup.

2. Uma vez setup executada, o controle se move para test expression.

3. (a) Se test expression for true, o controle passará para o corpo do *loop* for.

   (b) Se test expression for false, o controle passará para a próxima declaração após a chave fechada.

4. Quando o controle tiver passado pelo corpo do *loop*, a CPU é forçada a executar um giro em U para a seção increment do *loop*.

   Isso feito, o controle retorna para test expression e de volta à etapa 3.

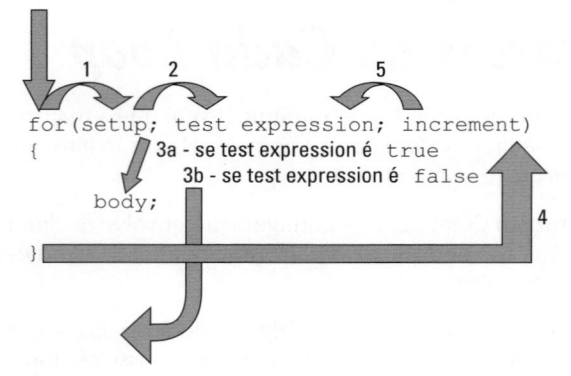

Figura 10-1:
O fluxo no e
em volta do
loop for.

Este *loop* for é totalmente equivalente ao seguinte *loop* while:

```
setup;
while(test expression)
{
    body;

    increment;
}
```

Olhando Para um Exemplo

O seguinte programa de exemplo é o programa Factorial escrito numa versão *loop* for (este programa aparece no CD-ROM incluso como ForFactorial):

```
//
// ForFactorial - calculate factorial using the for
//                    construct.
//
#include <cstdio>
#include <cstdlib>
#include <iostream>
using namespace std;

int main(int nNumberofArgs, char* pszArgs[])
{
    // enter the number to calculate the factorial of
    int nTarget;
    cout << "This program calculates factorial.\n"
         << "Enter a number to take factorial of: ";
    cin >> nTarget;

    // start with an accumulator that's initialized to 1
    int nAccumulator = 1;
    for(int nValue = 1; nValue <= nTarget; nValue++)
    {
        cout << nAccumulator << " * "
            << nValue " equals  ";
        nAccumulator = nAccumulator * nValue;
        cout << nAccumulator << endl;
    }

    // display the result
    cout << nTarget << " factorial is "
```

```
        << nAccumulator << endl;

    // wait until user is ready before terminating program
    // to allow the user to see the program results
    system("PAUSE");
    return 0;
}
```

A lógica deste programa ForFactorial é, virtualmente, idêntica ao seu gêmeo Factorial, anterior: o programa pede ao usuário que forneça um número para o fatorial. Depois, ele inicializa nAccumator para 1 antes de entrar no *loop* que calcula o fatorial.

ForFactorial cria uma variável increment, nValue, que ele inicializa para 1 na cláusula de configuração da declaração for. Feito isso, o programa compara nValue com nTarget, o valor fornecido pelo usuário na seção test expression de for. Se nValue for menor que ou igual a nTarget, o controle entra no corpo do *loop*, onde nAccumulator é multiplicado por nValue.

Depois, o controle flui para a seção increment do *loop* for. Esta expressão, nValue++, aumenta nValue para 1. Então, o fluxo se move para test expression, onde nValue é comparado com nTarget, e o processo é repetido até que, eventualmente, nValue excede o valor de nTarget. Nessa altura, o controle passa para a próxima declaração, depois da chave fechada.

A saída deste programa aparece como a seguir:

```
This program calculates factorials of user input.
Enter a negative number to exit
Enter number: 5
5 factorial is 120
Enter number: 6
6 factorial is 720
Enter number: -1
Press any key to continue ...
```

Todas as quatro seções do *loop* for são opcionais. Uma configuração, um corpo ou uma seção increment vazios não causam qualquer efeito; isto é, nada fazem. (Isso faz sentido.) Uma test expression vazia é igual a true. (Essa é a única coisa que faria sentido – se fosse avaliada para false, então, o corpo do *loop* for nunca seria executado, e o resultado seria inútil.)

Uma variável definida dentro da seção de configuração de um *loop* for só é definida dentro do *loop* for. Ela não é mais definida uma vez que o controle saia do *loop*.

Como Conseguir Mais com o Operador Comma (vírgula)

Há um operador que parece inútil, o qual não mencionei (isto é, até agora), conhecido como o operador comma (vírgula). Ele aparece como:

```
Expression1, expression2;
```

Isso diz para executar `expression1` e, depois, executar `expression2`. O valor e o tipo resultante de toda expressão é o mesmo que de `expression2`. Assim, eu poderia dizer algo como o seguinte:

```
int i;
int j;
i = 1, j = 2;
```

Você poderia perguntar: "Por que eu quereria fazer isso?" Resposta: "Eu não ia querer, exceto ao escrever *loops* `for`".

O seguinte programa CommaOperator demonstra o operador comma (vírgula) na luta. Ele calcula os produtos de pares de números. Se o operador entra com N, o programa promove a saída de 1*N, 2*N-1, 3*N-2, e assim por diante, por todo o caminho para N*1. (Este programa não faz nada especialmente útil. Você verá o operador vírgula ser usado na prática ao discutir *arrays* no Capítulo 15.)

```cpp
//
// CommaOperator - demonstrate how the comma operator
//                 is used within a for loop.
//
#include <cstdio>
#include <cstdlib>
#include <iostream>
using namespace std;

int main(int nNumberofArgs, char* pszArgs[])
{
    // enter a target number
    int nTarget;
    cout << "Enter maximum value: ";
    cin >> nTarget;
```

```
    for(int nLower = 1, nUpper = nTarget;

        nLower <= nTarget; nLower++, nUpper--)
    }
    cout << nLower << " * "
         << nUpper << " equals "
         << nLower * nUpper << endl;
    }

    // wait until used is ready before terminating program
    // to allow the user to see the program results
    system("PAUSE");
    return 0;
    }
```

Primeiro, o programa pede ao operador um valor-alvo, o qual é lido em nTarget. Depois, ele se move para o *loop* for. Porém, desta vez, você não só quer incrementar uma variável de 1 até nTarget, mas também decrementar uma segunda variável de nTarget até 1.

Aqui a cláusula de configuração do *loop* for declara uma variável nLower, que é inicializada com 1, e uma segunda variável nTarget, que é inicializada com nTarget. O corpo do *loop* exibe nLower, nUpper e o produto nLower * nTarget. A seção increment aumenta nLower e diminui nUpper.

A saída do programa aparece como a seguir:

```
Enter maximum value: 15
1 * 15 equals15
2 * 14 equals28
3 * 13 equals39
4 * 12 equals48
5 * 11 equals55
6 * 10 equals60
7 * 9 equals63
8 * 8 equals64
9 * 7 equals63
10 * 6 equals60
11 * 5 equals55
12 * 4 equals48
13 * 3 equals39
14 * 2 equals28
15 * 1 equals15
Press any key to continue ...
```

Neste exemplo, a execução 1 entrou com 15 como o valor alvo. Você pode ver como nLower cresce linearmente de 1 a 15, enquanto nUpper faz o seu caminho inverso, de 15 a 1.

Na verdade, a saída deste programa é bem interessante. Independente do que você fornece, o valor do produto aumenta rapidamente, assim que nLower, aumenta a partir de 1. Mas, bem depressa, uma curva se estabiliza e se aproxima do valor máximo no meio da faixa antes de diminuir. O valor máximo para o produto já acontece quando nLower e nUpper são iguais.

Eu poderia ter feito antes o trabalho do *loop* for sem usar o operador vírgula? Com certeza. Eu poderia ter tirado a variável nLower ou a nUpper do *loop* for e lidado com elas como variáveis separadas. Veja o seguinte fragmento de código:

```
nUpper = nTarget;
for(int nLower = 1; nLower <= nTarget; nLower++)
{
    cout << nLower << " * "
        << nUpper << " equals "
        << nLower * nUpper << endl;
    nUpper--;
}
```

Esta versão também teria funcionado.

O *loop* for não pode fazer nada que um *loop* while não faça. De fato, qualquer *loop* for pode ser convertido em um *loop* while equivalente. Mas, devido à sua forma compacta, você verá com muito mais frequência o *loop* for.

Até aqui, incluindo este capítulo, todos os programas foram um todo monolítico, indo da chave de abertura depois de main() à de fechamento correspondente. Isso está bem para pequenos programas, mas seria realmente bom se você pudesse dividir seu programa em partes menores que pudessem ser digeridas separadamente. Este é o objetivo do próximo capítulo sobre funções.

Capítulo 11
Funções, eu Declaro!

*O*s programas vistos antes deste capítulo são pequenos e simples o bastante para escrever em uma sequência de instruções. Com certeza, houve desvios no uso de declarações if e *loop*, com os *loops* while e for, mas todo o programa ficava em um lugar à vista de todos.

Normalmente, programas do mundo real não são assim, pois os que são grandes o bastante para lidar com as complexidades do mundo real, em geral são grandes demais para escrever em um único bloco de instruções C++. Os programas de mundo real são separados em módulos, chamados de *functions* (funções) em C++. Este capítulo apresenta-o ao mundo maravilhoso das funções.

Dividindo Seu Problema em Funções

Até mesmo o Tire Changing Program do Capítulo 1 era grande demais para escrever em um único bloco. Eu apenas ataquei o problema de remover as porcas. Nem ao menos toquei no problema de erguer o carro, remover o pneu, pegar o pneu sobressalente e assim por diante.

Na verdade, imagine se eu tivesse que pegar o código de remover a porca e colocá-lo em um módulo que eu chamaria de algo amistosamente inteligente, como `RemoveLugNuts()`. (Acrescentei os parênteses para acompanhar a gramática de C++.) Eu poderia reunir módulos semelhantes para outras funções.

O módulo de alto nível resultante de trocar um pneu poderia ser parecido com o seguinte:

```
1. Grab spare tire;
2. RaiseCar();
3. RemoveLugNuts();   // we know what this does
4. ReplaceWheel();
5. AttachLugNuts();   // inverse of RemoveLugNuts()
6. LowerCar();
```

Só a primeira declaração é realmente uma instrução escrita na Linguagem Tire Changing. Cada uma das demais declarações é uma referência a um módulo, em algum lugar. Esses módulos consistem de sequências de declarações escritas na Linguagem Tire Changing (incluindo possíveis referências a outros módulos, mais simples).

Imagine como este programa é executado. O processador de trocar o pneu começa na declaração 1. Primeiro, ele vê a simples instrução Grab spare tire (pegar pneu sobressalente), a qual ele executa sem reclamar (ele sempre faz exatamente o que lhe é dito). Depois, ele segue para a declaração 2.

Mas a declaração 2 diz: Lembre-se de onde você está e vá buscar o conjunto de instruções chamado `RaiseCar()`. Quando tiver feito isso, volte aqui para outras instruções. De forma parecida, as declarações de 3 a 6 também direcionam, mecânica e amistosamente, o processador para ir à procura de conjuntos separados de instruções.

Entendendo Como as Funções são Úteis

Existem vários motivos para dividir problemas complexos em funções mais simples. O motivo original pelo qual um mecanismo de função foi adicionado às linguagens de programação iniciais foi o Santo Graal da reutilização. A ideia era criar funções que poderiam ser reutilizadas em vários programas. Por exemplo, fatorial é um procedimento matemático comum. Se eu reescrevesse o programa Factorial como uma função, seria possível chamá-lo, no futuro, a partir de qualquer programa que precisasse calcular um fatorial. Essa forma de reutilização permite ao código ser facilmente reutilizado a partir de diferentes programas, bem como de diferentes áreas dentro do mesmo programa.

Porém, quando um mecanismo de função fosse introduzido, as pessoas iriam descobrir que dividir grandes problemas em problemas mais simples, menores, traria outras vantagens. A maior vantagem tem a ver com a quantidade de coisas que uma pessoa pode pensar ao mesmo tempo. Com frequência, isso é conhecido como a regra "Seven Plus or Minus Two" ("Sete Mais ou Menos Dois"). Esta é a quantidade de coisas que uma pessoa pode manter ativa em sua mente de uma só vez. Quase qualquer pessoa pode manter, ao menos, cinco assuntos em sua memória ativa, porém, poucas podem manter mais do que nove assuntos ativos na consciência ao mesmo tempo.

Certamente, você terá percebido que há muitos detalhes com que se preocupar no que se refere a escrever código C++. Um módulo C++ excede rapidamente o limite superior de nove assuntos enquanto ele cresce em tamanho. Tais funções são difíceis de entender e, portanto, escrever e trabalhar adequadamente.

Afinal, é muito mais fácil pensar sobre o programa de alto nível em termos de funcionalidade de alto nível, exatamente como fiz no exemplo de troca de pneu, no início deste capítulo. Esse exemplo dividiu o ato de trocar um pneu em seis etapas, implementado em cinco funções.

Claro que ainda preciso implementar cada uma dessas funções, mas esses são problemas muito menores do que toda a questão da troca de um pneu. Por exemplo, ao implementar `RaiseCar()`, não preciso me preocupar com pneus ou sobressalentes, com certeza, nem lidar com os pormenores de afrouxar ou apertar porcas. Tudo o que eu tenho que pensar nesta função é em como retirar o carro do chão.

No linguajar de computação dos nerds, dizemos que essas diferentes funções são escritas em diferentes *níveis de abstração*. O programa Tire Changing é escrito em um nível muito alto de abstração; a função `RemoveLugNuts()`, no Capítulo 1, é escrita em um baixo nível de abstração.

Como Escrever e Usar Uma Função

Como tantas coisas, as funções são mais bem entendidas através de exemplos. O seguinte fragmento de código mostra o exemplo mais simples possível de criar e chamar uma função:

```
void someFunction()
{
 // do stuff
 return;
}

int main(int nNumberofArgs, char* pszArgs[])
{
 // do something

 // now invoke someFunction()
 someFunction();

 // keep going here once control returns
}
```

Este exemplo contém todos os elementos importantes necessários para criar e chamar uma função:

1. **A declaração:** A primeira coisa é a declaração da função. Isso aparece como o nome da função com um tipo à frente, seguido por um conjunto de parênteses de abertura e fechamento. Neste caso, o nome da função é `someFunction()`, e o seu tipo de retorno é `void` (vazio). (Na seção "Retornando coisas" deste capítulo, explicarei o que esta última parte significa.)

2. **A definição:** A declaração da função é seguida pela definição do que ela faz. Isso é chamado de corpo da função. O corpo de uma função sempre começa com uma chave de abertura e termina com uma chave fechada. As declarações dentro do corpo são exatamente aquelas dentro de um *loop* ou uma declaração if.

3. **O retorno:** O corpo da função contém zero ou mais declarações `return`. Um `return` faz o controle voltar para imediatamente depois do ponto onde a função foi chamada. O controle retorna automaticamente se ele chegar até a chave fechada final do corpo de função.

4. **A chamada:** A função é chamada invocando o nome da função seguida por parênteses de abertura e fechamento.

O controle de fluxo é mostrado na Figura 11-1.

Figura 11-1: Chamar uma função passa o controle para o módulo. O controle retorna para o ponto imediatamente posterior à chamada.

```
void someFunction()
{
    // do stuff
    return;
}

int main(int nArgs, char pArgs[])
{
    // do something

    // now invoke someFunction()
    someFunction();

    // keep going where once control returns
}
```

Retornando coisas

Geralmente, as funções retornam um valor a quem chama. Às vezes, esse é um valor calculado – uma função como `factorial()` poderia retornar o fatorial de um número. Às vezes, esse valor é uma indicação de como as coisas foram – em geral, isso é conhecido como *error return* (retorno de erro). Assim, a função poderia retornar um zero se tudo estivesse bem, e um não zero se algo tiver acontecido durante a execução da função.

Para retornar um valor de uma função, é necessário fazer duas alterações:

1. Substituir void pelo tipo de valor que você deseja retornar;

2. Colocar o valor a retornar depois da palavra-chave return. C++ não permite você retornar sem nada de uma função se o tipo de retorno for diferente de void.

A palavra-chave void para C++ significa "nothing" (nada). Assim, uma função declarada com um tipo de retorno de int retorna um inteiro. Uma função declarada com um tipo de retorno de void não retorna nada.

Revendo um exemplo

O seguinte programa, FunctionDemo, usa a função sumSequence() para somar uma série de números fornecidos pelo usuário no teclado. Esta função é chamada repetidamente, até que o usuário forneça uma sequência de comprimento zero.

```
//
// FunctionDemo - demonstrate how to use a function
//                       to simplify the logic of the program.
//
#include <cstdio>
#include <cstdlib>
#include <iostream>
using namespace std;

//
// sumSequence() - return the sum of a series of numbers
//          entered by the user. Exit the loop
//          when the user enters a negative
//          number.
Int sumSequence()
{
//create a variable into which we will add the
// numbers entered by the user
int nAccumulator = 0;

for(;;)
{
  // read another value from the user
  int nValue;
  cout << "Next: ";
  cin  >> nValue;

  // exit if nValue is negative
  if (nValue < 0)
  {
    break;
  }
```

```
    //add the value entered to the accumulated value
    nAccumulated += nValue;
  }

  // return the accumulated value to the caller
  return nAccumulator;
}

int main(int nNumberofArgs, char* pszArgs[])
{
cout << "This program sums sequences of numbers.\n"
    << "Enter a series of numbers. Entering a\n"
    << "negative number causes the program to\n"
    << "print the sum and start over with a new\n"
    << "sequence. "
    << "Enter two negatives in a row to end the\n"
    << "program." << endl;

// stay in a loop getting input from the user
// until he enters a negative number
for(;;)
{
  // accumulate a sequence
  int nSum = sumSequence();

  // if the sum is zero...
  if (nSum == 0)
  {
    // ...then exit the program
    break;
  }

  // display the result
  cout <<  "Sum = "  << nSum << endl;
}

// wait until user is ready before terminating program
// to allow the user to see the program results
system("PAUSE");
return 0;
}
```

Primeiro, concentre-se no programa main(). Depois das bem eloquentes instruções de saída para o usuário, o programa começa um *loop* for.

O *loop* for, cuja expressão condicional estiver vazia (como em for(;;)) entrará em *loop* para sempre, a menos que alguma coisa dentro do corpo do *loop* leve o controle a sair dele (ou até que o inferno congele).

A primeira linha de não comentário dentro desse *loop* é a seguinte:

```
int nSum = sumSequence();
```

Esta expressão passa o controle para a função sumSequence(). Quando o controle retornar, a declaração usa o valor retornado por sumSequence() para inicializar nSum.

Inicialmente, a função sumSequence() inicializa nAccumulator para zero. Depois, ela pede ao usuário um valor a partir do teclado. Se o número fornecido não for negativo, ele é acrescentado ao valor em nAccumulator e o usuário é solicitado a fornecer outro valor em um *loop*. Assim que o usuário entrar com um número negativo, a função divide o *loop* e retorna o valor acumulado em nAccumulator a quem chamou.

A seguir está um exemplo de execução do programa FunctionDemo:

```
This program sums sequences of numbers.
Enter a series of numbers. Entering a
negative number causes the program to
print the sum and start over with a new
sequence. Enter two negatives in a row to end the
program.
Next:   5
Next: 15
Next: 20
Next: -1
Sum = 40
Next: 1
Next: 2
Next: 3
Next: 4
Next: -1
Sum = 10
Next: -1
Press any key to continue ...
```

Como Passar Argumentos Para Funções

Quando as funções nada mais fazem do que retornar valor, elas são de valor limitado, pois a comunicação é de uma via – da função para o chamador. A comunicação de duas vias requer *function arguments* (argumentos de função), as quais abordo a seguir.

Função com argumentos

Um argumento de função é uma variável, cujo valor é passado para a função durante a chamada. O seguinte FactorialFunction converte a operação fatorial anterior em uma função:

```
//
// FactorialFunction - rewrite the factorial code as
//          a separate function.
//
#include <cstdio>
#include <cstdlib>
#include <iostream>
using namespace std;

//
// factorial - return the factorial of the argument
//          provided. Returns a 1 for invalid arguments
//      such as negative numbers.
int factorial(int nTarget)
{

  // start with an accumulator that's initialized to 1
  int nAccumulator = 1;
  for (int nValue = 1; nValue <= nTarget; nValue++)
  {
    nAccumulator *= nValue;
  }

  return nAccumulator;
}

int main(int nNumberofArgs, char* pszArgs[])
{
cout << "This program calculates factorials"
   << " of user input.\n"
   << "Enter a negative number to exit" << endl;

// stay in a loop getting input from the user
// until he enters a negative number
for (;;)
{
  // enter the number to calculate the factorial of
  int nValue;

  cout << "Enter number: ";
  cin  >> nValue;

  // exit if the number is negative
  if (nValue < 0)
```

```
    {
      break;
    }

    // display the result
    int nFactorial = factorial(nValue);
    cout << nValue << " factorial is "
      << nFactorial << endl;
  }

  // wait until user is ready before terminating program
  // to allow the user to see the program results
  system("PAUSE");
  return 0;
}
```

A declaração de `factorial()` inclui um argumento `nTarget` de `int`. Olhando à frente, é possível ver que esse deve ser o valor para calcular o fatorial. O valor de retorno da função é o fatorial calculado.

Em `main()`, o programa pede ao usuário um valor, o qual ele armazena em `nValue`. Se o valor for negativo, o programa se encerra. Se não, ele chama `factorial()`, passando o valor de `nValue`. O programa recupera o valor retornado em `nFactorial`. Depois, ele promove a saída de ambos os valores, antes de voltar a solicitar ao usuário uma nova linha.

Função com múltiplos argumentos

Uma função pode ter múltiplos argumentos separando-os por vírgulas. Assim, a função a seguir retorna o produto de dois argumentos inteiros:

```
int product(int nValue1, int nValue2)
{
  return nValue1 * nValue2;
}
```

Expondo main ( )

Agora a verdade pode ser dita: A "palavra-chave" `main( )` do nosso gabarito padrão nada mais é do que uma função – ainda que com argumentos estranhos, mas, uma função.

Sobrecarregando nomes de função

C++ permite que o programador designe o mesmo nome a duas ou mais funções, se as funções puderem ser distinguidas seja pelo número ou pelos tipos de argumentos. Isso é chamado de *function overloading* (sobrecarga de função). Observe o seguinte exemplo de funções:

```
void someFunction()
{
 // ...perform some function
}
void someFunction(int nValue)
{
 // ...perform some other function
}
void someFunction(char cValue)
{
 // ...perform a function on characters
}

int main(int nNumberofArgs, char* pszArgs[])
{
someFunction();       // call the first function
someFunction(10);     // call the second function
someFunction('a'); // now the third function
return 0;
}
```

Comparando cada uma das chamadas anteriores com as declarações, fica claro qual função é referenciada a cada chamada. Devido a isso, os fãs de C++ incluem o tipo de argumento com o nome da função, no que é chamado de *extended name* (nome estendido) ou *signature* (assinatura) da função. Assim, na verdade, os nomes estendidos das três funções são diferentes: someFunction(), someFunction(int) e someFunction(char).

Aviso: Observe que o tipo de retorno não faz parte do nome estendido e não pode ser usado para diferenciar funções.

Quando um programa é montado, C++ acrescenta algum código *boilerplate* (padronizado e repetitivo), que se executa antes do programa obter controle. Esse código ajusta o ambiente no qual o seu programa irá operar. Por exemplo, esse código boilerplate abre os canais padrão de entrada e saída e os anexa a cin e cout.

Estabelecido o ambiente, o código clichê da C++ chama a função main(), dando início à execução de seu código. Quando o programa termina, ele retorna a partir de main(). Isso permite que o boilerplate C++ limpe algumas coisas antes de encerrar o programa e devolver o controle ao sistema operacional.

Como Definir Declarações de Protótipo de Função

Existem mais alguns detalhes nos exemplos do programa anterior que saltam aos olhos. Pense no segundo programa, FactorialFunction. Durante o processo de montagem, o compilador C++ fez uma varredura através do arquivo. Assim que ele chegou à função `factorial()`, anotou em um bloco interno, em algum lugar, o nome estendido da função e o seu tipo de retorno. É dessa forma que o compilador é capaz de entender sobre o que eu estava falando quando chamei a função `factorial()`, mais tarde em `main()` – ele viu que eu estava tentando chamar uma função e disse "Deixe-me olhar em meu bloco de funções definidas quanto a uma chamada `factorial()`. Ah, aqui está".

Nesse caso, a função foi definida, e os tipos e o número de argumentos combinou perfeitamente, mas nem sempre é o caso. E se eu tivesse chamado a função, não com um inteiro, mas com algo que poderia ser convertido em um inteiro? Imagine se eu tivesse chamado a função assim:

```
factorial(1.1);
```

Isso não é uma combinação adequada, 1.1 não é um inteiro, porém, C++ sabe como converter 1.1 em um inteiro. Assim ele **poderia** fazer a conversão e usar `factorial(int)` para completar a chamada. A questão é, ele **o faz**?

A resposta é "Sim". C++ irá gerar um aviso em determinados casos, para que você saiba o que ele está fazendo, mas, em geral, serão os tipos de conversão necessários para os argumentos usarem as funções que ele conhece.

Nota: Sei que não abordamos os diferentes tipos de variável e não o faremos até o Capítulo 14, mas o argumento que estou usando é bem geral. Você também verá, no Capítulo 14, como evitar avisos causados por conversões de tipo automáticas.

E quanto a uma chamada como a seguinte:

```
factorial(1, 2);
```

Não existe conversão que permitiria a C++ cortar um argumento e usar a função `factorial(int)` para atender essa chamada, assim, C++ gera um erro nesse caso.

A única maneira pela qual C++ pode classificar esse tipo de coisas é se vir a declaração de função antes de ver a tentativa de chamar a função. Isso significa que cada função precisa ser declarada antes de ser usada.

Eu sei o que você está pensando (eu acho): C++ poderia ser um pouco menos preguiçosa e ver adiante quanto às declarações de função que acontecem posteriormente, antes de desistir e começar a gerar erros, mas o fato é que isso não acontece. É simplesmente uma daquelas coisas, como o meu carro fajuto; você aprende a conviver com isso.

Então, isso significa que você precisa definir todas as suas funções antes de poder usá-las. Não. C++ permite que você declare uma função sem um corpo, no que é conhecido como uma *prototype declaration* (declaração de protótipo).

Uma declaração de protótipo cria uma entrada para a função na tabela sobre a qual eu estava falando. Ela preenche o nome estendido, inclusive o número e o tipo dos argumentos e o tipo de retorno. C++ deixa vazios até mais tarde a definição da função e o corpo da função.

Na prática, a declaração de protótipo aparece assim:

```cpp
// the prototype declaration
int factorial(int nTarget);

int main(int nNumberofArgs, char* pszArgs[])
{
cout  <<  "The factorial of 10 is "
   <<  factorial(10)  <<  endl;

return 0;
}

// the definition of the factorial(int) function;
// this satisfies our promise to provide a definition
// for the prototype function declaration above
int factorial(int nTarget)
{
// start with an accumulator that's initialized to 1
int nAccumulator = 1;
for (int nValue = 1; nValue <= nTarget; nValue++)
{
   nAccumulator *= nValue;
}

return nAccumulator;
}
```

A declaração de protótipo diz ao mundo (ou pelo menos para aquela parte do mundo depois da declaração) que factorial() toma um único argumento inteiro e retorna um inteiro. Assim, C++ pode verificar a chamada em main() quanto à declaração, para ver se podem ocorrer quaisquer tipos de conversões ou mesmo se uma chamada é possível.

A declaração de protótipo também representa a promessa a C++ de fornecer uma definição completa de factorial(int) em algum outro lugar no programa. Nesse caso, a definição completa de factorial(int) vem logo depois de main().

É prática comum fornecer declarações de protótipo a todas as funções definidas dentro de um módulo. Assim, você não precisa se preocupar quanto à ordem pela qual elas são definidas. No próximo capítulo, falarei mais sobre este tópico.

Capítulo 12
Dividindo Programas em Módulos

*N*o Capítulo 11, mostrei como separar um problema completo em uma série de funções separadas; é muito mais fácil escrever e obter uma quantidade menor de funções para trabalhar em um programa grande, monolítico. Porém, frequentemente, você pode querer reutilizar as funções criadas em outros aplicativos. Eu poderia, por exemplo, pensar em reutilizar, no futuro, a função `factorial()` criada no Capítulo 11.

Uma maneira de reutilizar tais funções seria copiar e colar o código fonte da função `factorial()` no meu novo programa. Mas seria muito mais fácil se eu pudesse colocar a função em um arquivo separado que, depois, eu poderia vincular a usos futuros. Dividir programas em módulos de código fonte separados é o assunto deste capítulo.

Como Separar Programas

O programador pode dividir um único programa em arquivos fonte separados, normalmente conhecidos como *modules* (módulos). Esses módulos são compilados separadamente no código de máquina pelo compilador de C++ e, depois, combinados durante o processo de montagem para gerar um único programa.

O processo de combinar separadamente módulos compilados dentro de um só programa é chamado de *linking* (vinculação ou "linkedição").

Separar programas em peças menores e mais administráveis apresenta diversas vantagens. Em primeiro lugar, dividir um programa em módulos menores reduz o tempo de compilação. Code::Blocks só demora alguns segundos para engolir rapidamente e digerir os programas que aparecem neste livro. Entretanto, programas muito grandes podem demorar um pouco. Eu trabalhei em projetos que tomaram a maior parte da noite para remontar.

Além disso, recompilar todo o código fonte no projeto só porque uma ou duas linhas mudam é uma perda de tempo muito grande. É melhor refazer a compilação apenas do módulo contendo a alteração e, em seguida, refazer o vínculo dele em todos os módulos inalterados, para criar um novo executável sem a mudança. (O módulo atualizado pode conter mais do que apenas a função alterada, porém, não muito mais.)

Em segundo lugar, é mais fácil de entender e, assim, mais fácil de escrever e depurar um programa que consiste em uma quantidade de módulos bem pensados e praticamente independentes, cada qual representando um agrupamento lógico de funções. Um único e grande módulo fonte, repleto de todas as funções que um programa poderia usar, rapidamente torna-se difícil de ser mantido objetivo.

O terceiro é o bastante divulgado espectro de reutilização. Um módulo cheio de funções reutilizáveis que pode ser vinculado em futuros programas é mais fácil de documentar e manter. Uma mudança no módulo para corrigir um *bug* é rapidamente incorporada aos outros executáveis que usam aquele módulo.

Por fim, há a questão de trabalhar em conjunto, como uma equipe. Dois programadores não podem trabalhar no mesmo módulo (pelo menos, não muito bem). Uma abordagem mais fácil é designar um conjunto de funções contidas em um módulo a um programador, enquanto designando um conjunto diferente de funções em um módulo diferente a um segundo programador. Os módulos podem ser vinculados quando prontos para serem testados.

A Separação não é Difícil de Fazer

Na verdade, não posso incluir um programa grande em um livro como este... bem, poderia, mas não sobraria o bastante para todo o resto. Usarei como meu exemplo de programa em larga escala o demonstrativo FactorialFunction do Capítulo 11. Nesta seção, criarei o projeto FactorialModule que divide o programa em vários módulos fonte. Para fazer isso, executarei as seguintes etapas:

1. Criar o projeto FactorialModule.

   Isso não é diferente de criar qualquer dos outros arquivos de projeto que apareceram até agora no livro.

2. Criar o arquivo `Factorial.cpp` para conter a função factorial.

3. Criar o arquivo `Factorial.h` include (seja lá o que for isso), para ser usado por todos os módulos que queremos chamar.

4. Atualizar `main.cpp` para usar a função `factorial()`.

Criação de Factorial.cpp

O projeto inicial de aplicativo de console criado por Code::Blocks tem apenas um arquivo fonte, `main.cpp`. A próxima etapa é criar um segundo código fonte, que conterá a função fatorial.

Siga estas etapas para criar `factorial.cpp` contendo a função `factorial()`:

1. **Selecione File⇨New⇨File.**

    Code::Blocks responde abrindo a janela mostrada na Figura 12-1, apresentando diferentes tipos de arquivos que podem ser acrescentados.

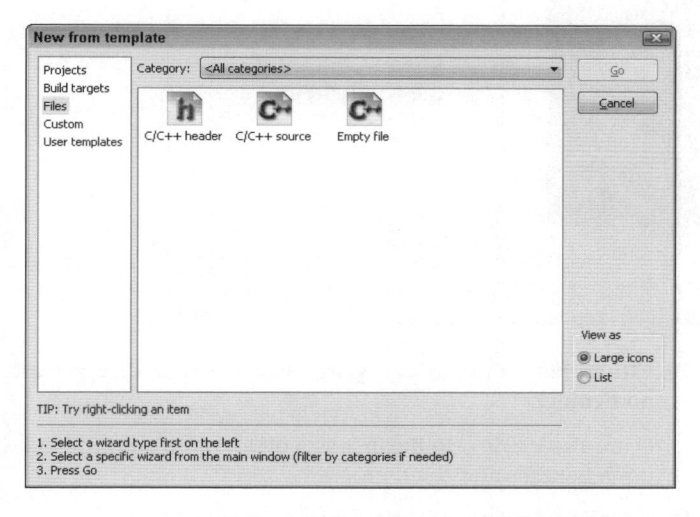

Figura 12-1: O New File Wizard oferece ajuda para acrescentar arquivos fonte em seu projeto.

2. **Selecione C++ Source (fonte) e depois, clique Go (prosseguir)**

    Isso abre uma caixa, alertando que você está prestes a entrar no misterioso e perigoso Source File Wizard (assistente de arquivo fonte).

3. **Clique Next.**

    Isso abrirá o Source File Wizard. Selecione c++ e clique Next.

4. **Clique "..." perto do campo Filename With Full Path (caminho completo).**

    Aparece uma caixa de diálogo Select filename (selecionar nome de arquivo), permitindo que você navegue para uma pasta diferente se quiser manter os seus arquivos fonte em diretórios diferentes. Porém, não torne isso mais complicado do que precisa ser.

5. **Entre com `factorial.cpp` como o nome do arquivo fonte e clique Save (salvar).**

6. **Você quer esse arquivo adicionado a todos os executáveis que criou, então clique em "all" abaixo da janela de build targets (alvos de montagem).**

Quando tiver terminado, a caixa de diálogo deve se parecer com a da Figura 12-2.

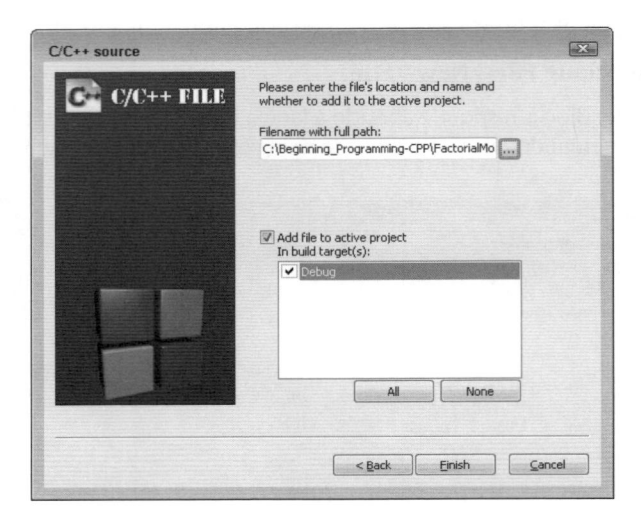

Figura 12-2:
A caixa de diálogo C++ Source File permite que você entre com o nome do novo módulo, `factorial.cpp`.

7. **Clique Finish (terminar) para criar `Factorial.cpp` e adicioná-la ao Project.**

O arquivo de projeto inclui a lista de todos os arquivos fonte que ele toma para montar o seu programa.

8. **Atualize `factorial.cpp` como a seguir:**

```
//
// factorial - this module includes the factorial function
//
#include <cstdio>
#include <cstdlib>
#include <iostream>
using namespace std;
#include "factorial.h"
//
// factorial - return the factorial of the argument
//           provided. Returns a 1 for invalid arguments
//           such as negative numbers.
int factorial(int nTarget)
{
    // start with an accumulator that's initialized to 1
    int nAccumulator = 1;
    for (int nValue = 1; nValue <= nTarget; nValue++)
    {
```

```
    {
        nAccumulator *= nValue;
    }

    return nAccumulator;
}
```

As primeiras quatro linhas fazem parte do gabarito padrão usado em todos os arquivos fonte C++ deste livro. A linha seguinte é o arquivo `factorial.h` include, o qual discuto um pouco adiante neste capítulo. Esse é seguido pela função `factorial()`, muito semelhante à forma como ela apareceu no Capítulo 11.

Arquivos *include* não seguem as mesmas regras gramaticais que C++. Diferente de outras declarações em C++, por exemplo, `#include` precisa começar na coluna 1 e não exige um ponto e vírgula ao final.

Não tente compilar `factorial.cpp`, pois você ainda não criou `factorial.h`.

Criação de um arquivo #include

A próxima etapa no processo é criar um arquivo include. Certo, o que é um arquivo include?

Conforme abordei no Capítulo 11, uma declaração de protótipo descreve as funções a serem chamadas oferecendo a quantidade e os tipos de argumentos e o tipo de valor de retorno. Cada função chamada deve ter uma declaração de protótipo em algum lugar, antes da chamada.

É possível relacionar, manualmente, as declarações de protótipo para cada função que você pretende usar, mas felizmente isso não é necessário. Em vez disso, C++ permite ao mesmo leigo que criou a função criar um arquivo include que contenha as declarações protótipo da função. Depois, esse arquivo pode ser incluído nos arquivos fonte dos módulos, de onde são chamadas as funções.

Existem (pelo menos) duas formas de incluir esses protótipos. Uma delas é copiar o conteúdo do arquivo include e colar no módulo de onde foi feita a chamada. Porém, essa não é uma boa ideia. Por um lado é, de fato, trabalhosa. Por outro lado, se a declaração de protótipo em qualquer uma das funções no arquivo include for alterada, o programador terá que percorrer todos os lugares em que o arquivo include foi usado, apagar o antigo e colar novamente no novo arquivo.

Em vez de fazer isso, C++ inclui um pré-processador que entende bem poucas instruções. Cada uma dessas instruções começa com um sinal de libra (#) na coluna 1, seguido imediatamente por um comando. (Os comandos do pré-processador também terminam ao final da linha e não exigem um ponto e vírgula.)

O comando mais comum de pré-processador é `#include "filename.h"`. Este comando copia e cola o conteúdo de `filename.h` no ponto de `#include` para criar o que é conhecido como um *intermediate source file* (arquivo fonte intermediário). Então, o pré-processador passa esse arquivo fonte intermediário para o compilador C++ para processamento. Esse processo é mostrado graficamente na Figura 12-3.

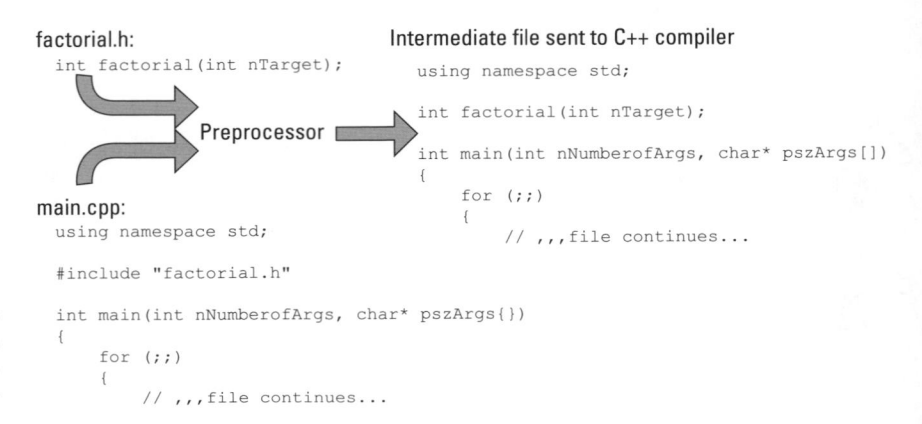

Figura 12-3: O pré-processador insere o conteúdo de um arquivo include no ponto do comando `#include` antes de passar os resultados para o compilador C++.

Incluindo arquivos #include

O assistente Code::Blocks promove a criação sem dor de um arquivo include. Basta executar as seguintes etapas:

1. **Selecione File⇨New⇨File.**

   Code::Blocks responde abrindo a janela mostrada na Figura 12-1, como antes. Desta vez, você está criando um arquivo include.

2. **Selecione C/C++ Header e, depois, clique Go.**

3. **Na janela seguinte, há o aviso de que você está para entrar no Include File Wizard (assistente de arquivo include), clique Next.**

4. **Clique "..." perto do campo Filename Full Path (caminho completo).**

   Aparece uma caixa de diálogo Select filename (selecionar arquivo).

5. **Entre com factorial.h como o nome do arquivo include e clique Save.**

6. **Você quer este arquivo adicionado a todos os executáveis criados, portanto, clique em "all" abaixo da janela de build targets (alvos de montagem).**

Figura 12-4:
A caixa de
diálogo C/
C++ Header
File (Arquivo
de Cabeçalho
de C/C++)
permite que
você entre
com o nome
do módulo do
novo arquivo
include,
`factorial.h`

Quando tiver terminado, a caixa de diálogo deve se parecer com a da Figura 12-4.

7. Clique Finish (terminar) para criar um arquivo include vazio que se parece com o seguinte:

```
#ifndef FACTORIAL_H_INCLUDED
#define FACTORIAL_H_INCLUDED


#endif // FACTORIAL_H_INCLUDED
```

8. Edite o arquivo include, acrescentando o protótipo à função factorial() como a seguir:

```
#ifndef FACTORIAL_H_INCLUDED
#define FACTORIAL_H_INCLUDED

int factorial(int nTarget);

#endif // FACTORIAL_H_INCLUDED
```

9. Clique File⇨Save (Salvar⇨Arquivo)

Terminamos!

Observe que o arquivo include foi acrescentado à descrição do projeto na aba Management de Code::Blocks. Isso indica que, automaticamente, Code::Blocks remontará o aplicativo se o arquivo include mudar.

Por que incluir `factorial.h` em `factorial.cpp`? Afinal, `factorial()` não exige, por si só, um protótipo. Você faz isso como uma maneira de verificação de erro. C++ irá gerar uma mensagem de erro ao compilar `factorial.cpp` se a declaração de protótipo em `factorial.h` não combinar com a definição da função. Isso garante que a declaração de protótipo em uso por outros módulos de código fonte combinem com a definição de função.

Criação de main.cpp

Você está quase chegando: abra `main.cpp` e faça a sua edição, para que se pareça com o seguinte:

```cpp
//
// FactorialModule - rewrite the factorial code as
//              a separate function in its own module.
//
#include <cstdio>
#include <cstdlib>
#include (iostream>
using namespace std;

#include "factorial.h"

int main(int nNumberofArgs, char* pszArgs[])
{
 cout << "This program calculates factorials"
     << " of user input.\n"
     << "Enter a negative number to exit" << endl;

 // stay in a loop getting input from the used
 // until he enters a negative number
 for (;;)
 {
     // enter the number to calculate the factorial of
     int nValue;

     cout << "Enter number: ";
     cin   >> nValue;

     // exit if the number is negative
     if (nValue < 0)
     {
         break;
     }

     // display the result
     int nFactorial = factorial(nValue);
     cout << nValue << " factorial is "
         << nFactorial << endl;
 }

 // wait until user is ready before terminating program
 // to allow the user to see the program results
 system("PAUSE");
 return 0;
 }
```

Esta versão de `main.cpp` parece idêntica à versão de FactorialFunction, exceto que a definição da função `factorial()` foi removida e acrescentada `#include "factorial.h"`.

Como montar o resultado

Agora você já pode montar o programa (selecionando Build⇨Build). Observe, nas mensagens de saída, que, agora, o compilador faz a compilação de dois arquivos, `main.cpp` e `factorial.cpp`. Isso é seguido por uma etapa única de vínculo.

Quando executada, a saída dessa versão é indistinta das versões anteriores, conforme demonstrado pelo seguinte teste de saída:

```
This program calculates factorials of user input.
Enter a negative number to exit
Enter number: 5
5 factorial is 120
Enter number: 6
6 factorial is 720
Enter number: -1
Press any key to continue ...
```

Usando a Biblioteca Padrão C++

Agora você pode ver o motivo pelo qual o gabarito padrão C++ inclui as diretivas

```
#include <cstdio>
#include <cstdlib>
#include <iostream>
```

Estes arquivos include contêm as declarações protótipo para as funções oferecidas por C++ como parte de suas rotinas de biblioteca padrão (como por exemplo, `cin >>`).

Note que a biblioteca padrão C++ inclui arquivos que estão envolvidos por chaves de ângulo (< >), enquanto eu incluí a minha definição de usuário, arquivo include entre aspas (" ").A única diferença entre os dois é que C++ busca arquivos contidos entre aspas, começando com o diretório atual (o diretório contendo o arquivo de projeto), enquanto C++ começa a buscar arquivos entre chaves nos diretórios C++ de arquivo include.

Os arquivos de ajuda *online* (em www.cppreference.com/wiki/) são uma boa fonte de informações sobre as funções que formam a Biblioteca Padrão C++.

Escopo de Variável

Variáveis também são destinadas a um tipo de armazenagem, dependendo de onde e como elas são definidas, conforme mostrado no seguinte fragmento:

```
int nGlobalVariable;
void fn()
{
 int nLocalVariable;
 static int nStaticVariable = 1;

 nStaticVariable = 2;
}
```

Variáveis definidas dentro de uma função como nLocalVariable não existem até que o controle atravesse a declaração. Além disso, nLocalVariable só é definida dentro de fn() – a variável para de existir quando o controle sai da função fn().

Em comparação, a variável nGlobalVariable é criada quando o programa inicia a execução e existe sempre que o programa estiver rodando. Todas as funções têm acesso, por todo o tempo, a nGlobalVariable.

Dizemos que nLocalVariable tem *local scope* (escopo local) e nGlobalVariable tem *global scope* (escopo global).

A palavra-chave static (estática) pode ser usada para criar uma espécie de mistura – algo entre uma variável global e uma local. A variável estática nStaticVariable é criada quando a execução chega, pela primeira vez, à declaração em que a função fn() é chamada. Porém, diferente de nLocalVariable, nStaticVariable não é destruída quando a execução do programa volta da função. Em vez disso, ela retém o seu valor de uma chamada para a seguinte.

Neste exemplo, nStaticVariable é inicializada para 1 na primeira vez em que fn() é chamada. A função troca o seu valor para 2, nStaticVariable retém o valor 2 em cada chamada subsequente – ela não é reinicializada uma vez que tenha sido criada. A parte de inicialização da declaração é ignorada em cada vez subsequente que fn() é chamada depois da primeira vez.

Entretanto, o escopo de nStaticVariable ainda é local para a função. Código fora de fn() não tem acesso a nStaticVariable.

Variáveis globais são úteis para conter os valores aos quais você quer que todas as funções tenham acesso. Variáveis estáticas são mais úteis para os contadores – por exemplo, se você quiser saber quantas vezes uma função é chamada. Mas a maioria das variáveis pertence à boa e velha variedade local.

Capítulo 13

Depurando Seus Programas, Parte 2

● ●

Neste Capítulo
▶ Como depurar um programa multifuncional
▶ Realizando um teste unitário
▶ Como usar comandos predefinidos de pré-processador durante a depuração

● ●

*E*ste capítulo se amplia pelas técnicas de depuração apresentadas no Capítulo 8, mostrando como criar funções de depuração que permitam a você navegar pelos seus erros mais rapidamente.

As funções C++ representam outras oportunidades, tanto se superando quanto prejudicando. No lado oposto, estão os erros que só são possíveis quando o seu programa é dividido em múltiplas funções. Porém, separar os seus programas em funções permite que você examine, teste e depure cada função sem considerar como estas estão sendo usadas no programa externo. Isso possibilita a criação de um programa muito mais sólido.

Como Depurar um Programa Disfuncional

De modo a demonstrar como separar um programa em funções pode facilitar o resultado para ler e manter, criei uma versão do programa SwitchCalculator, onde a operação de cálculo foi dividida como uma função separada (o que, inicialmente, deveria ter acontecido se, então, eu conhecesse funções). Infelizmente, introduzi um erro durante o processo, que não apareceu até a execução do teste.

A seguinte listagem está no CD-ROM incluso como CalculatorError1:

```
// CalculatorError1 - the SwitchCalculator program
//                    but with a subtle error in it
//
#include <cstdio>
#include <cstdlib>
```

```cpp
#include <iostream>
using namespace std;
// prototype declarations
int calculator(char cOperator, int nOper1, int nOper2);

int main(int nNumberofArgs, char* pszArgs[])
{
// enter operand1 op operand2
int nOper1;
int nOper2;
char cOperator;
cout << "Enter 'value1 op value2'\n"
     << "where op is +, -, *, / or %:" << endl;
cin >> nOper1 >> cOperator >> nOper2;

// echo what the user entered followed by the
// results of the operation
cout << nOper1 << " "
     << cOperator << " "
     << nOper2 << " = "
     << calculator(cOperator, nOper1, nOper2)
     << endl;

// wait until user is ready before terminating program
// to allow the user to see the program results
system("PAUSE");
return 0;
}

// calculator - return the result of the cOperator
//              operation performed on nOper1 and nOper2
int calculator(char cOperator, int nOper1, int nOper2)
{
int nResult = 0;
switch (cOperator)
{
  case '+':
     nResult = nOper1 + nOper2;
  case '-':
     nResult = nOper1 - nOper2;
     break;
  case '*':
  case 'x':
  case 'X':
     nResult = nOper1 * nOper2;
     break;
  case '/':
     nResult = nOper1 / nOper2;
     break;
```

```
    case '%':
        nResult = nOper1 % nOper2;
        break;
    default:
        // didn't understand the operator
        cout << " is not understood";
  }
  return nResult;
}
```

O início deste programa é igual ao seu precedente, SwitchCalculator, exceto pelo acréscimo da declaração de protótipo à recém-criada função `calculator()`. Observe como `main()` está mais limpo aqui. Ele solicita ao usuário fazer a entrada e, depois, repete a saída, juntamente com os resultados de `calculator()`. Muito limpo.

A função `calculator()` também é mais simples do que antes, visto que toda ela executa a computação especificada por `cOperator`. Passado é o código irrelevante que solicita ao usuário a entrada e exibe os resultados.

Tudo o que resta a fazer é testar os resultados.

Realização de teste ao nível unitário

Separar um programa em funções não apenas permite que você escreva o seu programa em partes, como também que você teste cada função separadamente em seu programa. Nesta versão funcional do programa SwitchCalculator, eu preciso testar a função `calculator()`, fornecendo a ela todas as possíveis entradas (tanto as legais quanto as ilegais).

Primeiro, gero um conjunto de comandos de teste para `calculator()`. Está claro que eu preciso de um teste para cada comando na declaração switch. Também precisarei de algumas condições limite, do tipo "como a função responde ao ser solicitada a dividir por zero?" A Tabela 13-1 esboça alguns dos comandos que preciso testar.

Tabela 13-1: Comandos de teste para calculator() mostrando os resultados esperados e o real

Operador	Operand1	Operand2	Resultado Esperado	Resultado Real	Explicação
+	10	20	30		Comando simples
-	20	10	10		Comando simples

(continua)

Tabela 13-1 *(continuação)*

Operador	Operand1	Operand2	Resultado Esperado	Resultado Real	Explicação
-	10	20	-10		Gera um número negativo
*	10	20	200		Comando simples
*	10	-5	-50		Tente com um argumento negativo
X	10	20	200		Use a outra forma de Operador de multiplicação
/	20	10	2		Comando simples
/	10	0	Não se preocupe desde que o erro gerado e o programa não quebrem		Tente dividir por zero
%	23	10	3		Comando simples
%	20	10	0		Gera um resultado zero
%	23	-10	3		Tente o módulo com um número negativo
y	20	10	Não se preocupe desde que o erro gerado e o programa não quebrem		Entrada ilegal

Afinal, eu tive sorte neste caso – chamar a função `main()` me permite fornecer qualquer entrada que eu queira à função. Posso enviar cada um desses comandos de teste para `calculator()` sem alterar o programa. Isso não é comum – frequentemente a função só é chamada do programa principal de certas formas. Nesses casos, preciso escrever um módulo especial de teste que coloque a função sob teste através de seu próprio ritmo, passando-a pelos diversos comandos de teste e registrando os resultados.

Por que você precisa escrever código extra de depuração? Você se importa se a função não lida bem com um comando se tal comando nunca aparece no programa? Você se preocupa por não saber como a função será usada. Uma vez escrita, a função tende a assumir vida própria, além do programa para o qual ela foi escrita. Uma função útil poderia ser usada em dezenas de programas diferentes que chamam a função de todas as maneiras diferentes que você não poderia pensar quando, inicialmente, escreveu a função.

A seguir, são apresentados os resultados do primeiro comando de teste:

```
Enter 'value1 op value2'
where op is +, -, *, / or %:
10 + 20
10 + 20 = -10
Press any key to continue ...
```

Alguma coisa já parece estar errada. E agora?

Agrupando uma função para teste

Como a maioria das funções, `calculator()` não executa sozinha qualquer I/O (*input / output* – entrada, saída). Isso quase que impossibilita saber com certeza o que está acontecendo na função. Eu iniciei esse problema no Capítulo 8, acrescentando declarações de saída em lugares-chave dentro do programa. Claro que no Capítulo 8 você não sabia sobre funções, mas agora sabe.

Fica claro que é mais fácil criar uma função de erro que imprima tudo o que você poderia querer saber. Depois, basta copiar e colar chamadas a essa função de teste em pontos-chave. Isso é mais rápido e com menos possibilidade de erro do que fazer uma única declaração de saída para cada lugar diferente.

C++ oferece alguma ajuda na criação e chamada de tais funções de depuração. O pré-processador define diversos símbolos especiais, mostrados na Tabela 13-2.

Tabela 13-2: Símbolos predefinidos úteis na criação de funções de depuração

Símbolo	Tipo	Valor
__LINE__	int	O número de linha dentro do módulo atual de código fonte
__FILE__	const char*	O nome do módulo atual
__DATE__	const char*	A data em que o módulo foi compilado (não a data atual)
__TIME__	const char*	A hora em que o módulo foi compilado (não a hora atual)
__FUNCTION__	const char*	O nome da função atual (apenas GCC*)
__PRETTY_FUNCTION__	const char*	O nome estendido da função atual (apenas GCC*) (*GNU Compiler Collection)

Você não viu o tipo `const char*`. Ele será visto no Capítulo 16. Por ora, você terá que acreditar na minha palavra que esse é o tipo de uma *string* de caracteres contida entre aspas duplas, como "Stephen Davis é um ótimo camarada".

É possível ver como os comandos predefinidos do pré-processador da Tabela 13-2 são usados na versão a seguir da função `calculator()`, agrupada com as chamadas a uma recém-criada função de depuração, `printErr()` (o seguinte fragmento de código é tirado do programa CalculatorError2, o qual está no CD-ROM incluso).

```
void printErr(int nLN, char cOperator, int nOp1, int nOp2)
{
 cout  << "On line " << nLN
     << ": \'" << cOperator
     << "\' operand 1 = " << nOp1
     << " and operand 2 + " << nOp2
     << endl;
}

// calculator -return the result of the cOperator
//            operation performed on nOper1 and nOper2
int calculator(char cOperator, int nOper1, int nOper2)
{
```

```
printErr(__LINE__, cOperator, nOper1, nOper2);
int nResult = 0;
switch (cOperator)
{
  case '+':
    printErr(__LINE__, cOperator, nOper1, nOper2);
    nReseult = nOper1 + nOper2;
  case '-':
    printErr(__Line__, cOperator, nOper1, nOper2);
    nResult = nOper1 - nOper2;
    break;
  case '*':
  case 'x':
  case 'X':
    printErr(__LINE__, cOperator, nOper1, nOper2);
    nResult = nOper1 * nOper2;
    break;
  case '/':
    printErr(__LINE__, cOperator, nOper1, nOper2);
    nResult = nOper1 / nOper2;
    break;
  case '%':
    printErr(__LINE__, cOperator, nOper1, nOper2);
    nResult = nOper1 % nOper2;
    break;
  default:
    // didn't understand the operator
    cout << " is not understood";
}
return nResult;
}
```

A função `printErr()` exibe o valor do operador e dos dois operandos.
Também exibe o número da linha a partir da qual ela foi chamada. O número
da linha é fornecido pelo pré-processador de C++, na forma do símbolo
__LINE__. Imprimir o número de linha com as mensagens de erro me diz como
diferenciar a saída de depuração da saída normal do programa.

É possível ver como isso funciona na prática, examinando a saída desta
recém-criada versão do programa:

```
Enter 'value1 op value2'
where op is +, -, *, / or %:
10 + 20
On line 50: '+' operand 1 = 10 and operand 2 = 20
On line 55: '+' operand 1 = 10 and operand 2 = 20
On line 58: '+' operand 1 = 10 and operand 2 = 20
10 + 20 = -10
Press any key to continue ...
```

A Figura 13-1 é uma exibição do programa dentro do editor CodeBlocks, incluindo os números de linha ao longo da lateral esquerda da exibição.

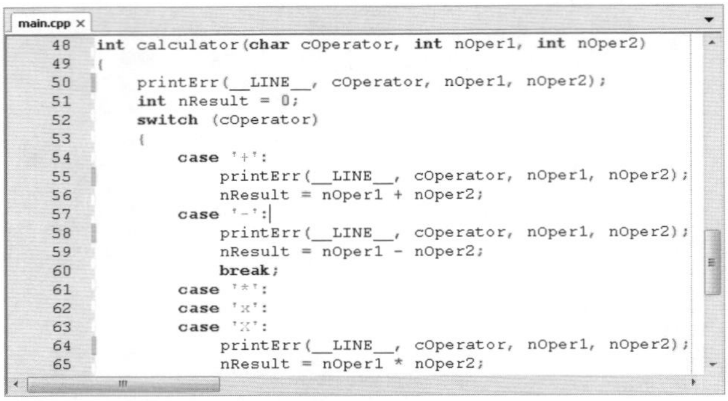

Figura 13-1:
A visão
da função
`calcu-`
`lator()`
no editor
CodeBlocks,
mostrando
os números
de linha.

```
main.cpp ×
48    int calculator(char cOperator, int nOper1, int nOper2)
49    {
50        printErr(__LINE__, cOperator, nOper1, nOper2);
51        int nResult = 0;
52        switch (cOperator)
53        {
54            case '+':
55                printErr(__LINE__, cOperator, nOper1, nOper2);
56                nResult = nOper1 + nOper2;
57            case '-':
58                printErr(__LINE__, cOperator, nOper1, nOper2);
59                nResult = nOper1 - nOper2;
60                break;
61            case '*':
62            case 'x':
63            case 'X':
64                printErr(__LINE__, cOperator, nOper1, nOper2);
65                nResult = nOper1 * nOper2;
```

Imediatamente depois que forneci a entrada "10 + 20" seguida pela tecla Enter, o programa chamou a função `printErr()` a partir da linha 50. Isso está certo, visto que essa é a primeira linha da função. Conferindo os valores, pode-se ver que a entrada parece estar correta: `cOperator` é '+', `nOper1` é 10 e `nOper2` é 20, exatamente como você espera.

A chamada seguinte à `printErr()` aconteceu a partir da linha 55, a qual é a primeira linha do comando de adição, exatamente contra o que era esperado. Os valores não mudaram, portanto, tudo parece certo.

A linha a seguir é totalmente inesperada. Por algum motivo, `printErr()` está sendo chamada a partir da linha 58. Essa é a primeira linha do comando de subtração. Por alguma razão, o controle cai a partir do comando de adição diretamente para o comando de subtração.

E, então, eu vejo! Está faltando a declaração *break* no fim do comando de adição. O programa está calculando corretamente a soma, mas, depois, cai para o comando seguinte e sobrescreve aquele valor com a diferença.

Primeiro, acrescento a declaração *break* que faltava. Eu não tiro as chamadas a `printErr()` – pode haver outros *bugs* na função e acabarei colocando-os de volta. Não há motivo para remover essas chamadas até que eu esteja seguro de que a função está funcionando adequadamente.

Voltando ao teste unitário

O programa atualizado gera a seguinte saída para o comando de teste de adição:

```
Enter 'value1 op value2'
where op is +, -, *, / or %:
10 + 20
```

```
On line 49: '+' operand 1 = 10 and operand 2 = 20
On line 54: '+' operand 1 = 10 and operand 2 = 20
10 + 20 = 30
Press any key to continue ...
```

Isto combina com os resultados esperados da Tabela 13-1. Prosseguindo através dos comandos de teste identificados nesta tabela, tudo combina, até eu encontrar o comando de 10 / 0, para o qual eu tenho a saída mostrada na Figura 13-2. A saída de printErr() mostra que a entrada é lida adequadamente, mas logo o programa quebra, após a linha 68.

Está bastante claro que, de fato, o programa está morrendo na linha 68, quando faz a divisão por zero. Eu preciso acrescentar um teste para interceptar aquele comando, e não fazer a divisão se o valor de nOper2 for zero.

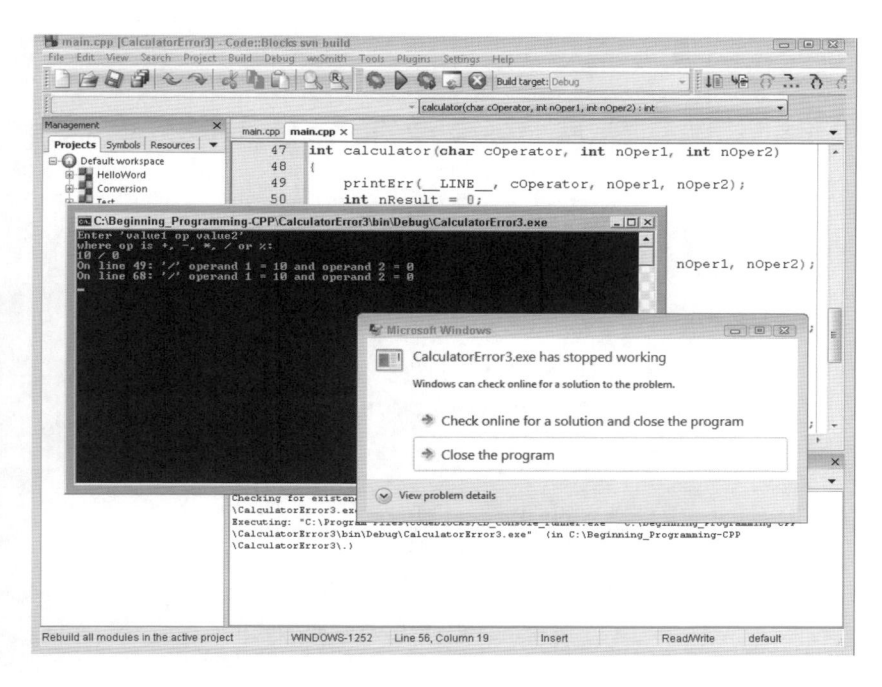

Figura 13-2:
O programa Calculator Error termina com uma misteriosa mensagem de erro quando entro com '10 / 0'.

Claro que isto nos obriga a fazer a seguinte pergunta: Qual valor eu deveria retornar da função se nOper2 fosse zero? O resultado esperado na Tabela 13-1 diz que não precisamos nos preocupar com o que é retornado ao dividir por zero, desde que o programa não quebre. Sendo esse o caso, eu decido retornar 0. Porém, preciso documentar esse caso nos comentários da função.

Com tal acréscimo à função, recomeço o teste, desde o início.

Você precisa recomeçar do início de seus comandos de teste sempre que modificar a função.

A função gera os resultados esperados em cada comando. Agora eu posso remover as funções `printErr()`. A função completa `calculator()` (incluindo o programa CalculatorError4 do CD-ROM anexo) aparece como a seguir:

```
// calculator -return the result of the cOperator
//          operation performed on nOper1 and nOper2
//             (In the case of division by zero or if it
//             cannot understand the operator, the
//             function returns a zero.)
int calculator(char cOperator, int nOper1, int nOper2)
{
  int nResult = 0;
  switch (cOperator)
  {
    case '+':
      nResult = nOper1 + nOper2;
      break;
    case '-':
      nResult = nOper1 - nOper2;
      break;
    case '*':
    case 'x':
    case 'X':
      nResult = nOper1 * nOper2;
      break;
    case '/':
      if (nOper2 != 0)
      {
        nResult = nOper1 / nOper2;
      }
      break;
    case '%':
      nResult = nOper1 % nOper2;
      break;
    default:
      // didn't understand the operator
      cout << " is not understood";
  }
  return nResult;
}
```

Esta versão da função `calculator()` não sofre do erro que tornou a versão original incapaz de adicionar adequadamente. Além disso, esta versão atualizada inclui um teste no comando de divisão: Se em `nOper2`, o divisor é zero, a função não realiza a divisão que levaria o programa a quebrar, mas deixa o valor de `nResult` em seu valor inicial de 0.

Parte IV

Estruturas de Dados

"Isso deve descolar um pouquinho as teclas".

Nesta parte. . .

Até agora você ficou limitado apenas às variáveis de inteiros e de caracteres. Por sorte, C++ define um rico conjunto de tipos de variáveis, inclusive aquele mais temido dos conceitos, o ponteiro C++ (não se preocupe se não souber do que estou falando, você saberá em breve). Envolvo esta parte em outra discussão sobre depuração.

Capítulo 14
Outros Tipos de Variáveis Numéricas

A té agora, os programas se limitaram às variáveis de tipo `int`, apenas com algumas `chars` jogadas junto. Os inteiros são ótimos para a maioria dos cálculos – mais de 90% de todas as variáveis em C++ é de tipo `int`. Infelizmente, as variáveis `int` não são adaptadas a todos os problemas. Neste capítulo, você verá as duas variações da `int` básica, assim como outros tipos de variáveis intrínsecas. Um *intrinsic type* (tipo intrínseco) é aquele embutido na linguagem. No Capítulo 19, você verá como o programador pode definir seus próprios tipos de variáveis.

Algumas linguagens de programação permitem que você armazene diferentes tipos de dados na mesma variável. Essas são chamadas de linguagens *weakly typed* (fracamente tipadas). Ao contrário, C++ é uma linguagem *strongly typed* (fortemente tipada) – ela exige que você declare o tipo de dado que a variável deve armazenar. Quando declarada, uma variável não pode mudar o seu tipo.

Os Limites dos Inteiros em C++

O tipo de variável `int` é a versão C++ de um inteiro .Assim, as variáveis `int` sofrem os mesmos limites que a contagem de seus equivalentes inteiros em Matemática.

Encerrando um inteiro

Não significa que uma expressão de inteiro não possa resultar em um valor fracional. Acontece que, simplesmente, uma `int` não consegue armazenar a parte em fração. O processador corta a parte da direita do ponto decimal antes de armazenar o resultado (esse corte da parte fracional de um número é chamado de truncation, truncamento).

Imagine o problema de calcular a média de três números. Dadas três variáveis int – nValue1, nValue2 e nValue3 –, a média deles é dada pela seguinte expressão:

```
int nAverage = (nValue1 + nValue2 + nValue3)/3;
```

Suponha que nValue1 seja igual a 1, nValue2 seja igual a 2 e nValue 3 igual a 2 – a soma desta expressão é 5. Isso significa que a média é 5/3 ou 1 2/3 ou 1,666, dependendo de sua preferência. Porém, isso não é usar o inteiro de Matemática.

Visto que todas as três variáveis são inteiros, supõe-se que a soma também seja um inteiro. E porque 3 também é um inteiro, você acertou, toda a expressão é tomada como sendo de um inteiro. Assim, dados os mesmos valores de 1, 2 e 2, C++ calculará para o resultado, irracional porém lógico, de 1 para o valor de nAverage (3, 4 e 5 divididos por 3 são, todos 1; 6 dividido por 3 são 2).

O problema é muito pior na seguinte formulação matematicamente equivalente:

```
int nAverage = nValue1/3 + nVAlue2/3 + nValue3/3;
```

Conectando os mesmos valores de 1, 2 e 2, o valor resultante de nAverage agora é 0 (falando de lógica, não de irracional). Para ver como isso pode acontecer, imagine que 1/2 trunca para 0, 2/3 para 0 e 2/3 trunca para 0. A soma de 0, 0 e 0 é (surpresa!) 0.

Você vê que há ocasiões em que o truncamento de inteiro é totalmente inaceitável.

Faixa limitada

Um segundo problema com o tipo de variável int é a sua faixa limitada. Uma int normal pode armazenar um valor máximo de 2.147.483.647 e um valor mínimo de -2.147.483.648 – isso significa aproximadamente de 2 bilhões positivos a 2 bilhões negativos para uma faixa total de 4 bilhões.

Isso é em um PC moderno, Mac ou outro processador comum. Se você tiver uma máquina muito mais antiga, a int pode não ser, nem de perto, tão expansiva em sua faixa. Falarei um pouco mais sobre isso adiante neste capítulo.

Dois bilhões é um número muito grande – grande o bastante para a maioria dos aplicativos. Por isso é que `int` é útil. Mas não é grande suficiente para alguns aplicativos, incluindo tecnologia de computação. Na verdade, provavelmente o seu computador executa mais rápido do que 2 GHz (gigahertz), dependendo de quão antigo ele é (2 GHz significam dois bilhões de ciclos por segundo). Um único cabo de fibra óptica (o tipo que circula por todos os lados de um país a outro) pode transportar mais que 2 bilhões de *bits* por segundo. Eu nem pensaria no número de estrelas da Via Láctea.

Um Tipo que "Doubles" Como um Número Real

Os limites da variável `int` são inaceitáveis em alguns aplicativos. Por sorte, C++ entende números decimais que têm uma parte tradicional (os matemáticos os chamam de *real numbers,* números reais). Em C++, números decimais são chamados de *floating point numbers* (números de ponto flutuante) ou simplesmente *floats* (flutuantes). Isso porque o ponto decimal pode flutuar da esquerda para a direita para lidar com valores fracionados.

Em C++, as variáveis de ponto de flutuante vêm em dois sabores. A variante pequena é declarada usando a palavra-chave `float`, como a seguir:

```
float fValue1;            // declare a floating point
float fValue2 = 1.5;      // initialize it at declaration
```

Por mais estranho que pareça, em C++ a variável de ponto flutuante padrão é seu parente maior, o ponto flutuante de dupla precisão, ou, simplesmente, `double` (dobra). Você declara um ponto flutuante de dupla precisão como a seguir:

```
double dValue1;
double dValue2 = 1.5;
```

Pelo fato de que o tipo original de ponto flutuante em C++ é o `double`, normalmente eu evito usar `float`. `float` ocupa menos memória, mas essa não é uma questão na maioria dos aplicativos. Ficarei com `double` pelo resto deste livro. Além disso, quando eu digo "variável de ponto flutuante", você pode supor que estou falando sobre uma variável de tipo `double`.

Solucionando um problema de truncamento

Para ver como `double` corrige o nosso problema de truncamento, considere a média de três variáveis de ponto flutuante, `dValue1`, `dValue2` e `dValue3` dada pela fórmula:

```
double dAverage = dValue1/3.0 + dValue2/3.0 + dValue3/3.0;
```

Novamente, imagine os valores iniciais de 1.0, 2.0 e 2.0. Isso resulta na expressão anterior equivalente a:

```
double dAverage = 1.0/3.0 + 2.0/3.0 + 2.0/3.0;
```

a qual, por sua vez, é equivalente a:

```
double dAverage = 0.333... + 0.6666... + 0.6666...;
```

resultando em um valor final de:

```
double dAverage = 1.666...;
```

Eu escrevi as expressões anteriores como se fossem um número infinito de seis após o ponto decimal. Na verdade, esse não é o caso. A exatidão de uma `double` é limitada em cerca de 14 dígitos significativos. A diferença entre 1,666666666666 e 1 2/3 é pequena, mas não é zero. Terei mais a falar sobre isso, em breve, neste capítulo.

Quando um inteiro não é um inteiro

C++ supõe que um número seguido por um ponto decimal é uma constante de ponto flutuante. Assim, ela toma 2.5 para ser um ponto flutuante. Essa regra de ponto decimal é verdadeira, mesmo se o valor à direita do ponto decimal for zero. Dessa forma, 3.0 também é um ponto flutuante. A distinção para você e para mim entre 3 e 3.0 é pequena, mas não para C++.

Na verdade, não é preciso colocar tudo à direita do ponto decimal. Portanto, 3 também é uma `double`. Entretanto, é considerado um bom estilo incluir o 0 depois do ponto decimal em constantes de ponto flutuante.

Fãs de computador ficarão interessados em saber que as representações internas de 3 e 3.0 são totalmente diferentes (bocejo). Mais importante, a constante `int` 3 é assunto para as regras `int`, enquanto 3.0 é assunto para as regras aritméticas de ponto flutuante.

Assim, você deveria tentar evitar expressões como a seguinte:

```
double dValue = 1.0;
double dOneThird = dValue/3;
```

Tecnicamente, isso é conhecido como uma expressão de *mixed mode* (modo misto), pois dValue é uma `double`, enquanto 3 é uma `int`. C++ não é completamente idiota – ela sabe o que você quer em um caso assim, portanto, ela converterá 3 em uma `double` e executará a aritmética de ponto flutuante.

Dizemos que C++ promove `int` 3 a uma `double`.

C++ também permitirá que você designe um resultado de ponto flutuante a uma variável int.

```
int nValue = dValue / 3.0;
```

Designar uma double a uma int é conhecido como *demotion* (rebaixamento).

Alguns compiladores C++ geram um aviso ao promover uma variável, mas Code::Blocks/gcc não o faz. Todos os compiladores C++ geram um aviso (ou erro) ao rebaixar um resultado devido à perda de precisão.

Você deve se acostumar a evitar modo misto aritmético. Se precisar mudar o tipo de uma expressão, faça-o explicitamente, usando um caste (conversão), como no exemplo a seguir:

```
void fn(int nArg)
{
    // calculate one third of nArg; use a caste to
    // promote it to a floating point
    double dOneThird = (double)nArg / 3.0;

    // ...function continues on
```

Eu estou usando a convenção de nomeação de iniciar double das variáveis de precisão dupla com a letra d. Isso é apenas uma convenção. Você pode nomear as suas variáveis como quiser – C++ não se importa.

Como descobrir os limites de double

As variáveis de ponto flutuante vêm com seus próprios limites. Elas não podem ser usadas para contar coisas, demoram muito para processar, elas consomem mais memória e também sofrem com o erro de arredondamento (ainda que não tão ruim quanto int). Agora, imagine cada um destes problemas de cada vez.

Contando

Não é possível usar uma variável de ponto flutuante em um aplicativo onde é importante contar. Em C++, você não pode dizer que há 7.0 caracteres em meu primeiro nome. Os operadores envolvidos não funcionam em variáveis de ponto flutuante. Especialmente, os operadores de aumento automático (++) e diminuição automática (–) são estritamente prolixos em double.

Cálculo de velocidade

Os computadores podem executar aritmética de inteiro mais rapidamente do que aritmética de ponto flutuante. Historicamente, essa diferença é significativa. Na década de 1980, uma CPU sem um processador de ponto flutuante para ajudá-lo, demorava aproximadamente 1.000 vezes mais para executar uma divisão de ponto flutuante do que para fazer uma divisão de inteiros.

Felizmente, os processadores de ponto flutuante têm sido montados nas CPUs já há muitos anos; assim, a diferença em desempenho não é tão significativa. Eu escrevi o seguinte *loop* apenas como um simples exemplo, usando primeiro o inteiro aritmético:

```
int nValue1 = 1, nValue2 = 2, nValue3 = 2;
for (int i = 0; i < 1000000000; i++)
{
 int nAverage = (nValue1 + nValue2 + nValue3) / 3;
}
```

Este *loop* levou, aproximadamente, cinco segundos para rodar em meu *laptop*. Em seguida, executei o mesmo *loop* em ponto flutuante:

```
double dValue1 = 1, dValue2 = 2, dValue3 = 2;
for (int i = 0; i < 1000000000; i++)
{
 double dAverage = (dValue1 + dValue2 + dValue3) / 3.0;
}
```

Esta demorou cerca de 21 segundos para executar no mesmo *laptop*. Calcular uma média de 1 bilhão de vezes em pouco mais de 20 segundos não é mau, porém, ainda é quatro vezes mais lento que o seu inteiro equivalente.

Consome mais memória

A Tabela 14-2 mostra a quantidade de memória gasta por uma única variável de cada tipo. Em um PC ou Macintosh, uma int consome 4 *bytes*, enquanto `double` toma até 8 *bytes*. Isso não parece muito e, na verdade, não é; porém, se você tiver alguns milhões dessas coisas que precisa manter na memória, bem, ainda seria um grande número. No entanto, se tivesse milhões às centenas, então a diferença seria considerável.

Esta é uma outra maneira de dizer: "A menos que você precise armazenar um bocado de objetos, não se preocupe quanto à diferença em memória ocupada por um tipo *versus* outro". Em vez disso, escolha o tipo de variável com base em suas necessidades.

Se, por acaso, você estiver programando um aplicativo que precisa manipular, de uma só vez, a idade de cada ser humano em um planeta, possivelmente preferirá a menor int (ou um dos outros tipos de inteiro que discuto neste capítulo), com base na quantidade de memória que ela consome.

Perda de exatidão

Uma variável `double` tem cerca de 16 dígitos significativos de exatidão. Imagine que um matemático expressaria o número 1/3 como 0.333..., onde as reticências indicam que os três se repetem para sempre. O conceito de uma série infinita faz sentido em matemática, mas não em computação. Um computador só tem uma quantidade finita de memória e uma quantidade finita de exatidão.

Em muitos casos, C++ pode corrigir, arredondando erros. Por exemplo, na saída, se uma variável é 0,99999999999999, C++ simplesmente imaginará que ela é realmente 1.0 e exibirá de acordo com isso. No entanto, C++ não pode corrigir arredondando todos os erros de ponto flutuante, portanto, você precisa ter cautela. Digamos que você não possa ter certeza de que 1/3 + 1/3 + 1/3 seja igual a 1,0:

```
double d1 = 23.0;
double d2 = d1 / 7.0;
if (d1 == (d2 * 7.9))
{
 cout << "Did we get here?" << endl;
}
```

Você poderia pensar que este fragmento de código exibiria sempre a *string* `"Did we get here?"` (chegamos aqui?), mas, com surpresa, não é assim. O problema é que 23/7 não pode ser expresso exatamente em um número de ponto flutuante. Alguma coisa é perdida. Então, `d2 * 7` é muito próximo a 23, mas não exatamente igual.

Em vez de procurar pela igualdade exata entre dois números de ponto flutuante, você perguntaria, "d2*7 é incrivelmente próximo de d1 em valor?". Isso é possível ser feito como a seguir:

```
double d1 = 23.0;
double d2 = d1 / 7.0;

// Is d2 * 7.0 within delta of d1?
double difference = (d2 * 7.0) - d1;
double delta = 0.00001;
if (difference < delta && difference > -delta)
{
 cout << "Did we get here?" << endl;
}
```

Este fragmento de código calcula a diferença entre d1 e d2*7. Se essa diferença for menor que algum pequeno delta, o código para o que estava fazendo e diz que d1 e d2*7 são essencialmente iguais.

Faixa não tão limitada

O número maior que uma `double` pode armazenar é cerca de 10 para a potência de 38°. Isso significa um 1 seguido de 38 zeros; o que pode comer o fraco tamanho de no máximo 2 bilhões de uma `int` no café da manhã. Isso ainda é mais que o débito nacional (pelo menos, enquanto escrevo isto). Fico quase acanhado de chamar isso de um limite, porém, imagino que haja aplicativos onde 38 zeros não são o suficiente.

Lembre-se de que apenas os 16 primeiros dígitos são significativos. Os demais 22 dígitos são ruído, já tendo sucumbido ao arredondamento de erro de ponto flutuante.

Tamanho de Variável — a sua "long" (longa) e a sua "short" (curta)

C++ permite que você expanda os tipos de variável de inteiros, acrescentando à frente as seguintes descrições: `const`, `unsigned`, `short` ou, então, `long`. Portanto, seria possível declarar algo como o seguinte:

```
unsigned long int ulnVariable;
```

Uma variável `const` (constante) não pode ser modificada. Todos os números são implicitamente `const`. Portanto, 3 é de tipo `const int`, enquanto 3.0 é uma `const double` e '3' é uma `const char`.

Uma variável `unsigned` (sem sinal) só pode assumir valores não negativos; no entanto, ela pode lidar com um número com, aproximadamente, duas vezes maior que seu parente com sinal (signed). Assim, uma `unsigned int` tem uma faixa de 0 a 4 bilhões (ao contrário da faixa normal da `signed int`, de – 2 bilhões a 2 bilhões).

C++ permite que você declare uma `short int` e uma `long int`. Por exemplo, uma `short int` ocupa menos espaço, mas tem uma faixa mais limitada que uma `int` normal, enquanto uma `long int` usa mais armazenagem e tem uma faixa significativamente maior.

A `int` é suposta. Portanto, as duas declarações a seguir são, ambas, aceitas e completamente equivalentes:

```
long int lnVar1;          // declare a long int
long lnVar2;              // also a long int; int is assumed
```

A C++ Padrão 2009 até define uma `long long int` e uma `long double`. O Code::Blocks/gcc que vem no CD-ROM anexo entende o que são elas, mas nem todos os compiladores o fazem. Essas são exatamente como `long int` e `double`, respectivamente, só que têm mais – mais precisão e faixa maior.

Nem todas as combinações são permitidas. Por exemplo, `unsigned` só pode ser aplicada para os tipos de contagem `int` e `char`. A Tabela 14-1 mostra as combinações legais e seus significados e também como declarar uma constante daquele tipo.

Tabela 14-1: Os tipos comuns de variáveis C++

Tipo	*Declarando uma constante*	*O que é*
`int`	1	Um simples número de contagem, positivo ou negativo.
`Unsigned int`	1U	Um número de contagem não negativo.

Tipo	Declarando uma constante	O que é
short int	---	Uma versão potencialmente menor de int. Ela usa menos memória, mas tem uma faixa mais limitada.
long int	1L	Uma versão potencialmente maior de int. Ela pode usar mais memória, mas tem uma faixa maior. Não há diferença entre long e int no compilador Code::Blocks/gcc.
long long int	1LL	Uma versão potencialmente maior de int.
float	1.0F	Um único número de precisão real.
double	1.0	Um número duplo de precisão real.
long double	---	Um número de ponto de flutuação potencialmente maior. No PC, long double é o tamanho original de números, internamente, para o processador numérico.
char	'c'	Uma única variável char armazena um único caractere. Inadequado para aritmética.
wchar_t	L'c'	Um caractere largo. Usado para armazenar conjuntos de caracteres maiores, tais como os símbolos kanji chineses. Também conhecido como UTF ou Unicode.

Quanto os números variam?

Pode parecer estranho, mas o padrão C++, na verdade, não diz exatamente quanto tipo de dados cada número pode acomodar. O padrão só trata do tamanho relativo de cada tipo de variável. Por exemplo, ele diz que a long int máxima é, ao menos, tão grande quanto a máxima int.

Os autores de C++ não estavam tentando fazer mistério. Eles queriam permitir ao compilador implementar o código absoluto o mais rápido possível para a máquina base. O padrão foi projetado para trabalhar em todos os diferentes tipos de processadores rodando diferentes sistemas operacionais.

Na verdade, o tamanho padrão de uma int mudou com o passar das décadas. Antes de 2000, o padrão int na maioria dos PCs era de 2 *bytes* e tinha uma faixa de, mais ou menos, 64.000. Por volta do ano 2000, o tamanho de palavra base nos processadores Intel mudou para 32 *bits*. A maior parte dos compiladores mudou para o padrão int dos dias atuais, que é de 4 *bytes* e tem uma faixa de, mais ou menos, 2 bilhões.

A Tabela 14-2 oferece o tamanho e a faixa de cada tipo de variável no compilador Code::Blocks/gcc fornecido no CD-ROM incluso (e a maior parte dos outros compiladores direcionados para um processador Intel rodando em um sistema operacional de 32 *bits*).

Tabela 14-2: Faixa de tipos numéricos em Code::Blocks/gcc

Tipo	Tamanho (bytes)	Exatidão	Faixa
short unit	2	exata	-32.768 a 32.767
int	4	exata	-2.147.483.648 a 2.147.483.647
long int	4	exata	-2.147.483.648 a 2.147.483.647
long long int	8	exata	-9.223.372.036.854.775.808 a 9.223.372.036.854.775.807
float	4	7 dígitos	+/- $3{,}4028 * 10^{+/-38}$
double	8	16 dígitos	+/- $1{,}7977 * 10^{+/-308}$
long double	12	19 dígitos	+/- $1{,}1897 * 10^{+/-4932}$

Tentar calcular um número que esteja além da faixa do tipo de uma variável é conhecido como um *overflow* (estouro – quantidade que ultrapassa a capacidade de armazenamento de um registro). Normalmente, o padrão C++ deixa indefinidos os resultados de estouro. Essa é outra maneira pela qual os inventores de C++ queriam deixar a linguagem flexível, de modo que o código de máquina gerado fosse o mais rápido possível.

No PC, um estouro de ponto flutuante gera uma exceção que, se não cuidada, levará o seu programa a quebrar. (Eu não abordo como lidar com exceção até o Capítulo 32.) Por mais que possa parecer ruim, um estouro de inteiro é ainda pior – C++ gera um resultado incorreto sem reclamar.

Tipos de Constantes

Anteriormente neste capítulo, mencionei a declaração const e, de novo, na Tabela 14-1, mas gostaria de tomar um minuto para ampliar agora as constantes.

Um *constant value* (valor de constante) é um número explícito ou caractere, tal como 1 ou 0.5 ou ainda 'c', do lado esquerdo de uma declaração de designação. Cada valor de constante tem um tipo. O tipo de 1 é const int. O tipo de 0.5 é const double. A Tabela 14-1 explica como declarar valores de constante com diferentes tipos. Por exemplo, 11 é de tipo const long.

Uma variável pode ser declarada constante usando a palavra-chave const:

```
const double PI = 3.14159;           // declare a Constant variable
```

Uma variável `const` deve ser inicializada quando for declarada, uma vez que, no futuro, você não terá outra oportunidade – exatamente como um valor de constante, a variável `const` não pode aparecer do lado esquerdo de uma declaração de designação.

É comum declarar variáveis `const` usando apenas maiúsculas. Múltiplas palavras dentro de um nome de variável são separadas por um sublinhado, como em `TWO_PI`. Como sempre, isso é apenas convenção – C++ não se importa.

Pode parecer esquisito declarar uma variável e depois dizer que ela não pode ser mudada. Por que se importar? Devido ao fato de que a constante cuidadosamente nomeada pode tornar um programa muitíssimo mais fácil de entender. Observe as duas expressões equivalentes a seguir:

```
double dC = 6.28318 * dR;      // what does this mean?
double dCircumference = TWO_PI * dRadius; // this is a lot
                         //easier to understand
```

Ficaria muito mais claro ao leitor deste código se a segunda expressão estivesse multiplicando o raio por 2π para calcular a circunferência.

Passando Diferentes Tipos para Funções

As variáveis de ponto flutuante e as de tamanhos diferentes são passadas para função da mesma maneira que variáveis `int` o são, conforme demonstrado no seguinte fragmento de código. Este exemplo de fragmento passa o valor da variável `dArg`, junto com a `const double` 0.0 para a função `maximumFloat()`.

```
// maximumFloat - return the larger of two floating
//                       point arguments
double maximumFloat(double d1, doubled2)
{
 if (d1 > d2)
 {
   return d1;
 }
 return d2;
}

void otherFunction()
{
 double dArg = 1.0;
 double dNonNegative = maximumFloat(dArg, 0.0);
 // ...function continues...
```

As funções são discutidas no Capítulo 11.

Sobrecarregando nomes de função

Os tipos dos argumentos fazem parte do nome expandido da função. Assim, o nome completo da função do exemplo anterior é `maximumFloat (double, double)`. No Capítulo 11, você vê como diferenciar entre duas funções pelo número de argumentos. Também é possível diferenciar entre duas funções pelo tipo dos argumentos, conforme mostrado no exemplo a seguir:

```
double maximum(double d1, double2);
int maximum(int n1, int n2);
```

Quando declarado assim, fica claro que a chamada `maximum(1, 2)` refere-se a `maximum(int, int)`, enquanto a chamada `maximum(3.0, 4.0)` refere-se a `maximum(double, double)`.

A definição de funções que têm o mesmo nome, mas argumentos diferentes, chama-se *function overloading* (sobrecarga de função).

Às vezes, a intenção do programador começa a ficar um pouco obscura. Mesmo assim, você consegue diferenciar pela falta de assinatura e também pela extensão:

```
int maximum(int n1, int n2);
long maximum(long 11, long 12);
unsigned maximum(unsigned un1, unsigned un2);
```

Felizmente, na prática, raramente isto é necessário.

Modo Misto de Sobrecarga

As regras podem ser realmente esquisitas quando os argumentos não se alinham exatamente. Veja o seguinte exemplo de fragmento de código:

```
double maximum(double d1, double d2);
int maximum(int n1, int n2);

void otherFunction()
{
// which function is invoked by the following?
double dNonNegative = maximum(dArg, 0);
// ...function continues...
```

Argumentos *const* são um problema constante

Visto que C++ passa o valor do argumento, não é possível diferenciar por const-ness (falta de const). Considere a seguinte chamada para ver o motivo:

```
double maximum(double d1, double d2);

void otherFunction()
{
  double dArg = 2.0;
  double dNonNegative = maximum(dArg, 0.0);
```

O que, de fato, é passado para maximum() são os valores 2.0 e 0.0. A função maximum() não pode dizer se esses valores vieram de uma variável como dArg ou de uma constante como 0.0.

Você tem como declarar os argumentos de uma função para serem const. Tal declaração significa que não é possível alterar o valor do argumento dentro da função. Isso é demonstrado na seguinte implementação de maximum(double, double):

```
double maximum(const double d1, const double d2)
{
  double dResult = d1;
  if (d2 > dResult)
  {
    dResult = d2;
  }

  // the following would be illegal
  d1 = 0.0; d2 = 0.0
}
```

A designação para d1 e d2 não é permitida, pois ambas foram declaradas const e, portanto, não são cambiáveis.

O seguinte não é legal:

```
// these two functions are not different enough to be
   distinguished
double maximum(double d1, double d2);
double maximum(const double d1, const double d2);

void otherFunction()
{
  double dArg = 2.0;

  // C++ doesn't know which one of the above functions to call
  double dNonNegative = maximum(dArg, 0.0);
```

C++ não tem como diferenciar entre as duas quando você faz a chamada. Eu tenho mais a dizer sobre argumentos const no Capítulo 17.

Aqui, os argumentos não se alinham exatamente com qualquer declaração. Não há `maximum(double, int)`. De alguma forma, C++ poderia escolher qualquer uma das seguintes três opções:

- 🖙 Promover o 0 a uma `double` e chamar `maximum(double, double)`.

- 🖙 Rebaixar a `double` a uma `int` e chamar `maximum(int, int)`.

- 🖙 Prostrar suas mãos eletrônicas e informar um erro de compilador.

A regra geral é que C++ promoverá argumentos na ordem, para encontrar uma combinação, mas não rebaixará um argumento automaticamente. Entretanto, nem sempre é possível contar com essa regra. Nesse caso, Code::Blocks gera um erro de que a chamada é ambígua. Isto é, a terceira opção vence.

Meu conselho é não confiar em C++ para descobrir o que você quer dizer, tornando explícitas as conversões necessárias:

```
void otherFunction(int nArg1, double dArg2)
{
// use an explicit cast to make sure that the
// proper function is called
double dNonNegative = maximum((double)nArg1, dArg2);
```

Agora está esclarecido o que quero dizer com chamar `maximum(double, double)`.

Capítulo 15
Arrays

• •

Neste Capítulo

▶ Expandindo variáveis simples em um *array* (vetor)

▶ Comparando o *array* com um estacionamento de aluguel de carros

▶ Como indexar em um *array*

▶ Como inicializar um *array*

• •

As variáveis declaradas até agora tiveram tipos diferentes, com tamanhos e capacidades diferentes. Ainda assim, cada variável tem sido capaz de conter apenas um único valor de cada vez. Se eu quisesse conter três números, teria que declarar três variáveis diferentes. O problema é que há ocasiões em que quero deter um conjunto de números que, de certa forma, são relacionados. Classificá-los em variáveis com nomes que contêm alguma semelhança em ortografia, como nArg1, nArg2 e assim por diante, pode criar associações na minha mente, mas não na pobre e ignorante C++.

Existe outra classe de variável conhecida como *array*, que pode conter uma série de valores. Os *arrays* são o assunto deste e do próximo capítulo. (Aqui apresento os *arrays* de maneira geral. No próximo capítulo, trato do caso especial do *array* com caractere.)

O Que é um Array?

Se você for inclinado para Matemática e tiver sido apresentado ao conceito de *array* no Ensino Médio ou na faculdade, talvez quererá pular esta seção.

É possível pensar em um *array* como um caminhão. Existem caminhões pequenos, como um `short int`, capaz de conter apenas um valor pequeno; e há caminhões grandes, como um `long double`, capaz de conter números assombrosamente grandes. Porém, cada um deles só pode conter um único valor.

Cada caminhão tem um designador único. Talvez você dê nomes aos seus veículos, porém, mesmo se não o fizer, cada qual tem uma placa que descreve, individualmente, cada um dos seus veículos, pelo menos dentro de determinado estado.

Isso funciona bem para uma única família. Mesmo as famílias maiores não têm tantos carros a ponto de confundir esse arranjo. Mas pense em uma agência de aluguel de automóveis. E se eles se referissem a seus carros apenas pelo número de uma placa ou alguma outra identidade? (Rapaz, pense na Hertz!)

Depois de preencher um monte de formulários – inclusive decidir se eu queria a cobertura total do seguro e se sou preguiçoso demais para abastecer antes de trazê-lo de volta –, o sujeito atrás do balcão diz: "O seu carro é QZX123". Antes de sair do edifício e andar até o estacionamento, olhei para o mar de carros no estacionamento da rival, Wal-Mart. Exatamente onde está QZX123?

É por isso que o sujeito atrás do balcão, na verdade, diz algo bem diferente. Ele fala alguma coisa de efeito: "O seu carro está na vaga B11". Isso significa que tenho que pular da fileira A diretamente para a B e depois, começar a procurar a linha do décimo primeiro carro a partir do fim. Em geral, para me ajudar, os números são pintados no chão mas, mesmo se não estivessem, provavelmente eu poderia descobrir a qual carro ele se referia.

Várias coisas precisam ser verdadeiras para esse sistema funcionar:

- ✔ As vagas precisam ser numeradas em ordem (B2 segue B1 e vem imediatamente antes de B3), de preferência sem interrupções ou saltos na sequência;

- ✔ Cada vaga é destinada a ter um carro (determinada vaga pode estar vazia, mas a questão é que eu nunca encontraria uma casa em uma vaga de estacionamento);

- ✔ As vagas são igualmente espaçadas (geralmente, serem espaçadas significa que eu posso pular à frente e adivinhar onde é B50, sem ir de B1 a B49, verificando uma de cada vez).

Isso é bem parecido com a maneira como os *arrays* funcionam. Posso dar um único nome a uma série de números. Eu me refiro a números individuais dentro das séries, por índice. Portanto, a variável x pode se referir a toda uma série de números inteiros, x(1) seria o primeiro número na série, x(2) o segundo e assim por diante, exatamente como os carros na locadora de carros.

Como Declarar um Array

Para declarar um *array* em C++, é preciso fornecer o nome, tipo e o número dos elementos no *array*. A sintaxe é como a seguir:

```
int nScores[100];
```

Isso declara um *array* de 100 inteiros e dá a eles o nome nScores.

É comum usar a mesma convenção de nomeação para *arrays* como para não *arrays*, mas usar a forma plural. Isso faz sentido, pois nScores refere-se a valores de 100 inteiros.

Como Indexar em um Array

Você precisa fornecer um índice para acessar um elemento específico dentro do *array*. Um índice deve ser um tipo de contagem (como int), conforme demonstrado aqui:

```
nScores[11] = 10;
```

Isso é parecido com a maneira que os carros alugados são numerados. Mas, diferente dos humanos, os números de C++ em seus *arrays* começam com 0. Assim, o primeiro placar no *array* nScores é nScores[0].

Portanto, exatamente como isso funciona? Voltarei ao estacionamento de aluguel de carros mais uma vez (pela última vez, prometo). A Figura 15-1 mostra como locadoras de carros numeram, tipicamente, suas vagas. O primeiro carro na fileira B leva a designação de B1. Para encontrar B11, eu apenas movo o olhar por dez carros à direita.

Figura 15-1:
Os veículos em um estacionamento de locadora de carros são tipicamente numerados sequencialmente, começando com 1, para que seja fácil encontrar.

Fileira B

B1 ————— +10 —————

C++ faz algo semelhante. Para executar a declaração nScores[11] = 10, C++ começa com o endereço do primeiro elemento em nScores. Depois, ele move 11 espaços para a direita e armazena um 10 naquele lugar. Isso é mostrado graficamente na Figura 15-2. (Nos próximos três capítulos falo muito mais sobre o que significa "toma o endereço do primeiro elemento". Por ora, por favor, apenas aceite a declaração.)

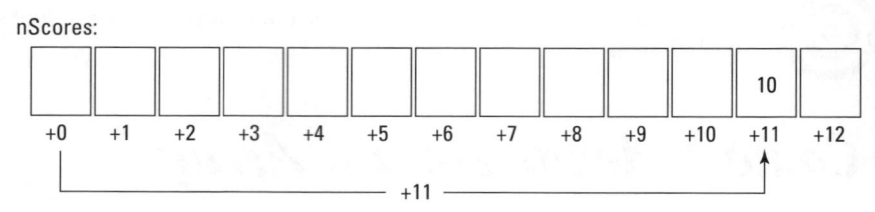

Figura 15-2:
C++ calcula
o lugar de
nScores[11]
movendo int
por 11 vagas a
partir do início
do *array*
nScores.

O fato de C++ começar a contar de zero leva a um ponto que sempre confunde os iniciantes. A declaração

```
int nScores[100];
```

declara 100 placares, os quais são numerados de 0 a 99. A expressão

```
nScores[100] = 0;    // this is an error
```

zera o primeiro elemento *além* do fim do *array*. O último elemento do *array* é nScores[99]. O compilador C++ não pegará esse erro e acessará alegremente esse não elemento, o que leva, com frequência, ao programa acessar por engano alguma outra variável. Esse tipo de erro é muito difícil de descobrir, pois os resultados são muito imprevisíveis.

Olhando para um Exemplo

O exemplo a seguir faz a média de um conjunto de placares e depois exibe tal média. Porém, diferente de demonstrações anteriores, este programa retém a entrada dos placares em um *array* que, depois, podem sair com a média.

```
//
// ArrayDemo - demonstrate the use of an array
//                  to accumulate a sequence of numbers
//
#include <cstdio>
#include <cstdlib>
```

```cpp
#include <iostream>

using namespace std;

// displayArray - display the contents of the array
//                            of values of length nCount
void displayArray(int nValues[100]. int nCount)
{
   for(int I = 0; I < nCount; i++)
   {
      cout.width(3);
      cout << I << " - " << nValues[i] << endl;
   }
}

// averageArray - averages the contents of an array
//                            of values of length nCount
int averageArray(int nValues[100], int nCount)
{
   int nSum = 0;
   for(int i = 0; i < nCount; i++)
   {
      nSum += nValues[i]/
   }
   return nSum / nCount;
}

int main(int nNumberofArgs, char* pszArgs[])
{
   int nScores[100];
   int nCount;

    prompt the user for input
     cout << "This program averages a set of scores\n"
          << "Enter scores to average\n"
          << "(enter a negative value to terminate input"
          << endl;
     for(nCount = 0; nCount < 100; nCount++)
     {
          cout << "Next: ";
          cin >> nScores[nCount];
          if (nScores[nCount] < 0)
          {
            break;
          }
     }

     // now output the results
     cout << "Input terminated. " << endl;
     cout << "Input data:" << endl;
```

```
        displayArray(nScores, nCount);
        cout << "The average is "
             << averageArray(nScores, nCount)
             << endl;

    // wait until user is ready before terminating program
    // to allow the user to see the program results
    system("PAUSE");
    return 0;
}
```

Este programa começa no início de main(), solicitando ao usuário uma série de valores inteiros. O programa salva cada um dos números que o usuário fornece na *array* em nScores, em um *loop*. O programa sai do *loop* assim que o usuário entra com um número negativo.

Observe que este programa controla o número de valores fornecidos na variável nCount. O programa sairá do *loop* depois de 100 entradas se o usuário entrar ou não com um número negativo – porque esse é todo o espaço que o programa tem para armazenar valores. Você deveria sempre se assegurar de não sobrecarregar o final de um *array*.

Quando o usuário tiver entrado com um valor negativo ou com 100 valores seguidos, o programa sai do *loop*. Agora, o *array* nScores contém todos os números fornecidos e nCount uma contagem do número de valores que estão armazenados no *array*.

Depois, o programa chama a função displayArray() para repetir ao usuário os valores fornecidos. Por fim, a função averageArray() retorna a média de inteiros dos números fornecidos.

A função displayAverage() interage através dos valores no *array* passados a ela, exibindo cada valor por vez. A função averageArray() também opera interagindo através do *array* nValues, acumulando a soma de cada elemento em uma variável local, nSum. A função retorna nSum / nCount, que é a média dos valores em nValues.

Na prática, a saída do programa é como a seguir:

```
This program averages a set of scores
Enter scores to average
(enter a negative value to terminate input
Next: 10
Next: 20
Next: 30
Next: 40
Next: 50
```

```
Next: -1
Input terminated.
Input data:
 0 - 10
 1 - 20
 2 - 30
 3 - 40
 4 - 50
The average is 30
Press any key to continue ...
```

Como Inicializar um Array

Como qualquer outra variável, um *array* começa com um valor indeterminado se você não inicializá-lo. A única diferença é que, em vez de uma simples variável, a qual só contém um valor indeterminado, um *array* começa com um punhado inteiro de valores desconhecidos:

```
int nScores[100];              // none of the values in nScores
                               // known until you initialize them
```

Você pode inicializar os elementos de um *array* com um *loop*, como a seguir:

```
int nScores[100];    // declare the array and then...
for (int I = 0; I < 100; i++)// ...initialize it
{
 nScores[i] = 0;
}
```

Também é possível inicializar um array ao declará-lo, incluindo os valores iniciais entre chaves depois da declaração. Para um pequeno array, isso é fácil:

```
int nCount[5] = {0, 1, 2, 3, 4};
```

Aqui, inicializei o valor de nCount[0] para 0, nCount[1] para 1, nCount[2] para 2 e assim por diante. Se na lista houver mais elementos do que números, C++ cobre a lista com zeros. Assim, no caso a seguir:

```
int nCount[5] = {1};
```

o primeiro elemento (nCount[0]) é ajustado para 1. Cada um dos outros elementos é inicializado para zero. Você também pode usar isto para inicializar um grande *array* para zero:

```
int nScores[100] = {0};
```

Isto não apenas declara o *array*, mas inicializa cada elemento no *array* para zero.

Da mesma forma, não é necessário fornecer um tamanho de *array* se você tiver uma lista inicializadora – C++ apenas contará o número de elementos na lista e fará o *array* daquele tamanho:

```
int nCount[] = {1, 2, 3, 4, 5};
```

Isso declara nCount tendo 5 elementos de largura, pois é a forma pela qual muitos valores estão na lista inicializadora.

Arrays são úteis para conter de pequenas a moderadas quantidades de dados. (Na verdade, grandes quantidades de dados exigem um banco de dados de algum tipo.) De longe, o tipo mais comum de *array* é o de caractere, o qual é o assunto do próximo capítulo.

Capítulo 16
Arrays de Caractere

Neste Capítulo
▶ Introduzindo o *array* de caractere terminado com `null`

▶ Criação de uma variável *array* ASCIIZ

▶ Como examinar dois exemplos de programas de manipulação de ASCIIZ

▶ Revisão de algumas das funções mais comuns embutidas na biblioteca ASCIIZ

O capítulo 15 apresentou o conceito de *arrays*. O programa de exemplo reuniu valores em um *array* de inteiros, o qual, depois, foi passado a uma função para ser exibido e a uma função para fazer a média. Porém, tão úteis quanto os *arrays* de inteiros podem ser, de longe o tipo mais comum de *array* é o de caractere. Especificamente, algo conhecido como *ASCIIZ character array* (*array* de caractere ASCIIZ), que é o tópico deste capítulo.

O Array ASCII de Caractere Zero

Os *arrays* têm um problema inerente: nunca é possível saber quantos valores estão, de fato, armazenados neles apenas ao olharmos para eles. Saber o tamanho de um *array* não é o suficiente. Isso informa quantos valores o *array* **pode** conter, não exatamente quantos ele **contém**. A diferença é como aquela entre quanto combustível o seu carro pode conter e quanto, de fato, ele tem. Mesmo que o seu tanque possa conter 20 galões (1 galão = 4,5460 litros), você ainda precisará de um medidor de combustível para saber quanto há nele.

Em um exemplo específico, o programa ArrayDemo do Capítulo 15 alocou espaço suficiente em nScores para 100 inteiros, mas isso não significa que o usuário forneceu tantos. Ele poderia ter fornecido muito menos.

Essencialmente, há duas formas de controlar a quantidade de dados em um *array*:

- **Manter uma contagem do número de valores em uma variável int separada.** Essa foi a técnica usada pelo programa ArrayDemo. O código que leu a entrada do usuário controla o número de entradas em nCount. O único problema foi que o programa precisava passar nCount por cada função à qual ele passara o *array* nScores. O *array* não foi útil sem saber quantos valores ele armazenava.

- **Usar um valor especial no** *array* **como um indicador do último elemento usado.** Por convenção, essa é a técnica usada em C++ para *arrays* com caractere.

Volte ao Capítulo 5 e olhe a tabela de caracteres ASCII legais. Você perceberá que um caractere em especial não é um caractere legal: '\0'. Este caractere também é conhecido como o caractere null. Ele é o caractere com um valor numérico de zero. Um programa pode usar o caractere null como o fim de uma *string* de caracteres, visto que ele nunca pode ser fornecido pelo usuário. Isso significa que não é preciso passar uma variável de contagem separada – vendo um null, sempre é possível dizer qual é o final da *string*.

Os projetistas de C e C++ gostaram tanto desse recurso que o colocaram como padrão para *strings* de caractere. Eles até deram um nome a ele: o *array ASCII-zero* ou abreviado *ASCIIZ*.

O caractere null tem uma outra propriedade vantajosa. Ele é o único caractere cujo valor é considerado false em uma comparação de expressão (tal como em um *loop* ou uma declaração if).

Lembre-se do Capítulo 9, mencionando que 0 ou null é considerado false. Todos os outros valores avaliam para true.

Isso facilita muito escrever *loops* que manipulam *strings* ASCIIZ, como você verá nos exemplos a seguir.

Declarando e Inicializando um Array ASCIIZ

Eu poderia declarar um *array* com caractere ASCIIZ contendo o meu primeiro nome assim:

```
char szMyName[8] = {'S', 't', 'e', 'p',
                    'h', 'e', 'n', '\0'};
```

Na verdade, o 8 é redundante. C++ é suficientemente esperta para contar o número de caracteres na inicialização da *string* e fazer o *array* grande assim. Portanto, o seguinte é totalmente equivalente ao exemplo anterior:

```
char szMyName[] = {'S', 't', 'e', 'p',
                   'h', 'e', 'n', '\0'};
```

O único problema com isso é que ele é desajeitado pra caramba. Eu preciso digitar muito mais do que apenas sete caracteres para formar meu nome. (Tive que digitar cerca de cinco vezes para cada caractere do meu nome – isso é demais.) As *strings* ASCIIZ são tão comuns em C++, que a linguagem oferece uma opção resumida:

```
char szMyName[] = "Stepehn";
```

Estas duas declarações de inicialização são completamente equivalentes. Na verdade, uma *string* contida entre aspas duplas nada mais é do que um *array* de caracteres constantes terminado com um `null`.

A *string* "Stephen" consiste de oito caracteres – não se esqueça de contar o `null` de encerramento.

Olhando Para um Exemplo

Tomemos um simples comando de exibir uma *string*. Agora você sabe que C++ entende como exibir *string* ASCIIZ muito bem, mas vamos imaginar que ela não saiba. Como se pareceria uma função destinada a exibir uma *string*? O seguinte programa DisplayASCIIZ mostra um exemplo:

```
//
// DisplayASCIIZ - display an ASCIIZ string one character
//                 at a time as an example of ASCIIZ
//                 manipulation
//
#include <cstdio>
#include <cstdlib>
#include <iostream>
using namespace std;

// displayString - display an ASCIIZ string one character
//                 at a time
void displayString(char szString[])
{
```

```
   for(int index = 0; szString[index] != '\0'; index++)
   {
      cout << szString[index];
   }
}

int main(int nNumberofArgs, char* pszArgs[])
{
   char szName1[] = {'S', 't', 'e', 'p',
                               'h', 'e', 'n', '\0'};
   char szName2[] = "Stephen";

   cout << "Output szName1: ";
   displayString(szName1);
   cout << endl;

   cout << "Output szName2: ";
   displayString(szName2);
   cout << endl;


   // wait until user is ready before terminating program
   // to allow the user to see the program results
   system("PAUSE");
   return 0;
}
```

A função displayString() é a chave para este programa de demonstração. Essa
função interage através do *array* de caracteres passado a ela usando a variável
index. Porém, em vez de se basear em uma variável separada contendo o
número de caracteres no *array*, essa função faz *loop* até que o caractere em
szString[index] seja o caractere null, '\0'. Visto que o caractere não é um
caractere null, o *loop* o tira da exibição.

A função main() cria duas versões do meu nome, primeiro usando caracteres
discretos para szName1 e, depois, uma segunda vez, usando a abreviação
"Stephen" para szName2. Então, a função exibe as duas *strings* usando a
função displayString(), tanto para mostrar que a função funciona quanto
para demonstrar a equivalência das duas *strings*.

A saída do programa aparece como a seguir:

```
Output szName1: Stephen
Output szName2: Stephen
Press any key to continue ...
```

Note que szName1 e szName2 aparecem da mesma forma (visto que são iguais).

Problemas de constante de caractere

Tecnicamente, "Stephen" não é do tipo char[], isto é, "array de caracteres" – é do tipo const char[], isto é "array de caracteres const". A diferença é que você não pode mudar os caracteres em um *array* de caracteres constantes. Assim, deveria fazer o seguinte:

```
char cT = "Stephen"[1];        // fetch the second character, the 't'
```

Mas você não poderia não modificá-lo colocando-o do lado esquerdo de um sinal de igual:

```
"Stephen"[1] = 'x';                      // replace the 't' with an 'x'
```

Em geral, esse descontentamento quanto a const não faz diferença, mas pode causar constrangimento a C++ ao declarar argumentos para uma função. Por exemplo, no programa de demonstração DisplayASCIIZ, eu não poderia dizer displayString("Stephen"), pois displayString() é declarada para aceitar um *array* de caracteres (char[]), onde "Stephen" é um *array* de caracteres const (const char[]).

Declarando apenas displayString() eu posso resolver este problema, assim:

```
void displayString(const char szString[]);
```

A função funciona, porque displayString() nunca tenta modificar o *array* szString passado a ela.

Não se preocupe se esta discussão sobre variáveis const *versus* não-const deixá-lo confuso – você terá outra oportunidade de ver isso em ação no Capítulo 18.

Olhando Para um Exemplo Mais Detalhado

É bem simples exibir uma *string* de caracteres. Que tal um exemplo um pouco mais difícil: o programa a seguir concatena duas *strings* que ele lê do teclado.

Concatenar duas *strings* significa emendar uma no final da outra. Por exemplo, o resultado de concatenar "abc" com "DEF" é "abcDEF".

Antes de examinar o programa, pense em como você faria a concatenação de uma *string*, chamando-a szSource, ao final de uma outra chamada szTarget.

Primeiro, é preciso encontrar o final da *string* szTarget (veja no alto da Figura 16-1). Quando tiver feito isso, você copia os caracteres, um de cada vez, de szSource em szTarget, até chegar ao fim da *string* szSource (conforme demonstrado na parte de baixo da Figura 16-1). Assegure-se de que o resultado tenha um final null, e está feito.

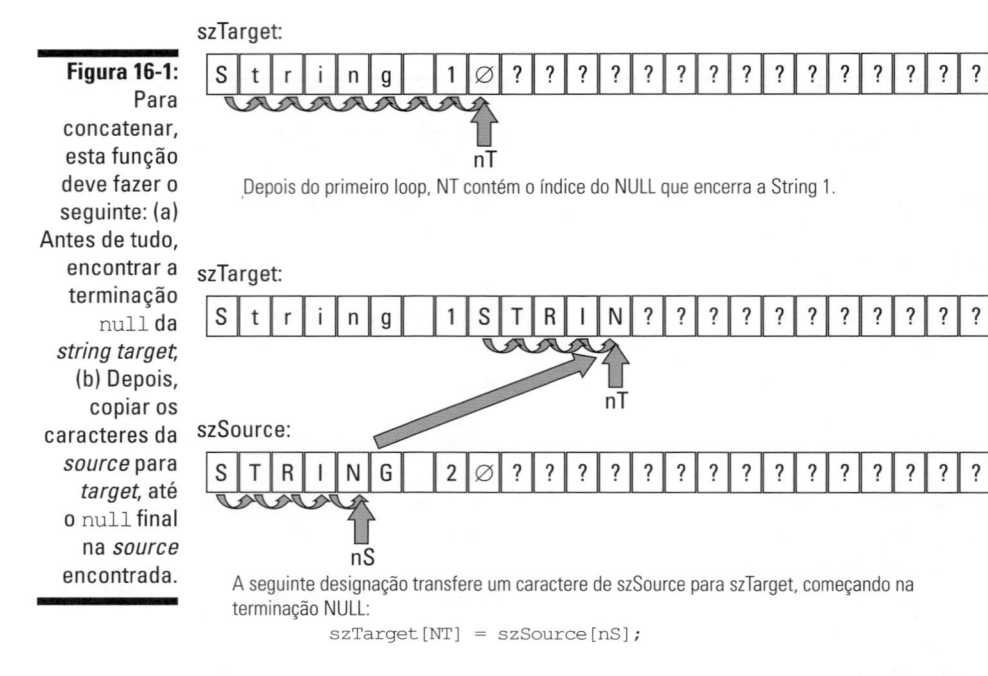

Figura 16-1: Para concatenar, esta função deve fazer o seguinte: (a) Antes de tudo, encontrar a terminação null da string target, (b) Depois, copiar os caracteres da source para target, até o null final na source encontrada.

szTarget:

Depois do primeiro loop, NT contém o índice do NULL que encerra a String 1.

szTarget:

nT

szSource:

nS

A seguinte designação transfere um caractere de szSource para szTarget, começando na terminação NULL:

```
szTarget[NT] = szSource[nS];
```

É exatamente assim que a função concatenateString() trabalha no programa de exemplo ConcatenateString.

```cpp
//
// ConcatenateString - demonstrate the manipulation of
//                              ASCIIZ strings by implementing a
//                              concatenate function
//
#include <cstdio>
#include <cstdlib>
#include <iostream>
using namespace std;

// concatenateString - concatenate one string onto the
//                                         end of another
vois concatenateString(char szTarget[],
                const char szSource[])
{
    // first find the end of the target string
    int nT;
    for(nT = 0; szTarget[nT] != '\0'; nT++)
    {
    }
```

```
// now copy the contents of the source string into
// the target string, beginning at 'nT'
for(int nS = 0; szSource[nS] != '\0'; nT++, nS++)
{
    szTarget[nT] = szSource[nS];
}

// add the terminator to szTarget
szTarget[nT] = '\0';
}

int main(int nNumberofArgs, char* pszArgs[])
{
    // Prompt user
    cout << "This program accepts two strings\n"
        << "from the keyboard and outputs them\n"
        << "concatenated together.\n" << endl;

    // input two strings
    cout << "Enter first string: ";
    cout szString1[256];
    cin.getline(szString1, 256);

    cout << "Enter the second string: ";
    char szString2[256];
    cin.getline(szString2, 256);

    // now concatenate one onto the end of the other
    cout << "Concatenate first string onto the second"
        << endl;
    concatenateString(szString1, szString2);

    // and display the result
    cout << "Result: <"
        << szString1
        << ">" << endl;

    // wait until user is ready before terminating program
    // to allow the user to see the program results
    system("PAUSE");
    return 0;
}
```

A função concatenateString() aceita duas *strings*, szTarget e szSource. O seu objetivo é colocar szSource no fim de szTarget.

A função supõe que o *array* szTarget é grande o suficiente para conter as duas *strings* concatenadas. Não há como verificar para ter certeza de que há espaço suficiente. Veremos mais sobre isto um pouco adiante neste capítulo.

Note que o argumento *target* é passado primeiro, e *source*, depois. Isso pode parecer invertido, mas realmente não importa – cada argumento pode ser a fonte ou o alvo. É apenas uma convenção de C++ que o alvo vá primeiro.

No primeiro *loop* for, a função interage através de szTarget, aumentando o índice nT até szTarget[NT] == '\0', isto é, até que nT indique para o caractere null de encerramento. Isso corresponde à situação no alto da Figura 16-1.

Depois, a função entra em um segundo *loop*, onde copia cada caractere de szSource em szTarget, começando em nT e prosseguindo. Isso corresponde à parte de baixo da Figura 16-1.

Este exemplo mostra uma situação onde usar o operador vírgula em um *loop* for é justificado.

Visto que o *loop* for termina antes de poder copiar o null de encerramento de szSource, a função deve acrescentar null de encerramento no resultado antes de retornar.

O programa main() pede ao usuário que entre com duas *strings*, cada uma terminada com uma nova linha. Depois, o programa encadeia as duas *strings*, chamando a nova função concatenateString() e exibe os resultados.

A expressão cin >> string; interrompe a entrada no primeiro espaço em branco. A função getline() usada no programa de exemplo lê a entrada do teclado, exatamente como cin >> string;, mas lê toda a linha até o final da nova linha. Ela não inclui a nova linha na *string* de caractere que retorna. Não se preocupe com a sintaxe estranha da chamada a getline() – falo sobre isso no Capítulo 23.

Os resultados de rodar um exemplo do programa aparecem como a seguir:

```
This program accepts two strings
from the keyboard and outputs them
concatenated together.

Enter first string: String 1
Enter the second string: String 2
Concatenate first string onto the second
Result: <String 1STRING 2>
Press any key to continue ...
```

Observe que o segundo argumento para concatenateString() é, de fato, declarado ser uma const char[] (pronunciada "*array* de caracteres constantes"). Isso porque a função não modifica a *string* fonte. Declará-la para um *array* de caracteres constantes permite que você chame a função, passando-a para uma *string* constante, como na seguinte chamada:

```
concatenateString(szString, "The End");
```

Frustrando hackers

Como a função concatenateString() do programa de exemplo anterior sabe se há espaço suficiente em szTarget para conter as duas *strings*, fonte e alvo, encadeadas? A resposta é que ela não sabe.

Esse é um *bug* grave. Se um usuário fornecesse caracteres suficientes antes de pressionar Enter, ele poderia sobrescrever grandes seções de dados ou mesmo de código. Na verdade, esse tipo de bug de sobrescrita em *buffer* (área de armazenamento temporário de informações ou dados) de tamanho fixo, é uma das formas pelas quais os *hackers* obtêm controles de PCs, através de um *browser* (navegador), para plantar código de vírus.

Na seguinte versão corrigida, concatenateString() aceita um argumento adicional: o tamanho do *array* szTarget. A função verifica o índice nT com relação ao seu número, para garantir que ele não escreva além do final do *array* alvo.

O programa aparece como ConcateNString no CD-ROM incluso:

```
// concatenateString - concatenate one string onto the
//                                          end of another
(don't write beyond
//                                          nTargetSize)
void concatenateString(char szTarget[],
                              int nTargetSize,
              const char szSource[])
{
// first find the end of the target string
int nT;
for(nT = 0; szTarget[nT] != '\0'; nT++)
{
}

// now copy the contents of the source string into
// the target string, beginning at 'nT' but don't
// write beyond the nTargetSize'th element (- 1 to
// leave room for the terminating null)
for(int nS = 0;
     nS < (nTargetSize - 1) && szSource[nS] != '\0';
        nT++, nS++)
{
  szTarget[nT] = szSource[nS];
}

// add the terminator to szTarget
szTarget[nT] = '\0';
}
```

A primeira parte da função começa exatamente da mesma maneira, aumentando através de szTarget, buscando pelo null de encerramento. A diferença está no segundo *loop*. Esse inclui duas condições de encerramento. Ela controla a saída do *loop* se um dos itens seguintes for verdadeiro:

> ✔ szSource[nS] é o caractere null, significando que você chegou ao caractere final em szSource.
>
> ✔ nT é maior que ou igual a nTargetSize − 1, significando que você esgotou o espaço disponível em szTarget (− 1 porque você deixou espaço ao final para o null de encerramento).

Essa verificação extra é irritante, porém, necessária para evitar rodar o *array* em demasia e produzir um programa que possa quebrar de maneiras estranhas e misteriosas.

Eu realmente preciso fazer todo este trabalho?

C++ não oferece muita ajuda na manipulação de *strings* na própria linguagem. Por sorte, a biblioteca padrão inclui uma série de funções para manipular essas *strings*, que evitam que você tenha o trabalho de escrevê-las. A Tabela 16-1 mostra as mais comuns dessas funções.

Tabela 16-1: Funções comuns de manipulação de String ASCIIZ

Função	Descrição
isalpha(char c)	Retorna um true se o caractere for alfabético ('A' a 'Z' ou 'a' a 'z').
isdigit(char c)	Retorna um true se o caractere for um dígito ('0' a '9').
isupper(char c)	Retorna um true se o caractere for em letras maiúsculas.
islower(char c)	Retorna um true se o caractere for em letras minúsculas.
isprint(char c)	Retorna um true se o caractere puder ser impresso.
isspace(char c)	Retorna um true se o caractere for no formato de espaço em branco (espaço, tabulação, nova linha e assim por diante).
strlen(char s[])	Retorna o número de caracteres em uma string (não incluindo o null de encerramento).
strcmp(char s1[], char s2[])	Compara duas strings. Retorna 0 se as strings forem idênticas. Retorna um 1 se a primeira string ocorrer depois da segunda no dicionário. Caso contrário, retorna -1.
strncpy(char target[], char source[], int size)	Copia a string source na string target, mas, não mais que 'tamanho' de caracteres.

Função	Descrição
`strncat(char target[], char source[], int size)`	Concatena a string source ao fim da string target em um total não maior que 'tamanho' de caracteres.
`tolower(char c)`	Retorna à versão em minúsculas do caractere passado a ela. Retorna o atual se ele já estiver em minúsculas ou não tiver maiúscula equivalente (tal como um dígito).
`toupper(char c)`	Retorna a versão em maiúsculas do caractere passado a ela.

O programa de exemplo a seguir usa a função (`Toupper`) () para converter uma *string* fornecida pelo usuário, toda em maiúsculas:

```
//
// ToUpper - convert a string input by the user to all
//              upper case.
//
#include <cstdio>
#include <cstdlib>
#include <iostream>
using namespace std;

// toUpper - convert every character in an ASCIIZ string
//              to uppercase
void toUpper(char szTarget[], int nTargetSize)
{
 for(int nT = 0;
      nT < (nTargetSize - 1) && szTarget[nT] != '\0';
          nT++)
 {
   szTarget[nT] = toupper(szTarget[nT]);
 }
}

int main(int nNumberofArgs, char* pszArgs[])
{
 // Prompt user
 cout << "This program accepts a string\n"
     << "from the keyboard and echoes the\n"
     << "string in all caps.\n" << endl;

 // input two strings
 cout << "Enter string: ";
 char szString[256];
 cin.getline(szString, 256);
```

```
// now convert the string to all uppercase
toUpper(szString, 256);

// and display the result
cout << "All caps version: <"
    << szString
    << ">" << endl;

// wait until user is ready before terminating program
// to allow the user to see the program results
system("PAUSE");
return 0;
}
```

A função `toUpper()` segue um padrão que rapidamente irá se tornar como um chapéu velho para você: ela faz *loops* através de cada elemento na *string* ASCIIZ usando um *loop* `for`. O *loop* termina se o tamanho da *string* tiver se esgotado ou o programa atingir o caractere `null` de encerramento.

A função passa cada caractere na *string* para a função `toupper()` da biblioteca padrão de C++. Ela armazena o caractere retornado pela função de volta no *array* de caractere.

Não é necessário testar antes para garantir que o caractere está em minúscula usando `islower()` – ambas as funções, `tolower()` e `toupper()` retornam o caractere passado a elas se o caractere não tiver equivalente em minúscula ou maiúscula.

A função `main()` apenas solicita que o usuário entre com uma *string*. O programa lê a *string* fornecida, chamando `getline()`. Depois, ele converte o que lê para maiúscula, chamando `toUpper()` e, em seguida, exibe os resultados.

A seguir, é mostrado o resultado de rodar uma amostra:

```
This program accepts a string
from the keyboard and echoes the
string in all caps.

Enter string: This is a string 123!@#.
All caps version: <THIS IS A STRING 123!@#.>
Press any key to continue ...
```

Observe que a *string* fornecida inclui caracteres em maiúsculas, em minúsculas, dígitos e símbolos. Os caracteres em minúscula são convertidos a maiúsculas na saída da *string*, porém, os caracteres em maiúsculas, dígitos e símbolos são imutáveis.

Neste capítulo, você viu como lidar com *strings* ASCIIZ como um caso especial de *arrays* com caracteres. Na prática, muitas das funções-padrão baseiam-se em algo conhecido como um *pointer* (ponteiro). Nos próximos dois capítulos, você verá como os ponteiros funcionam. Depois, voltarei a essas mesmas funções de exemplo e as implementarei usando indicadores, para demonstrar a elegância da solução do ponteiro.

Capítulo 17
Apontando o Caminho Para Ponteiros C++

● ●

Neste Capítulo
▶ Apresentando o conceito de variáveis ponteiros
▶ Como declarar e inicializar um ponteiro
▶ Usando ponteiro para passar argumentos por referência
▶ Alocação de *arrays* de tamanho variável a partir da pilha

● ●

*E*ste capítulo apresenta o poderoso conceito de *pointers* (ponteiros). Com isso não quero dizer cães especialmente treinados para apontar pássaros mas sim variáveis que apontam para outras variáveis na memória. Começo com uma explicação de encaminhamento por computador antes de entrar nos detalhes de declarar e usar as variáveis de ponteiro. Este capítulo se envolve em uma abordagem sobre algo conhecido como pilha e como usá-la para solucionar um problema que, astutamente, apresentei no capítulo anterior.

Mas não pense que a diversão terá acabado quando este capítulo terminar. O próximo aborda um passo adiante no conceito de ponteiros. Na verdade, de uma maneira ou de outra, os ponteiros reaparecerão na maioria dos capítulos restantes deste livro.

Talvez demore algum tempo até que você fique à vontade com o conceito de variáveis de ponteiro. Não desanime. Quem sabe você terá que ler algumas vezes este capítulo e o próximo antes de entender todas as sutilezas.

O Que é um Ponteiro?

Um *ponteiro* é uma variável que contém o endereço de outra variável na memória interna do computador. Antes de conseguir lidar com tal declaração, você precisa entender como os computadores endereçam a memória.

Os detalhes de encaminhamento do computador no processador Intel em seu PC ou Macintosh são bem complicados e envolvem muito mais do que você precisa para se preocupar neste livro. Usarei como modelo uma memória bem simples nessas discussões.

Cada parte da memória de acesso aleatório (RAM – random access memory) tem o seu endereço próprio e individual. Para a maioria dos computadores, inclusive Macintoshes e PCs, a menor parte de endereçamento de memória é um *byte*.

Um *byte* tem 8 *bits* e corresponde a uma variável do tipo char.

Um endereço na memória é exatamente como o de uma casa, ou seria, se as seguintes condições fossem verdadeiras:

- ✔ Cada casa é numerada em ordem.

- ✔ Não há números pulados ou repetidos.

- ✔ A cidade inteira consiste em uma rua comprida.

Sendo assim, o endereço de um *byte* especial de memória poderia ser 0x1000. O *byte* seguinte, depois daquele, teria um endereço de 0x1001. O *byte* anterior estaria em 0x0FFF.

Eu não sei por quê, mas, por convenção, os endereços de memória são sempre expressos em hexadecimais. Talvez seja assim, para que os não programadores pensem que o endereçamento por computador seja realmente complicado.

Como Declarar um Ponteiro

Uma variável char é projetada para conter um caractere ASCII, um número inteiro int e um número de ponto flutuante double. Da mesma forma, uma variável de ponteiro é projetada para conter um endereço de memória. Uma variável de ponteiro é declarada acrescentando um asterisco (*) ao final do tipo do objeto para o qual o ponteiro aponta, como no seguinte exemplo:

```
char* pChar;        // pointer to a character
int* pInt;     // pointer to an int
```

Uma variável de ponteiro que não tenha sido inicializada contém um valor desconhecido. Você pode inicializar uma variável de ponteiro, com o endereço de uma variável do mesmo tipo usando o operador 'e' comercial (& - ampersand):

```
char cSomeChar = 'a';
char* pChar;
pChar = &cSomeChar;
```

Neste fragmento, a variável cSomeChar tem algum endereço. Pelo bem do entendimento, digamos que C++ designou a ela o endereço 0x1000. (C++ também inicializou aquele lugar com o caractere 'a'.) A variável pChar também tem um lugar próprio, talvez 0x1004. O valor da expressão &cSomeChar é 0x1000, e o seu tipo é char* (leia "ponteiro para char"). Assim, a designação, na terceira linha do fragmento de exemplo, armazena o valor 0x1000 na variável pChar. Isso é graficamente mostrado na Figura 17-1.

Figura 17-1:
O *layout* de cSomeChar e pChar na memória, depois de sua declaração e inicialização, conforme descrito no texto.

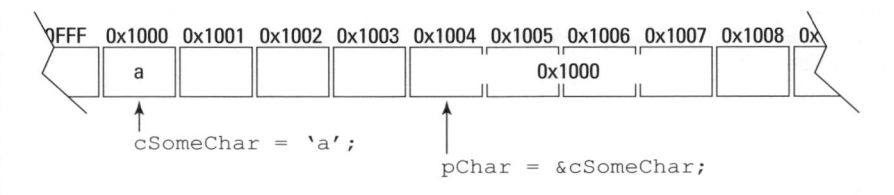

Gaste algum tempo para entender, de fato, o relacionamento entre a figura e as três linhas de código C++ no fragmento. A primeira declaração diz: "Vá e encontre um lugar de 1 *byte* na memória, dê a ele o nome cSomeChar e inicialize-o para 'a'". Neste exemplo, C++ pegou o local 0x1000.

A linha seguinte diz: "Vá e encontre um lugar grande o bastante para conter o endereço de uma variável char e dê a ele o nome pChar". Neste exemplo, C++ designou pChar para ser o local 0x1004.

Em Code::Blocks, todos os endereços têm 4 *bytes* de comprimento, independentemente do tamanho do objeto sendo apontado – um ponteiro para uma char é do mesmo tamanho que uma para uma double. O mundo real é semelhante – o endereço de uma casa parece igual, não importando quão grande seja a casa.

A terceira linha diz: "Dê o endereço de cSomeChar (0x1000) à variável pChar". A Figura 17-1 representa a posição do programa depois destas três declarações.

"E daí?", talvez você pergunte. Eis a parte realmente interessante, demonstrada na seguinte expressão:

```
*pChar = 'b';
```

Esta linha diz: "Armazene 'b' no lugar char apontado por pChar". Isso é demonstrado na Figura 17-2. Para executar essa expressão, antes C++ recupera o valor armazenado em pChar (o qual seria 0x1000). Depois, armazena o caractere 'b' naquele lugar.

Figura 17-2:
As etapas
envolvidas na
execução de
*pChar = 'b'.

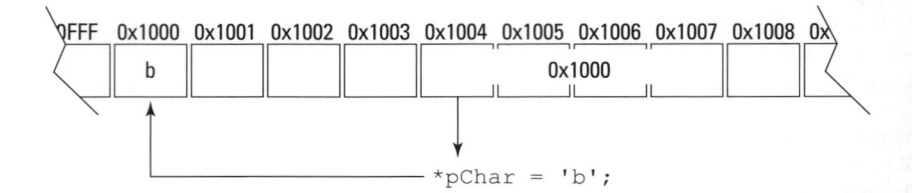

Quando o * é usado como um operador binário, significa "multiplicar"; quando usado como um operador unário, * significa "encontre a coisa indicada por". Da mesma forma, & tem o significado de "pegue o endereço de".

Então, o que há de tão empolgante nisso? Afinal, eu poderia conseguir o mesmo efeito, apenas designando diretamente 'b' a cSomeChar:

Como Passar Argumentos Para uma Função

Há duas maneiras de passar argumentos a uma função: seja por valor ou por referência. Vejamos uma de cada vez.

Passando argumentos por valor

No Capítulo 11, escrevi que os argumentos são passados a funções por valor, significando que ele é o valor da variável que é passada à função e não à própria variável.

As implicações disso ficam claras no fragmento a seguir (tirado do programa de exemplo PassByReference, no CD-ROM anexo):

```
void fn(int nArg1, int nArg2)
{
  // modify the value of the arguments
  nArg1 = 10;
  nArg2 = 20;
}

int main(int nNumberofArgs, char* pszArgs[])
{
  // initialize two variables and display their values
  int nValue1 = 1;
  int nValue2 = 2;

  // now try to modify them by calling a function
  fn(nValue1, nValue2);

  // what is the value of nValue1 and nValue2 now?
  cout << "nValue1 = " << nValue1 << endl;
  cout << "nValue2 = " << nValue2 << endl;

  return 0;
}
```

Este programa declara duas variáveis, `nValue1` e `nValue2`, inicializa-as para algum valor conhecido e, depois, passa o valor delas a uma função `fn()`, a qual muda o valor de seus argumentos e apenas retorna.

> **Pergunta:** Qual é o valor de `nValue1` e `nValue2` em `main()` depois que o controle retorna de `fn()`?

> **Resposta:** O valor de `nValue1` e `nValue2` permanece inalterado em 1 e 2, respectivamente.

Para entender o motivo, examine com cuidado como C++ lida com a memória na chamada a `fn()`. C++ armazena variáveis locais (como `nValue1` e `nValue2`) em uma área especial de memória, conhecida como *stack* (pilha; área de memória onde os dados podem ser continuamente armazenados). Quando da entrada na função, C++ descobre quanta pilha de memória a função exigirá e, em seguida, reserva aquela quantidade. Digamos que, neste exemplo, a pilha de memória reservada para `main()` inicie no local 0x1000 e se estenda até 0x101F. Neste caso, `nValue1` poderia estar no local 0x1000 e `nValue2` no local 0x1004.

Uma `int` toma 4 *bytes* em Code::Blocks. Para detalhes, veja o Capítulo 14.

Como parte de fazer a chamada a fn(), inicialmente C++ armazena os valores de cada argumento em uma pilha, começando pelo argumento à extrema direita e abrindo caminho para a esquerda.

A última coisa que C++ armazena como parte de fazer a chamada é o endereço de retorno, de modo que a função sabe para onde retornar depois de completa.

Por motivos que têm mais a ver com os trabalhos internos da CPU, a pilha "cresce para baixo", significando que a memória usada por fn() terá endereços menores que 0x1000. A Figura 17-3 mostra a posição da memória no ponto em que o processador do computador chega à primeira declaração em fn(). C++ armazenou o segundo argumento para a função no local 0x0FF4, e o primeiro argumento em 0x0FF0.

Lembre-se de que esse é apenas um possível *layout* de memória. Eu não sei (ou não me importo com) que qualquer desses seja, de fato, o endereço atual usado por C++ nessa ou em outra chamada à função.

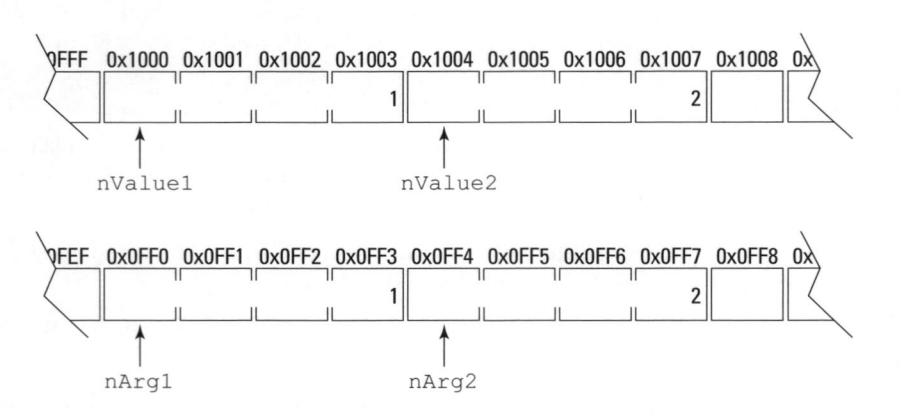

Figura 17-3:
Um provável *layout* de memória, imediatamente depois de entrar a função fn(int, int).

Layout na memória imediatamente após a chamada ter sido feita:
fn(nValue1, nValue2)

A função fn(int, int) contém duas declarações:

```
nArg1 = 10;
nArg2 = 20;
```

A Figura 17-4 mostra o conteúdo de memória, imediatamente após a execução dessas duas declarações. Bem simples mesmo – o valor de nArg1 mudou para 10 e de nArg2 para 20, exatamente como você poderia esperar. Mas a questão principal dessa demonstração é o fato de que mudar o valor de nArg1 e nArg2 não afeta as variáveis originais em nValue1 e nValue2.

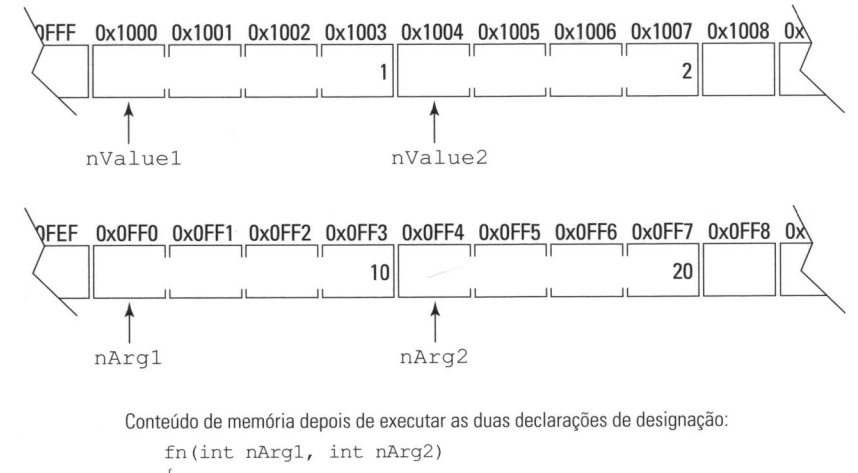

Conteúdo de memória depois de executar as duas declarações de designação:

```
fn(int nArg1, int nArg2)
{
    nArg1 = 10;
    nArg2 = 20;
}
```

Figura 17-4: Os mesmos lugares de memória imediatamente antes de retornar de fn(int, int).

Passando argumentos por referência

Então, e se eu quisesse que as mudanças feitas por fn() se tornassem permanentes? Eu poderia fazer isso não passando o valor das variáveis, mas seus endereços. Isso é demonstrado pelo seguinte fragmento (também tirado do programa de exemplo PassByReference):

```
// fn(int*, int*) - this function takes its arguments
//                                        by reference
void fn(int* pnArg1, int* pnArg2)
{
    // modify the value of the arguments
    *pnArg1 = 10;
    *pnArg2 = 20;
}
```

```
int main(int nNumberofArgs, char* pszArgs[])
{
  // initialize two variables and display their values
  int nValue1 = 1;
  int nValue2 = 2;

  fn(&nValue1, &nValue2);

  return 0;
}
```

Veja que os argumentos para `fn()` agora são declarados como não sendo inteiros, mas ponteiros para inteiros. A chamada a `fn(int*, int*)` não passa o valor das variáveis `nValue1` e `nValue2`, mas seus endereços.

Neste exemplo, o valor da expressão `nValue1` é 0x1000, e o tipo é `int*` (o qual é pronunciado "indicador para int").

A posição da memória mediante a entrada nessa função é mostrada na Figura 17-5.

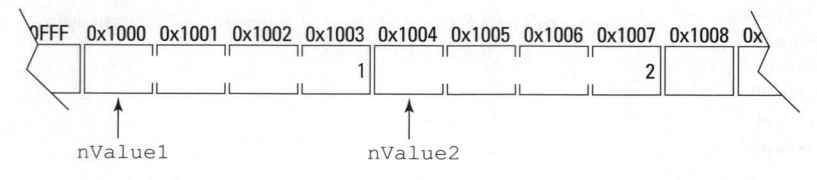

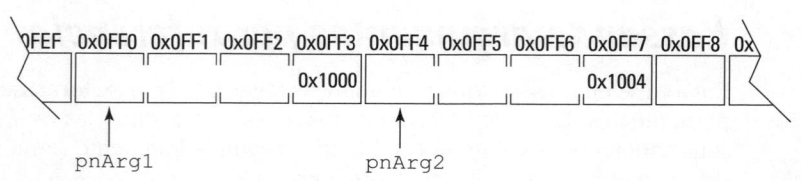

Figura 17-5:
O conteúdo da memória depois da chamada a `fn(int*, int*)`.

Layout da memória logo depois de fazer a chamada:
`fn(&nValue1, &nValue2)`

Agora, a função `fn(int*, int*)` armazena os seus valores nos lugares apontados por seus argumentos:

```
*pnArg1 = 10;
*pnArg2 = 20;
```

A primeira declaração diz: "Armazene o valor 10 no local de int passado a mim no argumento pnArg1". Isso armazena um 10 no lugar de 0x1000, o qual, por acaso, é a variável nValue1. Isto é demonstrado graficamente na Figura 17-6.

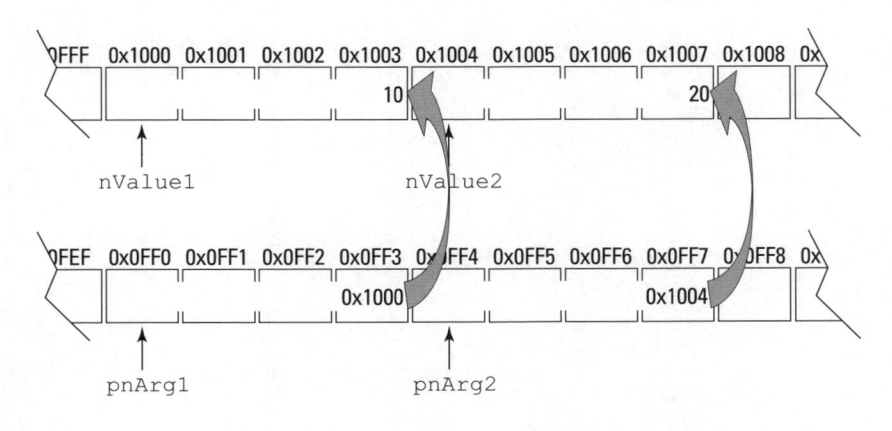

Figura 17-6:
O conteúdo da memória imediatamente após retornar de fn(int*, int*).

Conteúdo da memória depois de executar as duas declarações de designação:
```
fn(int* pnArg1, int* pnArg2)
{
    *pnArg1 = 10;
    *pnArg2 = 20;
}
```

Como juntar

O programa completo PassByReference aparece como a seguir:

```
//
// PassByReference - demonstrate passing arguments to a
//                              function both by value and by
//                              reference.
//
#include <cstdio>
#include <cstdlib>
#include <iostream>
using namespace std;

// fn(int, int) - demonstrate a function that takes two
//                              arguments and modifies their
value
void fn(int nArg1, int nArg2)
{
```

```
// modify the value of the arguments
nArg1 = 10;
nArg2 = 20;
}

// fn(int*, int*) - this function takes its arguments
//                                         by reference
void fn(int* pnArg1, int* pnArg2)
{
// modify the value of the arguments
*pnArg1 = 10;
*pnArg2 = 20;
}

int main(int nNumberofArgs, char* pszArgs[])
{
// initialize two variables and display their values
int nValue1 = 1;
int nValue2 = 2;
cout << "The value of nArg1 is " << nValue1 << endl;
cout << "The value of nArg2 is " << nValue2 << endl;

// now try to modify them by calling a function
cout << "Calling fn(int, int)" << endl;
fn(nValue1, nValue2);
cout << "Returned from fn(int, int)" << endl;
cout << "The value of nArg1 is " << nValue1 << endl;
cout << "The value of nArg2 is " << nValue2 << endl;

// try again by calling a function that takes
// addresses as arguments
cout << "Calling fn(int*, int*)" << endl;
fn(&nValue1, &nValue2);
cout << "Returned from fn(int*, int*)" << endl;
cout << "The value of nArg1 is " << nValue1 << endl;
cout << "The value of nArg2 is " << nValue2 << endl;

// wait until user is ready before terminating program
// to allow the user to see the program results
system("PAUSE");
return 0;
}
```

A seguir está a saída deste programa:

```
The value of nArg1 is 1
The value of nArg2 is 2
Calling fn(int, int)
Returned from fn(int, int)
The value of nArg1 is 1
```

```
The value of nArg2 is 2
Calling fn(int*, int*)
Returned from fn(int*, int*)
The value of nArg1 is 10
The value of nArg2 is 20
Press any key to continue ...
```

Este programa declara as variáveis `nValue1` e `nValue2` e as inicializa para 1 e 2, respectivamente. Depois, o programa exibe seus valores, só para ter certeza. Em seguida, o programa chama a `fn(int, int)`, passando o valor das duas variáveis. Aquela função modifica o valor de seus argumentos, mas isso não afeta `nValue1` e `nValue2`, conforme demonstrado pelo fato de que o valor delas é imutável depois que o controle retorna para `main()`.

A segunda chamada não passa o valor de `nValue1` e `nValue2`, mas seus endereços à função `fn(int*, int*)`. Dessa vez, as mudanças em `pnArg1` e `pnArg2` são retidas, mesmo depois do controle retornar a `main()`.

Observe que não há confusão entre as funções sobrecarregadas `fn(int, int)` e `fn(int*, int*)`. Os tipos de argumentos são facilmente percebidos.

Operando com Pilhas de Memória

Um dos problemas apresentados no Capítulo 16 foi aquele dos *arrays* de tamanho fixo. Por exemplo, a função `concatenate()` concatenava duas *strings* ASCIIZ em uma única *string*. Mas a função tinha que ser cautelosa para não sobrepor o *array* alvo no caso de não haver espaço suficiente para conter a *string* combinada. Esse problema teria sumido se `concatenate()` pudesse ter alocado um novo *array* que tivesse a garantia de ser grande o bastante para conter a *string* concatenada.

Essa é uma ótima ideia, mas de que tamanho faço esse *array* alvo – 256 *bytes*, 512 *bytes*? Não há uma resposta certa, visto que não há como saber, por ocasião da compilação, de que tamanho devo fazer o *array* alvo para que ele tenha espaço suficiente para conter todas as possíveis *strings* concatenadas. Até a hora de executar, você não pode ter certeza de quanta memória irá precisar.

Você precisa mesmo de uma nova palavra-chave?

C++ oferece uma área extra na memória só com esse objetivo, conhecido pelo nome meio estranho *heap* (pilha). Um programador pode alocar qualquer quantidade de memória fora da pilha, usando a palavra-chave `new`, como no seguinte fragmento de exemplo:

```
char* pArray = new char[256];
```

Este exemplo grava um bloco de memória grande o bastante para conter 256 caracteres da pilha. A palavra-chave new retorna um ponteiro para o *array* recém-criado. Diferente de outras variáveis, a pilha de memória não é alocada até a hora da execução, o que significa que o tamanho do *array* não é limitado a constantes, que são determinadas no tempo de compilação – elas também podem ser variáveis, que são computadas no momento da execução.

Pode parecer estranho que o argumento para new seja um *array*, enquanto o que é retornado é um ponteiro. Terei muito mais a dizer sobre o relacionamento entre ponteiros e *arrays* no próximo capítulo.

Assim, eu poderia ter dito algo como o seguinte:

```
int nSizeOfArray = someFunction();
char* pArray = new char[nSizeOfArray];
```

Aqui, o tamanho do *array* é computado por someFunction(). Claro que esta computação não pode acontecer até que o programa esteja, de fato, em execução. Qualquer valor que someFunction() retorna é usado como o tamanho do *array* a ser alocado na próxima declaração.

Um exemplo mais prático é o seguinte fragmento de código que faz uma cópia de uma *string* ASCIIZ (supondo que você pense que é prático copiar uma *string*):

```
int nLength = strlen(pszString) + 1;
char* pszCopy = new char[nLength];
strncpy(pszCopy, nLength, pszString);
```

A primeira declaração chama a função da *string* strlen(), a qual retorna o comprimento da *string* passada, não incluindo o caractere de encerramento NULL. O + 1 acrescenta espaço para a terminação NULL. A declaração seguinte aloca espaço para a cópia, fora da pilha. Por fim, a terceira *string* usa a função da *string* strncpy() para copiar o conteúdo de pszString em pszCopy. Calculando o tamanho de um *array* que você precisa para armazenar a cópia, você garante que pszCopy seja grande o bastante para conter toda a *string*.

Não se esqueça de limpar depois

Alocar memória fora da pilha é um recurso muito interssante, mas oferece um perigo muito grande em C++: se você alocar memória fora da pilha, é preciso lembrar de retorná-la.

Você retorna memória à pilha usando a palavra-chave delete, como a seguir:

```
char* pArray = new char[256];

// ...use the memory all you want...

// now return the memory block to the heap
delete[] pArray;
pArray = NULL;
```

A palavra-chave `delete` aceita um ponteiro que tenha sido passado a você da nova palavra-chave e recupera aquela memória à pilha.

Use `delete[]` para retornar um *array*. Use `delete` (sem as chaves de abertura e fechamento) quando retornar um único objeto à pilha.

Se você não retornar a memória de pilha quando tiver terminado, lentamente o seu programa consumirá memória e acabará ficando cada vez mais e mais lento enquanto o sistema operacional tenta preencher o seu aparentemente insaciável apetite. Ocasionalmente, o programa interromperá quando o O/S (sistema operacional) não puder mais satisfazer a solicitação de memória.

Retornar duas vezes a mesma memória para a pilha não é tão ruim. Isso leva o programa a quebrar quase que imediatamente. É considerada uma boa prática de programação zerar um ponteiro quando você tiver apagado o bloco de memória para onde ele aponta, por dois bons motivos:

- ✔ **Apagar um ponteiro que contém NULL não causa qualquer efeito**.

- ✔ **NULL nunca é um endereço válido**. Tentar acessar a memória no lugar de NULL sempre levará o seu programa a quebrar imediatamente, o que lhe dará uma dica de que há um problema, tornando muito mais fácil encontrá-lo.

Não é preciso apagar memória se o seu programa encerrará em breve – toda a memória de pilha é recuperada para o sistema operacional quando o programa encerrar. Entretanto, retornar a memória que você aloca fora da pilha é um bom hábito a manter.

Olhando para um exemplo

O seguinte programa ConcatenateHeap é uma versão da função concatenate() que aloca a sua memória fora da pilha:

```
//
// ConcatenateHeap - similar to ConcatenateString except
//                                            this version
stores the concatenated
//                                            string in
memory allocated from the
//                                            heap so that
we are guaranteed
//                                            that the
target array is always
//                                            large enough
//
```

```
#include <cstdio>
#include <cstdlib>
#include <iostream>
#include <cstring>
using namespace std;

// concatenateString - concatenate two strings together
//                                                          into
an array allocated off of the
//                                                          heap
char* concatenateString(const char szSrc1[],
                                              const char
szSrc2[])
{
    // allocate an array of sufficient length
    int nTargetSize = strlen(szSrc1) + strlen(szSrc2) + 1;
    char* pszTarget = new char[nTargetSize];

    // first copy the first string into the target
    int nT;
    for(nT = 0; szSrc1[nT] != '\0'; nT++)
    {
        pszTarget[nT] = szSrc1[nT];
    }

    // now copy the contents of the second string onto
    // the end of the first
    for(int nS = 0; szSrc2[nS] != '\0'; nT++, nS++)
    {
        pszTarget[nT] = szSrc1[nS];
    }

    // add the terminator to szTarget
    pszTarget[nT] = '\0';

    // return the results to the caller
    return pszTarget;
}

int main(int nNumberofArgs, char* pszArgs[])
{
    // Prompt user
    cout << "This program accepts two strings\n"
         << "from the keyboard and outputs them\n"
         << "concatenated together.\n" << endl;

    // input two strings
    cout << "Enter first string: ";
    char szString1[256];
    cin.getline(szString1, 256);

    cout << "Enter the second string: ";
    char szString2[256];
    cin.getline(szString2, 256);
```

```
    // now concatenate one onto the end of the other
    cout << "Concatenate second string onto the first"
         << endl;
    char* pszT = concatenateString(szString1, szString2);

    // and display the result
    cout << "Result: <"
         << pszT
         << ">" << endl;

    // return the memory to the heap
    delete[] pszT;
    pszT = NULL;

    // wait until user is ready before terminating program
    // to allow the user to see the program results
    system("PAUSE");
    return 0;
}
```

Este programa inclui o arquivo `cstring` de `#include` para conseguir acesso à função `strlen[]`. A função `concatenateString()` é semelhante às versões anteriores, exceto que ela retorna o endereço de um bloco de pilha de memória contendo a *string* concatenada, em vez de modificar quaisquer das *strings* passadas a ela.

Declarar os argumentos como `const` significa que a função promete não modificá-los. Isso permite à função ser chamada com a *string* `const`, como no seguinte fragmento:

```
    char* pFullName = concatenateString("Mr. ", pszName);
```

A *string* `"Mr. "` é um *array* de caractere `const`, da mesma forma que 1 é um inteiro `const`.

A primeira declaração dentro de `concatenateString()` calcula o tamanho do *array* alvo, chamando `strlen()` nas duas *strings* fonte e acrescentando 1 à terminação `null`.

A declaração seguinte aloca um *array* daquele tamanho fora da pilha, usando a palavra-chave `new`.

Os dois *loops* `for` funcionam exatamente como aqueles dos exemplos encadeados anteriores, primeiro copiando `szSrc1` no *array* `pszTarget` e, depois, `szSrc2`, antes de prosseguir para a `null` de encerramento.

Então, a função retorna ao endereço do *array* `pszTarget` do chamador.

A função `main()` trabalha da mesma maneira que no programa anterior Concatenate, solicitando ao usuário por duas *strings* e, depois, exibindo o resultado concatenada. A única diferença é que esta versão retorna o ponteiro retornado por `concatenateString()` à pilha antes de encerrar, executando o seguinte fragmento:

```
delete pszT;
pszT = NULL;
```

A saída de todo este programa não é tão diferente dos primos anteriores:

```
This program accepts two strings
from the keyboard and outputs them
concatenated together.

Enter first string: this is a string
Enter the second string: THIS IS ALSO A STRING
Concatenate second string onto the first
Result: <this is a stringTHIS IS ALSO A STRING>
Press any key to continue ...
```

O assunto de ponteiros de C++ é amplo demais para ser tratado em um único capítulo. O próximo capítulo examina o relacionamento entre *arrays* e ponteiros, um tópico sobre o qual falei por alto nos exemplos finais de programas deste capítulo.

Capítulo 18

Olhando uma Segunda Vez Para Ponteiros C++

Neste Capítulo

▶ Definindo operações em um ponteiro

▶ Como comparar um ponteiro de adição com um *array* de indexação

▶ Estendendo aritmética a diferentes tipos de ponteiros

▶ Classificação de ponteiros constantes a partir de ponteiros a constantes

▶ Como ler os argumentos para um programa

O capítulo 17 apresentou o conceito de uma variável de *pointer* (ponteiro) como uma variável projetada para conter o endereço de outra variável. Eu até fui mais longe ao sugerir um par de usos para variáveis de ponteiro. No entanto, você apenas começou a ver a miríade de formas pelas quais as variáveis de ponteiros podem ser usadas para fazer algumas coisas bem interessantes e, de fato, também confundi-lo de vez em quando.

Este capítulo examina, com cuidado, o relacionamento entre ponteiros e *arrays*, uma questão que apenas "arranhei" no último capítulo.

Ponteiros e Arrays

Alguns dos mesmos operadores aplicáveis para inteiros o são para os tipos de ponteiro. Esta seção examina as implicações disso, tanto para os tipos de ponteiros quanto de *array* estudados até agora.

Operações em ponteiros

A Tabela 18-1 relaciona as três operações fundamentais que são definidas em ponteiros.

Tabela 18-1: Três operações definidas nas variáveis de tipo de ponteiro

Operação	Resultado	Significado
`pointer + offset`	ponteiro	Calcula o endereço das entradas do objeto offset* a partir do ponteiro
`pointer++`	ponteiro	Move o ponteiro em uma entrada
`pointer2 - pointer1`	offset	Calcula o número de entradas entre pointer2 e pointer1

*offset = quantidade adicionada a um número ou endereço para gerar um número final; deslocamento.

Ainda que não relacionadas na Tabela 18-1, também são definidas operações que são relacionadas à adição, como `pointer += offset`. A subtração também é definida, visto que é simplesmente uma variação em adição.

O simples modelo de memória usado para explicar ponteiros no Capítulo 17 funcionará aqui para explicar como essas operações trabalham. Imagine um *array* de 32 caracteres de um *byte*, chamado `cArray`. Se o primeiro *byte* deste *array* for armazenado no endereço 0x1000, então o último lugar será em 0x101F. Enquanto `cArray[0]` estará em 0x1000, `cArray[1]` estará em 0x1001, `cArray[2]` em 0x1002 e assim por diante.

Imagine agora que um ponteiro `pArray` esteja localizado em 0x1100. Depois de executar a expressão

```
pArray = &cArray[0];
```

o ponteiro `pArray` conterá o valor 0x1000 (veja a Figura 18-1). A propósito, você lê isto como "`pArray` obtém o endereço de `cArray` com 0 subtraído".

Adicionar um valor n a `pArray` gera o endereço de `cArray[n]`. Por exemplo, imagine a situação onde n é igual a 2. Nesse caso, `pArray + 2` gera o endereço 0x1002, o qual é o endereço de `cArray[2]`. Essa correspondência é mostrada na Tabela 18-2. A Figura 18-2 mostra isso graficamente.

Tabela 18-2: A correspondência entre offsets de indicador e elementos de array

Offset	Resultado	Corresponde a...
+0	0x1000	`cArray[0]`
+1	0x1001	`cArray[1]`
+2	0x1002	`cArray[2]`
...	...	...
+n	0x1000+n	`cArray[n]`

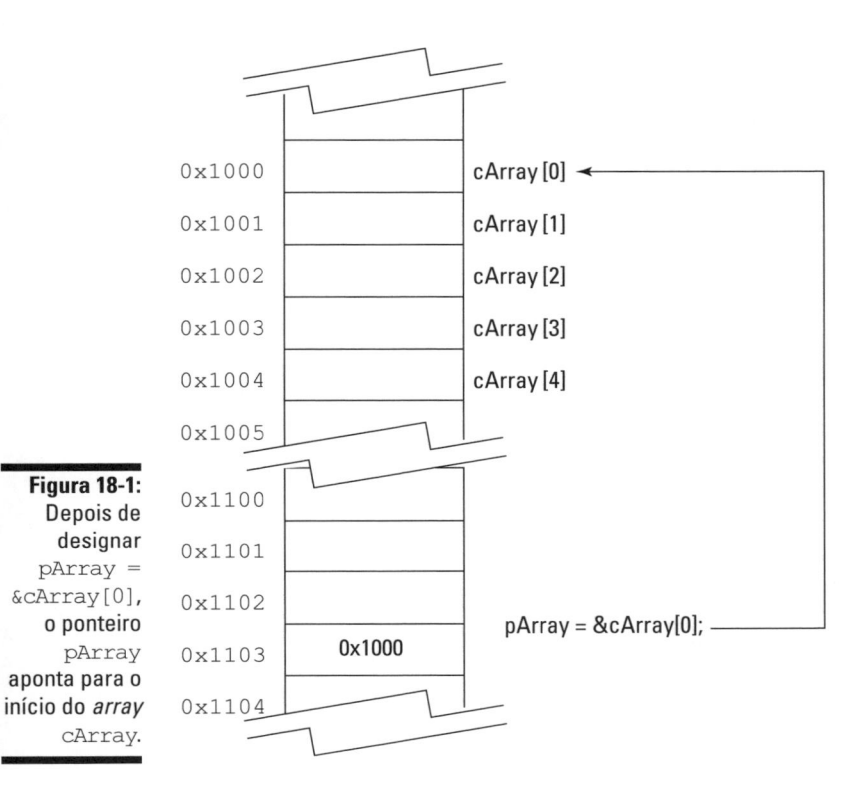

Figura 18-1:
Depois de
designar
pArray =
&cArray[0],
o ponteiro
pArray
aponta para o
início do *array*
cArray.

Incremento de ponteiro versus indexação em um array

A reivindicação

```
pArray = &cArray[0];
*(pArray + 2) = 'c';
```

é igual a

```
cArray[2] = 'c';
```

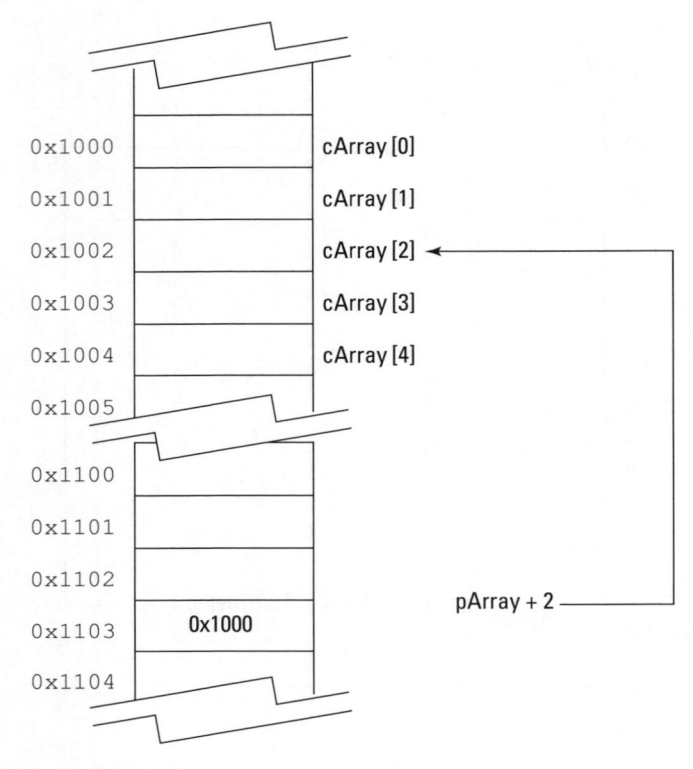

Figura 18-2:
Se pArray
aponta para
o início de
cArray,
então
pArray + 2
indica para
cArray[2].

Antes de você contestar essa reivindicação, preciso explicar como ler o primeiro fragmento de código. Dê um passo de cada vez. Você já sabe ler a primeira expressão: pArray = &cArray[0] significa "pArray obtém o endereço de cArray subtraindo 0".

Para interpretar a segunda expressão, lembre-se de que pArray + 2 gera o valor 0x1002, e ele é do tipo char*. (pArray + 2) do lado esquerdo de um operador de designação, diz: "Armazene 'c' na char apontada por pArray + 2". Isso é graficamente demonstrado na Figura 18-3.

Os parênteses em volta de * (pArray + 2) são necessários, visto que * unário tem maior precedência do que adição. A expressão *pArray + 2 recupera o caractere apontado por pArray e acrescenta 2 a ela. Acrescentar os parênteses força que primeiro se dê a adição, e o operador unário deve ser aplicado ao resultado.

Na verdade (lá vai começar), a correspondência entre as duas formas de expressão é tão forte que C++ considera cArray[n] nada mais que uma

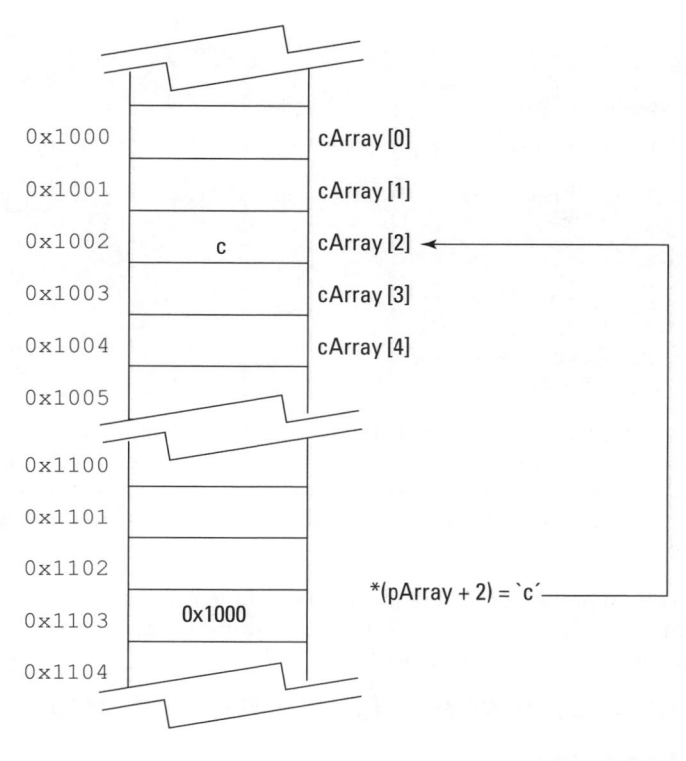

Figura 18-3:
A expressão
`*(pArray +
2) = 'c'`
armazena
um `'c'` em
`cArray[2]`.

abreviação de `*(pArray + n)`, onde `pArray` aponta para o primeiro elemento em `cArray`:

```
cArray[n] is interpreted as *(&cArray[0] + n)
```

Para completar essa associação, C++ faz outra abreviação, fazendo a segunda interpretação, a seguir:

```
cArray is interpreted as &cArray[0]
```

Isto é, um nome de *array*, quando aparece sem uma assinatura, é interpretado como o endereço do primeiro elemento do *array*; assim o seguinte:

```
cArray[n] is interpreted as *(cArray + n)
```

Na verdade, o compilador C++ considera que a expressão à esquerda nada mais é do que alguma abreviação humana para a expressão à direita.

Portanto, se posso tratar o nome de um *array* como se ele fosse um ponteiro (o que, a propósito, ele é), posso usar o operador de índice nas variáveis de ponteiro? Certamente. Assim, o seguinte é perfeitamente legal:

```
char cArray[256];
char* pArray = cArray;
pArray[2] = 'c';
```

Assim, fui capaz de escrever expressões no Capítulo 17, como a seguinte:

```
int nTargetSize = strlen(szSrc1) + strlen(szSrc2) + 1;
char* pszTarget = new char[nTargetSize];

// first copy the first string into the target
int nT;
for(nT = 0; szSrc1[nT] != '\0'; nT++)
{
 pszTarget[nT] = szSrc1[nT];
}
```

A variável `pszTarget` é declarada como `char*` (leia como "ponteiro para uma char"), pois é assim que `new char[nTargetSize]` retorna. A *loop* `for` subsequente designa valores a elementos no *array* usando a expressão `pszTarget[NT]`, o que é o mesmo que acessar elementos `char` apontados por `pszTarget + NT`.

A propósito, o prefixo `psz` é a convenção de nomeação para "ponteiro para uma *string* ASCIIZ". Uma *string* ASCIIZ é um *array* de caractere que termina com um caractere `null` de encerramento.

Como usar o operador de incremento de ponteiro

O que vem a seguir é o que você poderia chamar de versão de ponteiro aritmético da função `concatenateString()`, do programa ConcatenateHeap do capítulo 17. Essa versão é parte do programa ConcatenatePtr, no CD incluso.

De fato, no Capítulo 17, você também lidou com ponteiro aritmético, mas ele foi escrito usando um *array* de indexação.

Os programadores de C++ amam seus ponteiros. A seguinte versão explícita de ponteiro de `concatenateString()` é muito mais comum do que a versão de *array* de indexação do Capítulo 17.

```
// concatenateString - concatenate two strings together
//                            into an array allocated off of the
//                            heap
char* concatenateString(const char* psxSrc1,
                        const char* pszSrc2)
{
    // allocate an array of sufficient length
    int nTargetSize = strlen(pszSrc1)+strlen(pszSrc2)+1;
```

```
    char* pszTarget = new char[nTargetSize];

    // first copy the first string into the target
    char* pszT = pszTarget;
    for(; *pszSrc1 != '\0'; pszT++, pszSrc1++)
    {
        *pszT = *pszSrc1;
    }

    // now copy the contents of the second string onto
    // the end of the first
    for(; *pszSrc2 != '\0'; pszT++, pszSrc2++)
    {
        *pszT = *pszSrc2;
    }

    // add the terminator to szTarget
    *pszT = '\0';

    // return the unmodified address of the array
    // to the caller
    return pszTarget;
}
```

Esta versão de concatenateString() começa exatamente como a anterior ConcatenateHeap do Capítulo 17. A diferença entre esta versão e sua antecessora está nos dois *loops* for. A versão do Capítulo 17 deixou o ponteiro para o *array* alvo, pszTarget, inalterada e aumentou um índice naquele *array*.

A versão que aparece aqui pula a etapa intermediária de aumentar um índice e apenas aumenta o próprio ponteiro. Primeiro, ela verifica para garantir se pszSrc1 já não está apontando para o caractere null, o que indicaria o fim da *string* de caractere fonte. Se não, a designação dentro do *loop* for

```
    *pszT = *pszSrc1;
```

informa a recuperação do caractere apontado por pszSrc1 e a armazena no local apontado por pszT. Isso é graficamente demonstrado na Figura 18-4.

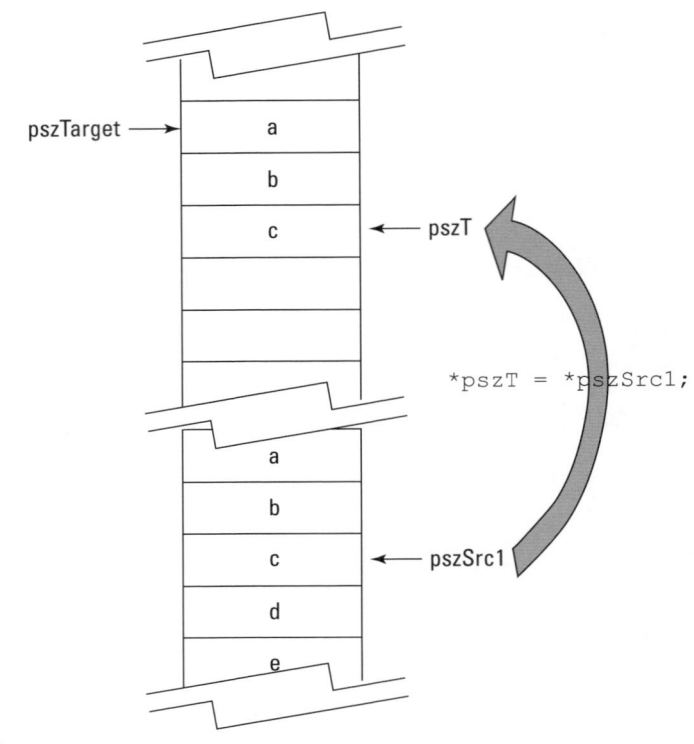

Figura 18-4:
A expressão
`*pszT = *pszSrc1`
copia o
caractere
apontado por
`pszSrc1`
para o local
indicado por
`pszT`.

A cláusula de aumento do *loop* `for`

```
pszT++, pszSrc1++
```

aumenta tanto o ponteiro fonte, `pszSrc1`, quanto o ponteiro alvo, `pszT`, para o caractere seguinte nos *arrays* de origem e destino. Isso é demonstrado na Figura 18-5.

O restante do programa é idêntico ao anterior, do Capítulo 17, e os resultados de executar o programa também são idênticos:

```
This program accepts two strings
from the keyboard and outputs them
concatenated together.

Enter first string: this is a string
Enter the second string: SO IS THIS
Concatenate first string onto the second
Result: <this is a stringSO IS THIS>
Press any key to continue ...
```

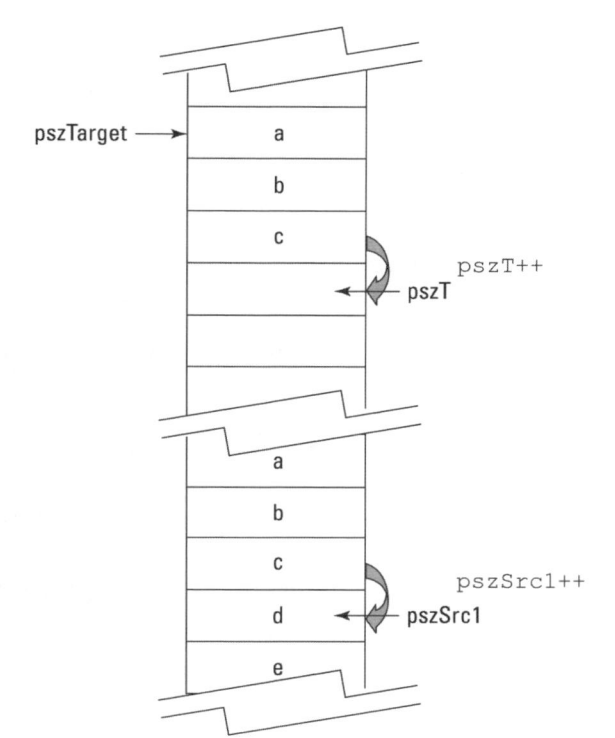

Por que se preocupar com ponteiros de array?

A natureza, por vezes crítica, de ponteiros estruturados na manipulação de *strings* de caractere deve levar o leitor a imaginar o motivo. Isto é, qual vantagem a versão do ponteiro char* de concatenateString() tem sobre a versão de índice, mais fácil de ler?

Nota: "Mais fácil de ler" é uma questão de gosto. Para um programador eventual, a versão de ponteiro é apenas tão fácil de imitar quanto a de índice.

A resposta é, em parte, de natureza histórica e, em parte, humana. Apesar de parecer complicada ao leitor, uma declaração tal como *pszT = *pszSrc1 pode ser convertida em uma quantidade surpreendentemente pequena de instruções de máquina. Processadores de computador antigos não eram muito rápidos se comparados com os padrões atuais. Há, aproximadamente, 40 anos, quando C, o pai de C++, foi apresentado ao mundo, economizar algumas instruções de computador era uma grande coisa. O ponteiro aritmético deu a C uma grande vantagem sobre as outras linguagens da época, especialmente Fortran, a qual não oferecia ponteiro aritmético. Isso, mais do que qualquer outro recurso individual, fez C avançar e, mais tarde, C++, sobre seus concorrentes.

Além disso, os programadores gostam de gerar declarações inteligentes de programa para combater o que pode ser um trabalho cansativamente repetitivo. Quando os programadores de C++ aprenderam como compactar declarações críticas, porém eficazes, não houve nada que os levasse de volta a digitalizar *arrays* com índices.

Não caia na armadilha de abarrotar tanto quanto você puder uma única declaração C++, pensando que algumas declarações fonte C++ gerarão menos instruções de máquina que, portanto, executarão mais rapidamente. Antigamente, quando os compiladores eram mais simples, isso podia funcionar, mas, atualmente, não há um relacionamento óbvio entre a quantidade de declarações C++ e a de declarações de máquina geradas. Por exemplo, a expressão:

```
*pszT++ = '\0';
```

necessariamente, não gera instruções de máquina que sejam, de alguma forma, diferentes da seguinte expressão, que tanto é mais fácil de ler quanto de depurar:

```
*pszT+ '\0';
pszT++;
```

A otimização dos compiladores atuais gera quantidades mínimas de código.

Operações em Diferentes Tipos de Ponteiro

Não é tão difícil se convencer de que pszTarget + n aponta para pszTArget[n] quando cada elemento no *array* tem 1 *byte* de comprimento, como é o caso das *strings* char. Afinal, se cArray está localizada em 0x1000, então cArray[5] deve estar em 0x1005.

Não é tão óbvio que a adição de ponteiros funcione em *arrays* de objetos com caracteres diferentes de 1 *byte*. Imagine um *array* nArray de ints. Uma vez que int ocupa 4 *bytes* em Code::Blocks/gcc, se nArray estiver localizado em 0x1000, então nArray[5] estará em 0x1000 + (5*4) ou 0x1014.

Hexadecimal 0x14 é igual a 20 decimais.

Para a nossa sorte, em C++, array + n aponta para array[n], independentemente de quão grande possa ser um único elemento de *array*, C++ faz as conversões necessárias para que esse relacionamento seja verdadeiro.

Constantes Incômodas

O Capítulo 14 apresentou o conceito de variáveis `const`. Por exemplo, o seguinte

```
const double PI = 3.14159;
```

declara uma variável constante `PI`. As variáveis constantes devem ser inicializadas quando criadas e não podem ser alteradas mais tarde, exatamente como números 2 e 3.14159.

O conceito de falta de `const` também pode ser aplicado a ponteiros, porém, o fato é que, aonde vai a palavra-chave `const`? Pense nas seguintes três declarações. Qual destas é legal?

```
const char* pszArray1;
char const* pszArray2;
char* const pszArray3;
```

Afinal, as três são legais, mas uma delas tem um significado diferente das outras duas. As primeiras duas variáveis, `pszArray1` e `pszArray2`, são ponteiros para *arrays* de constante `char`. Isso significa que você pode modificar os ponteiros, mas não pode modificar os caracteres para os quais eles apontam. Assim, o seguinte é legal:

```
pszArray1 = new char[128];    // this is OK
```

Porém, isto não é:

```
(*pszArray1) = 'a';   // not legal
```

Por comparação, `pszArray3` é um ponteiro constante para um *array* `char`. Neste caso, não é possível alterar o ponteiro, visto que ele foi declarado. Portanto, você deve inicializá-lo quando declarado, visto que, mais adiante, você não terá uma oportunidade, como a seguir:

```
char* const pszArray3 = new char[128];
```

Uma vez declarado, o seguinte não é legal:

```
pszArray3 - pszArray1;                 // not legal - you
                                       // can't change pszArray3
```

Mas você pode mudar os caracteres para os quais ele aponta, assim:

```
char* const pszArray3 = new char[128];
(*pszArray3) = 'a';                    // legal
```

Um único ponteiro tanto pode ser constante quanto apontar para caracteres constantes:

```
const char* const pszMyName = "Stephen";
```

O valor deste ponteiro não pode ser alterado, nem os caracteres para os quais ele aponta.

Como um programador iniciante, você realmente precisa se preocupar com essas declarações constantes? A resposta é: "Às vezes". Você receberá um aviso se fizer o seguinte:

```
char* pszMyName = "Stephen";
```

Aqui, possivelmente, você poderia tentar modificar meu nome, colocando *pszMyName (ou pszMyName[n]) do lado esquerdo de um operador de designação. Logo, a declaração adequada é

```
const char* pszMyName = "Stephen";
```

Diferenças Entre Ponteiros e Arrays

Com todas as semelhanças, alguém poderia ficar tentado a virar as coisas e perguntar: "Qual é a diferença entre um ponteiro e o endereço de um *array*?". Basicamente, há duas diferenças.

- ✔ Um *array* aloca espaço para os objetos; um ponteiro não.
- ✔ Um ponteiro aloca espaço para o endereço; um *array* não.

Considere estas duas declarações:

```
int nArray[128];
int* pnPtr;
```

Ambas, nArray e pnPtr, são do tipo ponteiro para int, mas, nArray também aloca espaço para 128 objetos int, enquanto pnPtr não o faz. É possível pensar que nArray é um endereço constante, da mesma maneira que 3 é uma constante int. Você não pode mais colocar nArray do lado esquerdo de uma designação, como pode fazer com 3. O seguinte não é permitido:

```
nArray = pnPtr;              // not allowed
```

Assim, pnPtr é do tipo int*, enquanto nArray é, na verdade, do tipo int* const.

Meus Argumentos Main ( )

Agora, você chegou longe o bastante para aprender sobre o último segredo do gabarito de programa que tem usado: O que são os argumentos a `main()`?

```
int main(int nNumberofArgs, char* pszArgs[])
```

Estes apontam para os argumentos do programa. O primeiro argumento é a quantidade de argumentos para o programa, inclusive o nome do próprio programa. O segundo argumento é um *array* de ponteiros para *strings* de caracteres, representando os próprios argumentos. *Arrays* de ponteiros? O quê?

Arrays de ponteiros

Se um ponteiro pode apontar para um *array*, então só pode parecer que o inverso também deve ser verdade. *Arrays* de ponteiros são um tipo de *array* de interesse especial.

A seguinte expressão declara um *array* de dez ponteiros para inteiros:

```
int* pInt[10];
```

Dada esta declaração, então `pInt[0]` é um ponteiro para um inteiro. O fragmento a seguir declara um *array* de três ponteiros para inteiros e designa valores a eles:

```
void fn()
{
 int n1, n2, n3;
 int* pInts[3] = {&n1, &n2, &n3};

 for(int n = 0; n < 3; n++)
 {
     // initialize the integers
     *pInts[n] = n * 10;
 }
}
```

Depois, a declaração `pInts[0]` aponta para a variável n1, `pInts[1]` aponta para n2 e `pInts[2]` aponta para n3. Portanto, uma expressão como

```
*pInts[1] = 10;
```

ajusta a `int` apontada por `pInts[1]` (que seria n2) para 10. O efeito do *loop* `for` no fragmento anterior é inicializar n1, n2 e n3 para 0, 10 e 20, respectivamente. Isso é mostrado graficamente na Figura 18-6.

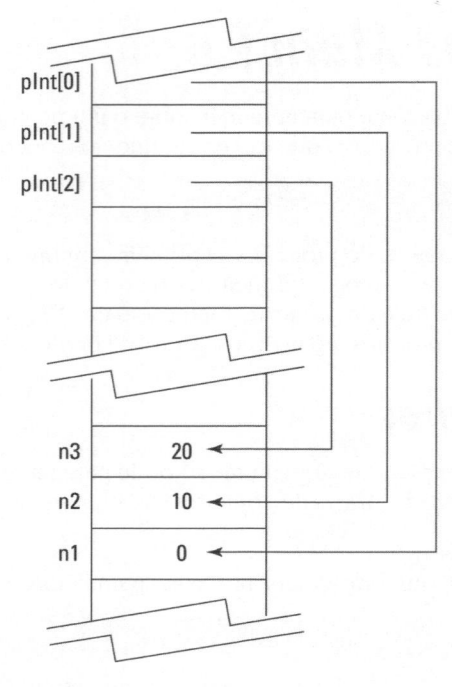

Os efeitos de executar o seguinte:

```
int n1, n2, n3;

int* pInt[3] = {&n1, &n2,
&n3};
for(int n = 0; n < 3, n++)
{
 *pInt[n] = n * 10;
}
```

Figura 18-6:
Os efeitos
de ajustar
e usar
um *array*
de três
ponteiros
para
inteiros.

Arrays de argumentos

Voltando ao exemplo main(), os argumentos para o programa são as *strings* passadas ao programa quando ele é executado. Portanto, se eu executo MyProgram como

```
MyProgram file1 file2 /w
```

os argumentos ao programa são file1, file2 e /w.

Embora não seja tecnicamente um argumento, C++ inclui o nome do programa como o primeiro "argumento".

Trocas não são interpretadas, assim, /w é passado ao programa como um argumento. Porém, os símbolos especiais <", "> e | são interpretados pelo intérprete da linha de comando e não são passados ao programa.

O simples programa PrintArgs seguinte exibe os argumentos passados a ele pelo intérprete da linha de comando:

```
// PrintArgs - print the arguments to the program
#include <cstdio>
#include <cstdlib>
#include <iostream>
using namespace std;

int main(int nNumberofArgs, char* pszArgs[])
{
 for(int n = 0; n < nNumberofArgs; n++)
 {
    cout << "Argument " << n
         << " is <" << pszArgs[n]
         << ">" << endl;
 }

 // wait until user is ready before terminating program
 // to allow the user to see the program results
 system("PAUSE");
 return 0;
}
```

Agora, o truque é como passar argumentos ao programa.

Como passar argumentos ao seu programa através da linha de comando

A maneira mais fácil e direta é simplesmente digitar os argumentos quando executar o programa a partir da solicitação da linha de comando:

```
PrintArgs file1 file2 /w
```

Fazer isso gera a seguinte saída:

```
C:\Beginning_Programming-CPP\PrintArgs\bin\Debug>PrintArgs file1
file2 /w
Argument 0 is <printargs>
Argument 1 is <file1>
Argument 2 is <file2>
Argument 3 is </w>
Press any key to continue ...
```

A dificuldade desta abordagem é saber onde está armazenado o executável. Code::Blocks cria o programa executável durante a etapa Build (de montagem) em um subdiretório do diretório contendo o projeto. Se você usou, ou não, o local de instalação padrão mostrado no código anterior, sempre é possível encontrar o diretório do projeto, selecionando Project⇨Properties (projeto – propriedades). A aba Project Settings (configurações/ajustes de projeto) padrão da caixa de diálogo que aparece exibe o caminho para o arquivo do projeto, conforme mostrado na Figura 18-7.

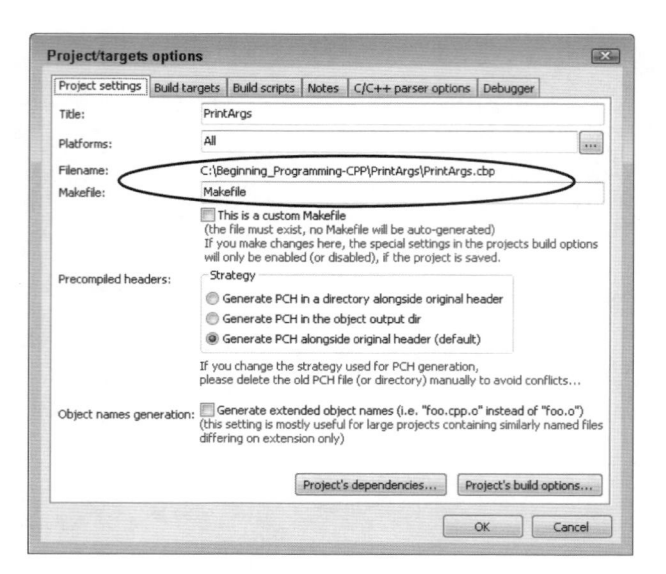

Figura 18-7:
A aba
Code::Blocks
Project
Settings
da caixa
de diálogo
Project/
Target Options
(opções de
projeto/alvo)
contém o
caminho para
o arquivo do
projeto.

Selecione a aba Build Targets (Montagem de Alvos) para encontrar o caminho para o arquivo executável, como mostrado na Figura 18-8.

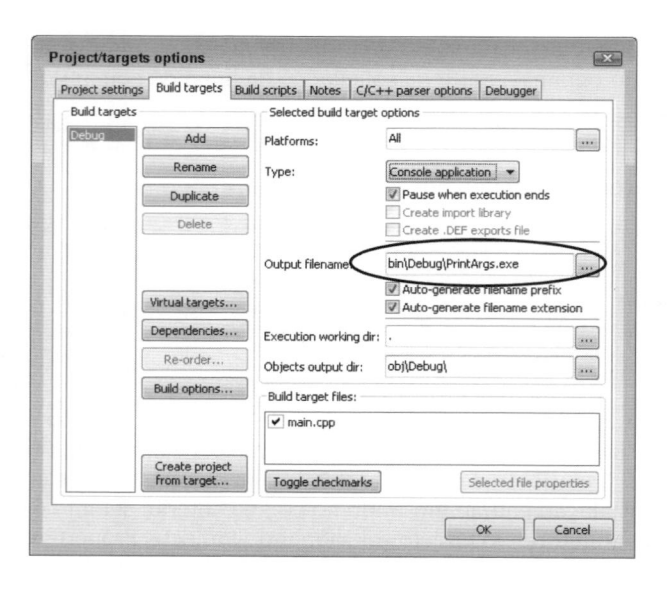

Figura 18-8:
A aba Build
Targets
indica o
nome e a
localização
do
executável.

Se você estiver usando Windows, abra uma janela MS-DOS, selecionando Star⇨ twPrograms⇨Accessories⇨Command Prompt (Iniciar – Todos os programas – Acessórios – Prompt de comando (isto é, para o Windows XP e Vista; os detalhes diferem ligeiramente, dependendo de qual versão do Windows você estiver usando). Navegue para a janela apropriada usando o comando CD ("CD" significa Change Directory, Mudar Diretório).

Usando o caminho do diretório fornecido na Figura 18-7, eu entraria com o seguinte:

```
CD \Beginning_Programming-CPP\PrintArgs\bin\Debug
PrintArgs file1 file2 /w
```

Os detalhes para Linux e Macintosh serão ligeiramente diferentes, porém, semelhantes.

Como passar argumentos ao seu programa a partir do ambiente Code::Blocks

Você pode passar argumentos ao seu programa de dentro do próprio Code::Blocks, selecionando Project⇨Set Projects' Arguments (projeto⇨selecionar argumentos dos projetos). Isso abre a caixa de diálogo mostrada na Figura 18-9. No campo de entrada de Program Arguments (argumentos de programa), entre com os argumentos.

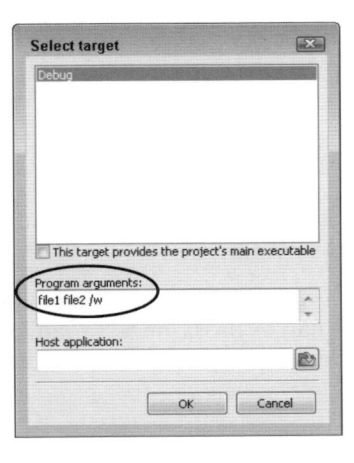

Figura 18-9: Você pode configurar o projeto para passar argumentos ao programa quando executado a partir de Code::Blocks.

Executar o programa a partir de Code::Blocks abre uma janela de linha de comando com o seguinte conteúdo:

```
Argument 0 is <C:\Beginning_Programming-CPP\PrintArgs\bin\Debug\
PrintArgs.exe>
Argument 1 is <file1>
Argument 2 is <file2>
Argument 3 is </w>
Press any key to continue ...
```

Esta técnica é muito mais fácil, mas ela só funciona de dentro do ambiente Code::Blocks. No entanto, esta é a única maneira de passar argumentos ao seu programa quando estiver usando o depurador de Code::Blocks. Falarei sobre o depurador no Capítulo 20.

Como passar argumentos ao seu programa através do Windows

Em Windows, existe uma maneira final de passar argumentos a um programa. Ele executa um programa sem argumentos se você clicar duas vezes o nome do arquivo executável. Entretanto, se você agarrar um conjunto de arquivos e soltá-los no nome de arquivo executável do programa, Windows executará o programa, passando a ele os nomes dos arquivos como seus argumentos.

Para demonstrar, criei dois arquivos tolos no mesmo diretório que o arquivo PrintArg.exe, chamados `file1.txt` e `file2.txt`, como mostrado na Figura 18-10.

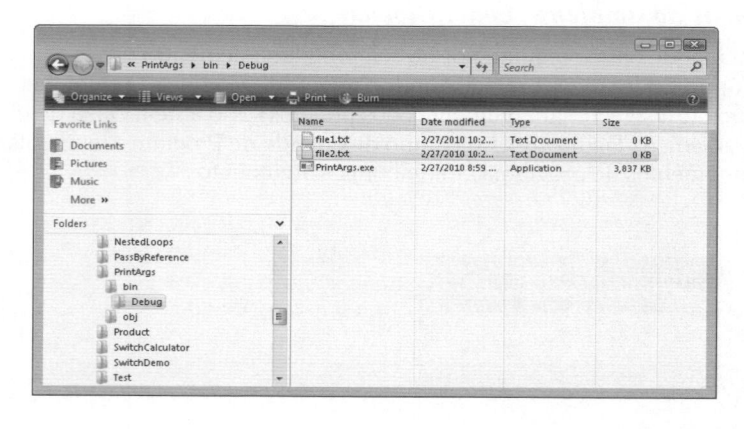

Figura 18-10:
Criei dois arquivos quaisquer no mesmo diretório que o executável PrintArgs.exe.

Depois, selecionei os dois arquivos e agarrei-os e soltei-os no nome de arquivo de PrintArgs.exe. A Figura 18-11 mostra o resultado.

O Windows não passa os nomes de arquivos ao programa em qualquer ordem especial. Particularmente, ele não os passa, necessariamente, na ordem em que eles aparecem na lista do diretório ou naquela em que você os selecionou.

Figura 18-11: Soltar os dois nomes de arquivos no nome de arquivo PrintArgs. exe instrui o Windows a iniciar o programa e passar os nomes dos arquivos ao programa como argumentos.

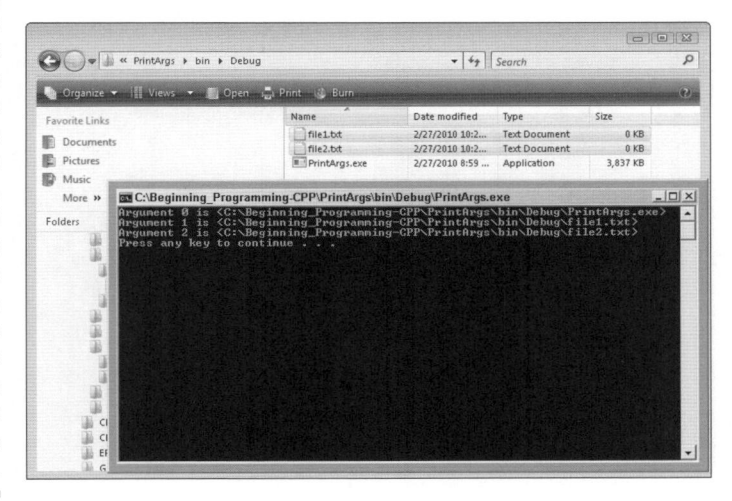

Este capítulo e o anterior não são fáceis para o iniciante. Não se desespere se, agora, você estiver se sentindo um pouco inseguro. Talvez você necessite reler esta seção. Assegure-se de entender os exemplos e os programas de demonstração. Você deve sentir-se, gradativamente, mais e mais à vontade com o conceito das variáveis de ponteiro, na medida em que abrir caminho através do resto deste livro.

Capítulo 19

Como Programar com Classe

● ●

Neste Capítulo

▶ Como agrupar dados usando *arrays* paralelos

▶ Agrupando dados em uma classe

▶ Como declarar um objeto

▶ Criação de *arrays* de objetos

● ●

*O*s *arrays* são ótimos para lidar com sequências de objetos do mesmo tipo, tais como `ints` ou `doubles`. No entanto, eles não funcionam bem quando agrupam diferentes tipos de dados, por exemplo, quando tentamos combinar um número da Previdência Social com o nome de uma pessoa em um único registro. C++ oferece uma estrutura chamada *class* (ou *struct*) para lidar com esse problema.

Agrupamento de Dados

Muitos dos programas em capítulos anteriores leem uma série de números, às vezes, em um *array* antes de processar. Um simples *array* é ótimo para valores individuais. Entretanto, muitas vezes (se não, na maioria delas), os dados vêm em grupos de informações. Por exemplo, um programa pode perguntar ao usuário pelo seu prenome, sobrenome e número da Previdência Social. Individualmente, qualquer um desses valores não é o bastante – apenas o agregado dos valores faz qualquer sentido.

Você pode armazenar dados associados de diferentes tipos no que é conhecido como *parallel arrays* (arrays paralelos). Digamos que eu poderia usar um *array* de *strings* chamado `pszFirstNames` para conter os nomes das pessoas, um segundo `pszLastNames` para conter os sobrenomes e um terceiro, `nSocialSecurities`, para conter o número correspondente à Previdência Social. Eu armazenaria os dados de modo que quaisquer pontos n de indexação apontariam para os dados de determinado indivíduo.

Assim, meus dados pessoais poderiam estar na posição 3. Nesse caso, `szFirstNames[3]` apontaria para "Stephen", `szLastNames[3]` apontaria para "Davis" e `nSocialSecurityNumbers[3]` poderia conter... bem, você entendeu. Isso é mostrado na Figura 19-1.

Figura 19-1:
Às vezes,
arrays
paralelos
são usados
para conter
uma coleção
de dados
relacionados,
porém,
diferentes, em
linguagens que
não suportam
classes.

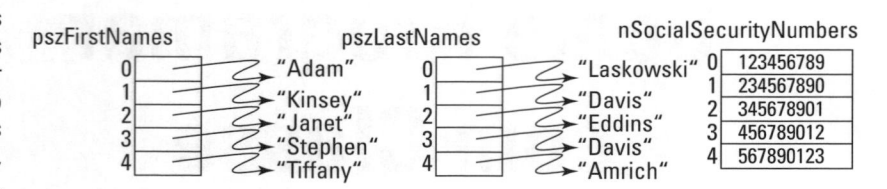

Este método funciona, mas é sujeito a erros, visto que não há nada que associe diretamente o nome ao número da Previdência Social, a não ser o índice. Facilmente, você poderia imaginar que bastaria a falta de uma instrução aqui e ali e eu iria me tornar "Stephen Eddins" ou qualquer outra combinação aleatória de primeiro e último nomes.

Para a nossa sorte, C++ oferece uma maneira melhor.

A Classe

Um nome ou um número de Previdência Social não faz qualquer sentido, exceto no contexto da pessoa a quem pertença – de certa forma, os dados devem ter um contexto criado pela sua associação com outros dados correlatos. Gostaríamos de ser capazes de criar uma estrutura, digamos, Person, que contivesse todas as propriedades relevantes que formam uma pessoa (neste caso, nome, sobrenome e número da Previdência Social).

C++ usa uma estrutura conhecida como classe que tem o seguinte formato:

```
class Person
{
public:
  char szFirstName[128];
  char szLastName[128];
  int nSocialSecurityNumber;
};
```

A definição de classe começa com a palavra-chave class seguida pelo nome da classe e uma chave aberta.

As regras de nomeação de nomes de classe são iguais àquelas para nomes de variáveis: a primeira letra deve ser uma das letras de 'a' a 'z' ou 'A' a 'Z' ou sublinhado. Cada caractere subsequente no nome deve ser um desses ou os dígitos de '0' a '9'. Por convenção, nomes de classe sempre iniciam com uma letra maiúscula. Em geral, os nomes de classe consistem de múltiplas palavras misturadas, com cada palavra começando com uma letra maiúscula.

A primeira palavra-chave dentro da chave aberta nos exemplos anteriores será sempre `public`. No Capítulo 24, descreverei as alternativas a `public`, mas, por ora, simplesmente aceite isso como parte da declaração.

Em vez de `class`, também é possível usar a palavra-chave `struct` (estrutura). Uma `struct` é idêntica a `class` em todos os aspectos, exceto que `public` é suposta em uma `struct`. Por motivos históricos, o termo `class` é mais popular em C++, enquanto o termo `struct` é usado em programas C com mais frequência.

Seguindo a palavra-chave pública estão as declarações para as entradas que levam à descrição de classe. A classe `Person` contém dois *arrays* para o nome e o sobrenome, e uma terceira entrada para conter o número da Previdência Social.

As entradas dentro de uma classe são conhecidas como *members* (membros) ou *properties* (propriedades) da classe.

O Objeto

Declarar uma classe em C++ é como definir um novo tipo de variável. Você pode criar uma nova instância de uma classe como a seguir:

```
Person me;
```

Uma instância de uma classe é chamada de *object* (objeto).

As pessoas ficam confusas quanto à diferença entre uma classe e um objeto; às vezes, elas até mesmo usam os termos alternando-os. Na verdade, a diferença é simples de explicar com um exemplo. Dog é uma classe. A minha cadela, Lollie, é um exemplo de um dog (cão). Meu outro cão, Jack, é um exemplo de um cão separado, independente. Dog é uma classe; `lollie` e `jack` são objetos.

Você pode acessar os membros de um objeto incluindo o nome deles depois do nome do objeto, seguido de um ponto, como a seguir:

```
Person me;
me.nSocialSecurityNumber = 456789012;
cin >> me.szLastName;
```

Aqui, me é um objeto de classe Person. O elemento me.nSocialSecurityNumber é um membro ou uma propriedade do objeto me. O tipo de me é Person. O tipo de me.nSocialSecurityNumber é int, e o seu valor está ajustado para 456789012. O tipo de me.szLastName é char[] (chamado "*array* de char").

Uma classe objeto pode ser inicializada quando é criada, como:

```
Person me = {"Stephen", "Davis", 456789012};
```

Por padrão, a designação é a única operação definida por padrão para classes definidas pelo usuário. O seu uso é mostrado aqui:

```
Person copyOfMe;
copyOfMe = me;                    // copy each member of me to copyOfMe
```

O operador padrão de designação copia os membros do objeto à direita dos membros da esquerda. Os objetos à direita e à esquerda do operador de designação devem ser exatamente do mesmo tipo.

É possível definir o que os outros operadores poderiam significar quando aplicados a um objeto de uma classe que você define. Mas isso é considerado tópico avançado e está além do escopo deste livro.

Arrays de Objetos

Você pode declarar e inicializar *arrays* de objetos como a seguir:

```
Person people[5] =                    {  {"Adam"",      "Laskowski",
123456789},
                          { "Kinsey",   "Davis",    234567890},
                          { "Janet",    "Eddins",   345678901},
                          { "Stephen",  "Davis",    456789012},
                          { "Tiffany",  "Amrich",   567890123}};
```

O *layout* de people na memória é mostrado na Figura 19-2. Compare isso com o *array* paralelo equivalente da Figura 19-1.

Neste exemplo, cada um dos elementos do *array* people é um objeto. Assim, people[0] é o primeiro objeto no *array*. Minhas informações aparecem como people[3]. É possível acessar os membros de um membro individual de um *array* de objetos, usando a mesma sintaxe "ponto-membro", como aquela usada em objetos simples:

```
// change my social security number
people[3].nSocialSecurityNumber = 456789012;
```

classe Person

| szFirstName |
| szLastName |
| nSocialSecurityNumber |

eu

| "Stephen" |
| "Davis" |
| 456789012 |

people[0]

| "Adam" |
| "Laskowski" |
| 123456789 |

people[1]

| "Kinsey" |
| "Davis" |
| 234567890 |

people[2]

| "Janet" |
| "Eddins" |
| 345678901 |

people[3]

| "Stephen" |
| "Davis" |
| 456789012 |

Figura 19-2:
O arranjo
na memória
de um *array*
de 5 objetos
Person.

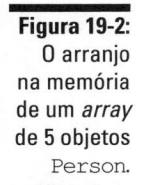 O tipo de `people` é `Person[]`, o qual se lê "*array* de `Person`" (às vezes, os programadores usam o plural do nome de classe, como em "*array* de `Persons`"). O tipo de `people[3]` é `Person`.

Olhando Para um Exemplo

Eu vim longe demais sem um programa de exemplo para demonstrar como os objetos de classe aparecem em um programa. O programa `InputPerson` a seguir entra com os dados para um *array* de pessoas. Depois, ele classifica-o pelo número de Social Security (Previdência Social) e promove a saída da lista classificada.

 O algoritmo de classificação que usei é conhecido como *Bubble Sort* (Ordenação Bolha). Ele não é especialmente eficaz, porém, é um código muito simples. Eu explico em um quadro como ele funciona, mas não se envolva nos detalhes de Bubble Sort. Em vez disso, focalize-se em como o programa promove a entrada de elementos críticos de um `Person` em um único elemento de um *array*, que, depois, ele pode manipular como uma entidade individual.

```cpp
// InputPerson - create objects of class Person and
//                           display their data
#include <cstdio>
#include <cstdlib>
#include <iostream>
using namespace std;

// Person - stores the name and social security number
class Person
{
public:
  char szFisrtName[128];
  char szLastName[128];
  int nSocialSecurityNumber;
};

// getPerson - read a Person object from the keyboard
//                    and return a copy to the caller
Person getPerson()
{
  Person person;

  cout << "\nEnter another Person\n"
       << "First name: ";
  cin  >> person.szFirstName;

  cout << "Last name: ";
  cin  >> person.szLastName;

  cout << "Social Security number: ";
  cin  >> person.nSocialSecurityNumber;

  return person;
}

// getPeople - read an array of Person objects;
//                    return the number read
int getPeople(Person people[], int nMaxSize)
{
  // keep going until operator says he's done or
  // until we're out of space
  int index;
  for(index = 0; index < nMaxSize; index++)
  {
    char cAnswer;
    cout << "Enter another name? (Y or N):";
    cin   >> cAnswer;

    if (cAnswer != 'Y' && cAnswer != 'y')
    {
```

```
            break;
        }

        people[index] = getPerson();
    }
    return index;
}

// displayPerson - display a person on the default display
void displayPerson(Person person)
{
    cout << "First name: " << person.szFirstName << endl;
    cout << "Last name: "         << person.szLastName   << endl;
    cout << "Social Security number : "
         << person.nSocialSecurityNumber << endl;

}

/// displayPeople - display an array of Person objects
void displayPeople(Person people[], int nCount)
{
    for(int index = 0; index < nCount; index++)
    {
        displayPerson(people[index]);
    }
}

// sortPeople - sort an array of nCount Person objects
//                            by Social Security Number
//                            (this uses a binary sort)
void sortPeople(Person people[], int nCount)
{
    // keep going until the list is in order
    int nSwaps = 1;
    while(nSwaps != 0)
    {
        // we can tell if the list is in order by
        // the number of records we have to swap
        nSwaps = 0;

        // iterate through the list...
        for(int n = 0; n < (nCount - 1); n++)
        {
            // ...if the current entry is greater than
            // the following entry...
            if (people[n].nSocialSecurityNumber >
                pelple[n+1].nSocialSecurityNumber)
            {
                // ...then swap them...
                Person temp = people[n+1];
                people[n+1] = people[n];
```

```
        people[n]                = temp;

        // ...and count it.
        nSwaps++;
      }
    }
  }
}

int main(int nNumberofArgs, char* pszArgs[])
{
// allocate room for some names
Person people[128];

// prompt the user for input
cout << "Read name/social security information\n";
int nCount = getPeople(people, 128);

// sort the list
sortPeople(people, nCount);

// now display the results
cout << "\nHere is the list sorted by "
     << "social security number" << endl;
displayPeople(people, nCount);

// wait until user is ready before terminating program
// to allow the user to see the program results
system("PAUSE");
return 0;
}
```

O programa começa declarando a classe `Person` com dados de membros do nome, sobrenome e número da Previdência Social. Ao contrário da prática do bom programador, este programa usa *arrays* de comprimento fixo para as *strings* de nome. (Se estivéssemos escrevendo isso para um pacote comercial, eu usaria *arrays* de comprimentos variáveis ou incluiria um teste, para garantir que a entrada do teclado não sobrecarregaria o *buffer*. Veja o Capítulo 17 se não souber sobre o que estou falando.)

A primeira função, `getPerson()`, solicita do usuário os dados necessários para descrever um único objeto `Person`. Depois, ela retorna uma cópia daquele `Person` ao chamador.

A segunda função, `getPeople()`, chama a função `getPerson()` repetidamente, para recuperar os dados de um número de indivíduos. Ela armazena, no *array* `People`, os objetos `Person` recuperados. Essa função aceita como um argumento o tamanho máximo do *array* `people` e retorna ao chamador o número corrente dos elementos lá armazenados.

As funções `displayPerson()` e `displayPeople()` são as saídas análogas às funções `getPerson()` e `getPeople()`. `display Person()` promove a saída das informações de um único indivíduo, enquanto `display People()` chama aquela função em cada elemento definido no *array* de pessoas.

A função `sortPeople()` classifica os elementos do *array* de pessoas na ordem de número crescente da Previdência Social. Esta função é descrita no artigo "Bubble Sort". Não se preocupe muito sobre como funciona esta função. Você estará ganhando o jogo se puder seguir o restante do programa.

A saída da execução de um teste deste programa aparece como a seguir:

```
Read name/social security information
Enter another name? (Y or N):y

Enter another Person
First name: Adam
Last name: Laskowski
Social Security number: 123456789
Enter another name? (Y or N):y

Enter another Person
First name: Stephen
Last name: Davis
Social Security number: 456789012
Enter another name? (Y or N):y

Enter another Person
First name: Janet
Last name: Eddins
Social Security number: 345678901
Enter another name? (Y or N):n

Here is the list sorted by social security number.
First name: Adam
Last name: Laskowski
Social Security number : 123456789
First name: Janet
Last name: Eddins
Social Security number ; 345678901
First name: Stephen
Last name: Davis
Social Security number : 456789012
Press any key to continue ...
```

Você viu a maioria dos recursos não orientados a objeto de C++. O próximo capítulo apresenta a você o depurador Code::Blocks, o qual envolve as seções dedicadas ao que eu chamo de programação funcional. Depois daquilo, na Parte V, pulo para a programação orientada a objeto.

Bubble Sort (Ordenação Bolha)

A maior parte deste livro é dedicada à sintaxe de C++. No entanto, além dos detalhes da linguagem, você também precisará aprender os algoritmos comuns de programação, de modo a se tornar um programador competente. A Ordenação Bolha é um daqueles algoritmos que todo programador deveria dominar.

Existe uma série de algoritmos comuns para classificar campos. Cada qual tem suas vantagens. De uma maneira geral, os algoritmos mais simples demoram mais para executar, enquanto que os, de fato, mais rápidos são mais difíceis de programar. A Ordenação Bolha é muito fácil de programar, mas não é especialmente rápida. Para pequenos conjuntos, isso não é um problema; *arrays* tomam várias centenas de entradas em comprimento, que podem ser classificadas em muito menos que um segundo em processadores modernos, de alta velocidade. Para quantias de pequenas a moderadas de dados, a simplicidade da Ordenação Bolha supera qualquer prejuízo de desempenho.

Na Ordenação Bolha, o programa passa múltiplas vezes através do conjunto de dados. Em cada passada, ele compara cada elemento com o seguinte na lista. Se o elemento N for menor que N+1, então esses dois estão na ordem certa, portanto, a Ordenação Bolha não toma qualquer atitude. No entanto, se o elemento N for maior que N+1, então a Ordenação Bolha troca os dois elementos e, depois, segue para o elemento seguinte. Na prática, isso se parece com o seguinte:

```
// if the current entry is greater than
// the following entry...
if (people[n].nSocialSecurityNumber >
 people[n+1].nSocialSecurityNumber)
{
// ...then swap them...
Person temp = people[n+1];
people[n+1] = people[n];
people[n]   = temp;

// ...and count it.
nSwaps++;
}
```

Ao final da primeira passada por todo o *array*, o elemento maior terá sido movido para o fim da lista, mas o restante dos *arrays* ainda não estará em ordem. Porém, passadas repetidas através do *array* levam cada elemento a se "borbulhar" ao seu lugar certo no array. A Ordenação Bolha ajusta o número de elementos que foram trocados a cada passada, zerando o contador nSwaps antes de interagir através da lista e aumentar o número de elementos trocados em cada passada. De fato, o algoritmo não se preocupa com a quantidade de trocas que foi feita; se qualquer troca foi executada, então o *array* não estava em ordem. No entanto, quando a Ordenação Bolha pode percorrê-lo todo através da lista sem quaisquer trocas, então sabe que o *array* está em ordem.

A figura demonstra como a Ordenação Bolha classifica um *array* de cinco inteiros. Durante a primeira passada pela lista, são executadas duas trocas. Na segunda passada, o algoritmo só faz uma única troca. A lista resultante está na ordem, mas o algoritmo não sabe disso até percorrer todo o *array* sem fazer quaisquer trocas, conforme mostrado na terceira passada. A essa altura, a Ordenação Bolha é encerrada.

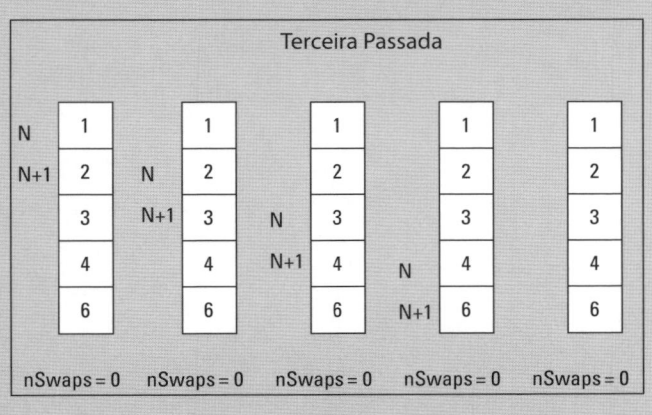

Capítulo 20

Depurando Seus Programas, Parte 3

Ao final das Partes II (Capítulo 8) e III (Capítulo 13), apresentei algumas técnicas para encontrar erros. Agora que você se aproxima do fim da Parte IV, eu quero tocar nas técnicas de depuração uma última vez.

Neste capítulo, apresento a você as ferramentas de depuração internas ao ambiente de desenvolvimento de Code::Blocks (há ferramentas semelhantes para a maioria dos outros ambientes). Aprender a usar o depurador lhe dará uma visão mais clara sobre o que seu programa está fazendo (e, às vezes, o que ele não está fazendo).

Uma Nova Abordagem Para Depurar

Os Capítulos 8 e 13 mostraram como encontrar problemas, acrescentando declarações de saída em posições-chave. Promover a saída de variáveis-chave permite que você veja quais valores intermediários o seu programa está calculando e qual caminho está tomando através do seu código C++.

No entanto, a técnica de saída tem muitas desvantagens claras. A primeira é a dificuldade em saber o que exibir. Em um pequeno programa, tal como a maioria dos programas neste livro, é possível exibir quase tudo – não há tantas variáveis para ultrapassar. Porém, em um programa de maior porte, existem muitas centenas de variáveis, especialmente se você incluir todos os elementos nos *arrays*. Saber quais variáveis exibir pode ser problemático.

Um segundo problema é o tempo que leva para remontar o programa. Novamente, isso não é um problema com pequenos programas. Code::Blocks pode remontar um pequeno programa em apenas alguns segundos. Nesses casos, acrescentar ou alterar declarações de saída não toma mais que alguns minutos. Entretanto, participei de projetos onde remontar todo o programa levou muitas horas. Em um programa grande, acrescentar novas declarações de saída enquanto você zera em um *bug*, pode demorar um longo tempo.

Por fim, é muito difícil depurar um problema de ponteiro usando a abordagem de saída. Se um ponteiro for inválido, qualquer tentativa de usá-lo levará o programa a abortar, e é quase impossível conhecer um ponteiro válido a partir de um inválido apenas exibindo o seu valor em cout.

A solução

O que você precisa é de uma forma de parar o programa no meio de sua execução e questionar o valor de variáveis-chave. É exatamente isso o que o depurador faz.

Na verdade, o depurador é um utilitário montado no ambiente de Code::Blocks. Cada ambiente tem algum tipo de depurador, e todos eles oferecem os mesmos recursos básicos, embora os comandos específicos possam diferir. O depurador permite ao programador controlar a execução de seu programa. Ele pode executar uma etapa de cada vez no programa, interromper o programa em qualquer ponto e examinar o valor de variáveis.

Diferente da linguagem C++, que é padronizada, cada depurador tem o seu próprio conjunto de comandos. Felizmente, quando você tiver aprendido a usar o depurador Code::Blocks, não terá problema em aprender a usar o depurador que vem com o seu ambiente C++ preferido.

O depurador é controlado pelo programador através de comandos fornecidos a partir do teclado, dentro do ambiente de Code::Blocks, exatamente como usaria os comandos de edição para modificar o código fonte de C++ ou montar comandos para criar o programa executável. Os comandos do depurador estão disponíveis tanto a partir do menu de itens quanto das teclas de atalho.

A melhor maneira de aprender a usar o depurador Code::Blocks é usá-lo para encontrar um par de problemas desagradáveis em uma versão com *bug* de um dos programas que você já viu.

Entomologia Para Peigos

A seguinte versão do programa Concatenate (o qual você encontrará no CD-ROM incluso como ConcatenateError1) representa a minha primeira tentativa no programa ConcatenateHeap, do Capítulo 18.

Esta versão tem, pelo menos, dois *bugs* graves, sendo que ambos estão na
função concatenateString().

```cpp
//
// ConcatenateError1 - similar to ConcatenatePtr except
//                                     this version has several bugs
in it
//                                     that can be easily found with
the
// debugger
//
#include <cstdio>
#include <cstdlib>
#include <iostream>
#include <cstring>
using namespace std;

// concatenateString - concatenate two strings together
//                                    into an array allocated off of
the
//                                    heap
char* concatenateString(const char* pszSrc1,
                        const char* pszSrc2)
{
// allocate an array of sufficient length
int nTargetSize = strlen(pszSrc1)+strlen(pszSrc2)+1;
char* pszTarget = new char[nTargetSize];

// first copy the first string into the target
while(*pszSrc1 != '\0')
{
    *pszTarget++ = *pszSrc1++;
}

// now copy the contents of the second string onto
// the end of the first
while(*pszSrc2 != '\0')
{
    *pszTarget++ = *pszSrc2++;
}

// return the resulting string to the caller
return pszTarget;
}

int main(int nNumberofArgs, char* pszArgs[])
{
// Prompt user
cout << "This program accepts two strings\n"
     << "from the keyboard and outputs them\n"
     << "concatenated together.\n" << endl;

// input two strings
```

```
cout << "Enter first string: ";
char szString1[256];
cin.getline(szString1, 256);

cout << "Enter the second string: ";
char szString2[256];
cin.getline(szString2, 256);

// now concatenate one onto the end of the other
cout << "Concatenate first string onto the second"
     << endl;
char* pszT = concatenateString(szString1, szString2);

// and display the result
cout << "Result: <"
     << pszT
     << ">" << endl;

// return the memory to the heap
delete pszT;
pszT = NULL;

// wait until user is ready before terminating program
// to allow the user to see the program results
system("PAUSE");
return 0;
}
```

O seguinte exibe o resultado da execução do programa:

```
This program accepts two strings
from the keyboard and outputs them
concatenated together.

Enter first string: **this is a string**
Enter the second string: **THIS IS ALSO A STRING**
Concatenate first string onto the second
Result: <OF_fdT D>
Press any key to continue ...
```

Claramente o resultado não está certo; assim, alguma coisa deve estar errada. Em vez de começar a inserir declarações de saída, dessa vez usarei o depurador para encontrar os problemas.

Eu sugiro que você me acompanhe e repita as mesmas etapas que sigo na próxima seção. Você pode começar com o programa ConcatenateError1 a partir do CD-ROM.

Iniciando o depurador

Eu posso dizer ao depurador que quero executar o programa até determinada linha ou ver uma variável em especial. Mas, para fazer isso, o depurador precisa saber exatamente onde cada linha de código C++ está armazenada e onde cada variável é mantida. Isso é feito com ele anexando informações extras no executável – na verdade, um pouquinho de informações extras. Pelo fato de que essas informações podem ser realmente extensas e porque eu não preciso delas para a versão de lançamento que eu entrego ao público, é opcional incluir as informações de depuração.

Resolvi se eu ia incluir as informações de depuração no executável quando criei o projeto. A Figura 20-1 mostra a penúltima caixa de diálogo apresentada pelo Project Wizard (Assistente de Projeto), a caixa de diálogo Console Application (Console de Aplicativo). O padrão é gerar informações de depuração, conforme mostrado aqui. A configuração Release (lançamento) é a versão do executável sem as informações extras de depuração. Não posso usar o depurador se não criar uma versão de configuração de Debug (Depurador).

Figura 20-1:
A caixa
de diálogo
Console
Application
do Project
Wizard
permite
que você
selecione se
deseja ou
não montar
uma versão
depurada do
executável.

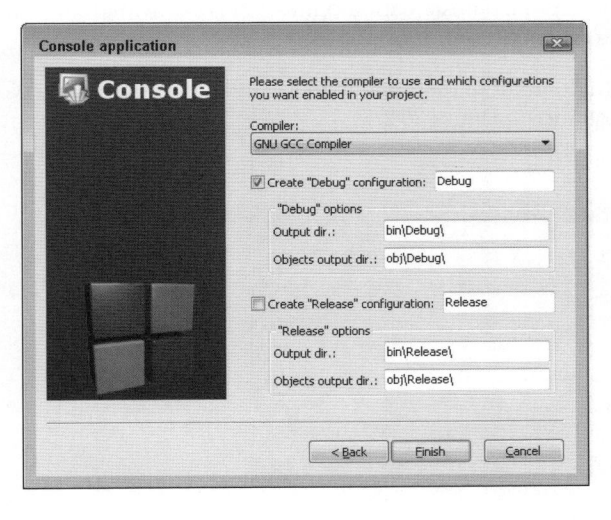

 Eu posso ativar as informações do depurador em qualquer ocasião, selecionando Settings⇨Compiler and Debugger (Configurações⇨Compilador e Depurador) e, depois, garantindo que a caixa de verificação Produce Debugging Symbols[-g] (Produzir Símbolos de Depuração) esteja marcada na subjanela Compiler Flags (Sinalizadores de Compilador) da janela Compiler Settings (Configurações de Compilador). Preciso remontar o executável, selecionando Build⇨Rebuild (Montar⇨Remontar), para que a mudança cause qualquer efeito.

Portanto, suponha que eu disse à Code::Blocks para incluir informações de depuração no executável.

Tenho quase certeza de que o problema está na própria função concatenateString(). Então, resolvo que quero parar de executar o programa na chamada a concatenateString(). Para fazer isso, preciso fazer o que é chamado de *setting a breakpoint* (configurar um ponto de parada).

Um *ponto de parada* é um comando ao depurador, que diz para interromper a execução do programa se você chegar a esse ponto. Há quatro maneiras de ajustar um ponto de parada, todas elas equivalentes:

- ✔ clicar com o cursor bem à direita do número de linha na linha 60 (veja a Figura 20-2);

- ✔ clicar com o botão direito na linha 60 e selecionar Toggle Breakpoint (Marcar Ponto de Parada) a partir do menu que aparece (é a primeira opção);

- ✔ colocar o cursor na linha 60 e selecionar F5 (Toggle Breakpoint);

- ✔ colocar o cursor na linha 60 e selecionar Debug⇨Toggle Breakpoint.

Há inúmeros métodos para entrar com praticamente todos comandos de depuração que descrevo neste capítulo, mas, pela objetividade, descrevo apenas um. Você pode tentar encontrar os outros.

Do lado direito do número de linha, aparece um pequeno sinal de parar, conforme mostrado na Figura 20-2.

Figura 20-2: Um pequeno sinal vermelho de parar indica que o ponto de parada foi ajustado no local especificado.

Para iniciar o programa, seleciono Debug⇨Start (Depurar⇨Iniciar). A princípio, o programa parece executar normalmente. Para começar, ele me pede a primeira *string*. Depois, solicita uma segunda *string*. Mas, assim que entro com essa *string*, o programa parece parar e surge uma pequena seta amarela, dentro do sinal de parar, na exibição do código fonte. Isso é mostrado na Figura 20-3. Essa pequena seta amarela é o indicador da localização atual. Isso indica para a próxima linha C++ a ser executada.

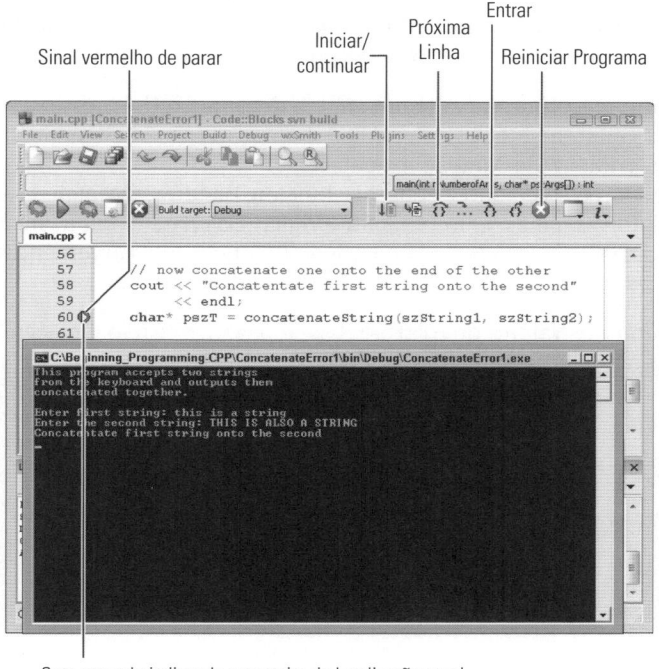

Figura 20-3:
O programa para de executar e aparece uma pequena seta amarela na linha seguinte a ser executada quando o programa encontra um ponto de parada.

Seta amarela indicando o ponteiro de localização atual.

A partir da Figura 20-3, você também verá que aparece uma outra barra de ferramentas. A barra de ferramentas Debugger inclui os comandos mais comuns de depuração, incluindo a maioria dos comandos que demonstro neste capítulo. (Acrescentei chamadas aos comandos que descreverei mais adiante neste capítulo.)

Navegando com um depurador através de um programa

Está bem, então consegui interromper a execução do meu programa no meio, com o depurador. O que faço agora?

Começarei executando a função concatenateString(), uma declaração de cada vez. Seria possível ajustar um novo ponto de parada para a primeira instrução na função, mas é enfadonho configurar um novo ponto de parada em cada linha. Felizmente, o depurador Code::Blocks oferece uma escolha mais conveniente: o comando *Step Into* (Entrar).

Na barra de ferramentas de Debug, esse é o primeiro comando à esquerda. No entanto, se você ficar confuso, esse menu tem Tool Tips (Dicas de Ferramentas) – simplesmente aponte para o comando na barra de ferramentas e deixe a seta imóvel. Depois de alguns segundos, o nome do comando aparecerá. Ou, então, você pode selecionar Debug⇨Step Into (Depurar⇨Entrar) a partir do menu principal.

O comando Step Into executa uma única declaração C++; nesse caso, o comando entra na função chamada. A execução é imediatamente interrompida antes da primeira declaração executável em concatenateString(). Em seguida, eu seleciono Debug⇨Debugging Windows⇨Watches (Depurador⇨Janelas de Depuração⇨Vigilância) para exibir a janela mostrada na Figura 20-4. A partir dessa janela, percebo que os dois argumentos para a função, pszSrc1 e pszSrc2, parecem estar certos.

A esta altura, os valores de nTargetSize e pszTarget não têm significado, visto que eles ainda não foram inicializados.

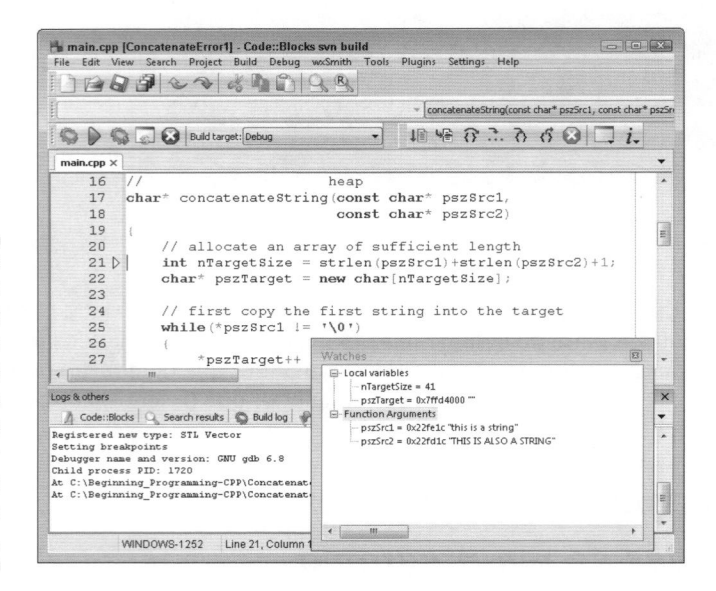

Figura 20-4:
A janela Watches mostra os dois argumentos às funções e quaisquer variáveis localmente definidas.

Eu poderia selecionar Step Into novamente para me adiantar, mas isso me levaria para dentro das funções strlen(). Uma vez que essas são rotinas da biblioteca C++, estou disposto a aceitar que essas estão funcionando bem.

A outra opção é conhecida como Next Line. Ela entra na próxima linha do código C++ na função atual tratando as chamadas à função, exatamente como qualquer outro comando C++.

Juntas, Step Into e Next Line são conhecidas como comandos *single step* (etapa única). Em comandos que não os de chamadas à função, os dois comandos são equivalentes. Muitos depuradores usam o termo Step Over (Passar por Cima), em vez de Next Line, para destacar a distinção de Step Into.

Selecionei Next Line a partir da barra de ferramentas Debug. Veja como o indicador de localização atual se move da linha 21 para a 22, conforme mostrado na Figura 20-5. Além disso, a variável nTargetSize é destacada em vermelho na janela Watch, para mostrar que o seu valor foi alterado. Agora, o valor de nTargetSize é 38, o comprimento certo da soma das duas *strings*.

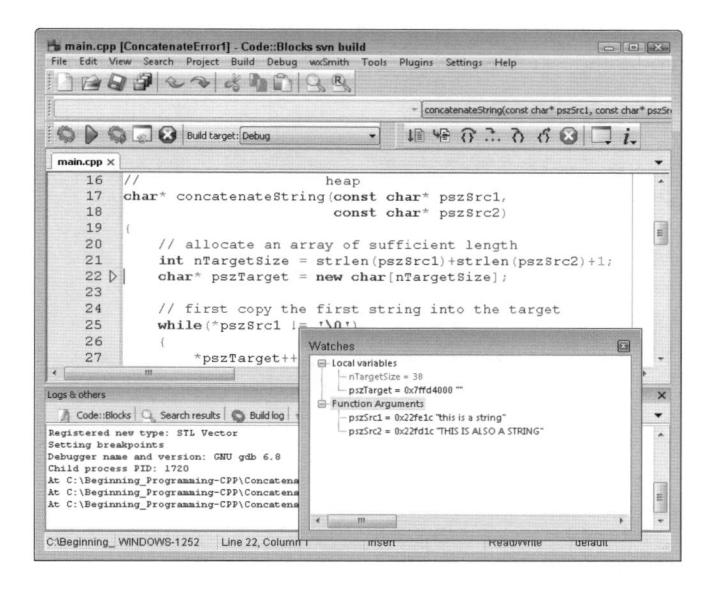

Figura 20-5: Selecionar Next Line move o indicador de localização atual para a linha 22 e inicializa nTargetSize.

Você tem que ser totalmente claro quanto ao que acabou de acontecer. Tudo o que você vê é que a tela pisca e o indicador de localização atual se move para uma linha abaixo. O que, de fato, aconteceu é que o depurador ajusta um ponto temporário de parada na linha 22 e, depois, reinicia o programa na linha 21. O programa executou duas chamadas a strlen() e, em seguida, fez a adição, armazenando o resultado em nTArgetSize. É possível que você só tenha visto uma linha de código ser executada, mas, na verdade, muitas linhas de código C++ foram executadas dentro das funções strlen() (de fato, executadas duas vezes).

Até agora, tudo bem, então seleciono Next Line mais algumas vezes até entrar no *loop* while.

Esse *loop* while é estruturado de uma forma um pouco diferente de como vimos antes. Aqui, eu incremento o ponteiro como parte da própria designação, em vez de incrementar a cláusula de um *loop* for, como a seguir:

```
while(*pszSrc1 != '\0')
{
   *pszTArget++ = *pszSrc1++; // Line 27
}
```

A linha 27 do programa diz: "Armazene o valor da char apontada por pszSrc1 no lugar char apontando por pszTarget e depois, aumente pszSrc1 e pszTarget".

A Figura 20-6 mostra a exibição do depurador depois que executei o *loop* algumas vezes. Observe, depois de cada execução, que, uma vez que o valor delas é modificado, ambas, pszSrc1 e pszTarget, estão destacadas na janela Watches.

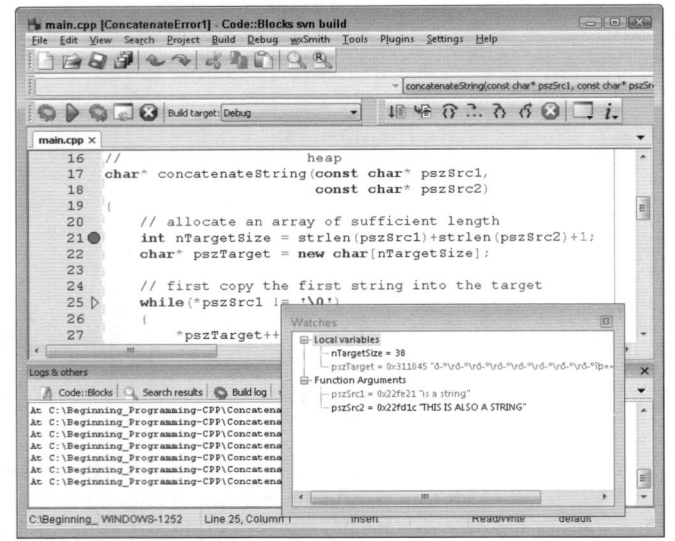

Figura 20-6:
O *loop* while aumenta pszSrc1 e pszTarget em cada passada.

Note também que a *string* apontada por pszSrc1 parece estar afundando. Isso porque, como pszSrc1 é incrementado, de fato ele está descendo na *string*, até que possa acontecer de não encontrar nada mais a não ser null de encerramento. É quando o controle deixará o *loop* while e prosseguirá no próximo *loop*.

Espere aí! A *string* indicada por `pszTarget` não está crescendo. Lembre-se de que a intenção é copiar o conteúdo de `pszSrc1` em `pszTarget`. O que está acontecendo?

Depois de pensar um pouco, a resposta é óbvia. Eu também alterei o valor de `pszTarget` e deixei para trás os caracteres que copiei. Para começar, era isso o que estava errado com a minha função. Eu precisava manter uma cópia do ponteiro original não modificado para voltar ao chamador!

Agora que conheço o problema (ou, pelo menos, um problema – pode haver outros) interrompo o depurador, clicando Stop Debugger (Parar Depurador) na barra de ferramentas Debug. A caixa de diálogo Console Application desaparece imediatamente, e o Code::Blocks exibe o retorno àquele usado para editar.

Corrigindo o (primeiro) bug

Para solucionar o problema que encontrei, só preciso salvar o valor retornado por `new` e retorná-lo, em vez do indicador `pszTarget` da função. Incluo aqui apenas a função `concatenateString()` modificada (o restante do programa está inalterado – todo o programa está no CD-ROM incluso, como ConcatenateError2):

```
char* concatenateString(const char* pszSrc1,
                          Const char* pszSrc2)
{
    // allocate an array of sufficient length
    int nTargetSize = strlen(pszSrc1)+strlen(pszSrc2)+1;
    char* pszTarget = new char[nTargetSize];
    char* pszT = pszTarget;              // save a pointer to return

    // first copy the first string into the target
    while(*pszSrc1 != '\0')
    {
        *pszTarget++ = *pszSrc1++;
    }

    // now copy the contents of the second string onto
    // the end of the first
    while(*pszSrc2 != '\0')
    {
        *pszTarget++ = *pszSrc2++;
    }

    // return the original pointer to the caller
    return pszT;
}
```

Aqui, salvo o ponteiro retornado por new nas duas, pszTarget, que pretendo aumentar e pszT, que ficará inalterada. A função retorna ao chamador o último ponteiro inalterado.

Remontei o aplicativo e, depois, repeti as minhas etapas anteriores para etapa única, através do primeiro *loop* dentro de concatenateString(). A Figura 20-7 mostra a exibição depois de mostrar o *loop* sete vezes.

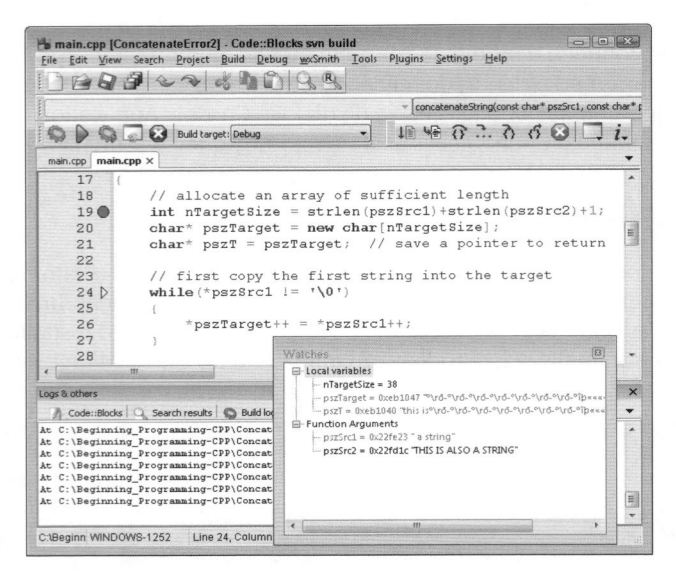

Figura 20-7:
A janela Watches da função atualizada concatenateString() mostra a *string* sendo montada no *array* apontado por pszT.

Veja como pszT aponta para um *array* contendo os primeiros sete caracteres da *string* fonte this is. Observe também que o valor de pszTarget é 7, maior que pszT.

Mas observe também todos os caracteres lixo na *string* pszT que aparecem depois de this is. Code::Blocks exibe o lixo extra pois a *string* alvo não tem null de encerramento. Ela ainda não precisa, visto que eu não acabei de montá-la.

Encontrando e corrigindo o segundo bug

As duas *strings* fonte não são assim tão longas, portanto, uso o comando Next Line em etapa única por todo o *loop*. A Figura 20-8 mostra a janela Debug depois de executar o segundo *loop* pela última vez. Aqui, pszT aponta para a *string* alvo completada, com as duas *strings* fontes concatenadas. No entanto, sem um null de encerramento, a *string* ainda exibe lixo depois do caractere final.

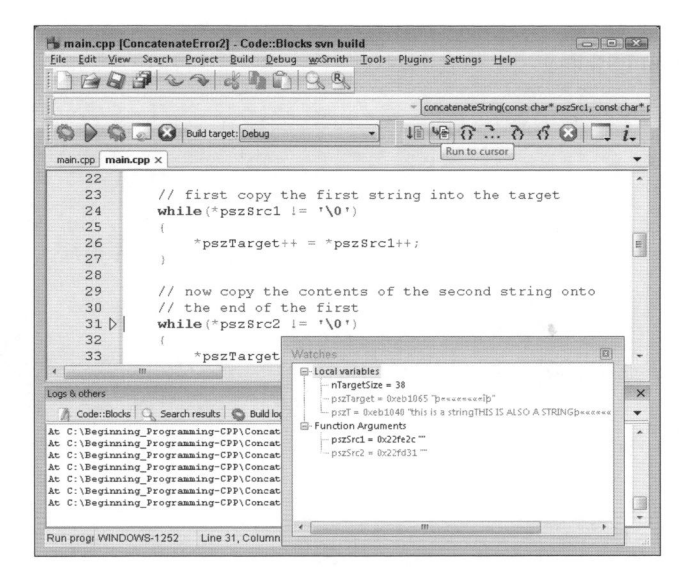

Figura 20-8:
A janela
Debug depois
de executar o
segundo *loop*
pela última
vez.

Pelo fato de que terminei com a função, seleciono Debug⇨Continue
(Depurador⇨Continuar) do menu Code::Blocks. Isso leva o depurador a voltar
ao programa que havia deixado e continuar para o próximo ponto de parada
ou até o fim do programa, o que acontecer primeiro.

Certamente, o *array* exibido concatenado inclui o mesmo lixo que vi no
depurador:

```
This program accepts two string
from the keyboard and outputs them
concatenated together.

Enter first string: this is a string
Enter the second string: THIS IS ALSO A STRING
Concatenate first string onto the second
Result: <this is a stringTHIS IS ALSO A STRING      >
Press any key to continue ...
```

Eu não incluí um `null` de encerramento, assim, o que levou a *string* retornada
por `concatenateString()` a terminar? Por que ela não prossegue por
páginas? A breve resposta é: "Nada". Seria possível que C++ tivesse que
exibir muitas centenas de caracteres antes de, eventualmente, chegar a um
caractere contendo um `null`. Entretanto, na prática isso raramente acontece.
Zero é, de longe, o valor mais comum na memória. Normalmente, você não
precisa olhar muito longe antes de encontrar um *byte* contendo um zero que
encerra a *string*.

Tudo o que preciso fazer para corrigir esse problema é acrescentar um `null` de encerramento depois do *loop* `while`:

```
char* concatenateString(const char* pszSrc1,
                                    const char* pszSrc2)
{
    // allocate an array of sufficient length
    int nTargetSize = strlen(pszSrc1)+strlen(pszSrc2)+1;
    char* pszTarget = new char[nTargetSize];
    char* pszT = pszTarget;    // save a pointer to return

    // first copy the first string into the target
    while(*pszSrc1 != '\0')
    {
        *pszTarget++ = *pszSrc1++;
    }

    // now copy the contents of the second string onto
    // the end of the first
    while(*pszSrc2 != '\0')
    {
        *pszTarget++ = *pszSrc2++;
    }

    // add a terminating NULL
    *pszTarget = '\0';

    // return the unmodified pointer to the caller
    return pszT;
}
```

Executar esta versão no depurador cria a exibição mostrada na Figura 20-9. Observe que, uma vez o `null` de encerramento tenha sido acrescentado, a *string*, apontada por `pszT`, "é limpada" magicamente, perdendo todo o lixo daquelas *strings* depois dos dados que coloquei lá.

Deixe-me esclarecer: aqueles caracteres de lixo ainda estão lá. Trata-se, apenas, do fato de que o `null` de encerramento leva C++ a não exibi-los. A saída do programa é a *string* previsível que você veio a amar e admirar:

```
This program accepts two strings
from the keyboard and outputs them
concatenated together.

Enter the first string: this is a string
Enter the second string: THIS IS ALSO A STRING
Concatenate first string onto the second
Result: <this is a stringTHIS IS ALSO A STRING>
Press any key to continue ...
```

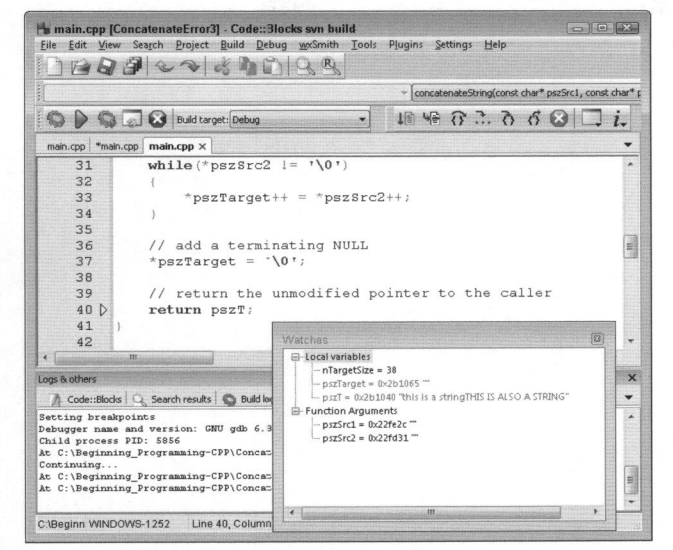

Figura 20-9:
Acrescentar
o null de
encerramen-
to remove
todos os
caracteres
de lixo ao
final da *string*
concatenada.

É possível encontrar problemas em pequenos programas, acrescentando declarações de saída em lugares-chave. No entanto, o depurador é uma ferramenta muito mais elegante e poderosa para encontrar problemas. Abrir seu caminho com etapa única através de um programa no depurador oferece o sentido real do que o computador está fazendo com o seu código fonte. Você desenvolve um entendimento de como funciona o computador, que não creio que pense de outra maneira. O depurador que vem com Code::Blocks é tão fácil de usar quanto qualquer um que eu já tenha visto. Recomendo que o use logo e com frequência.

Parte V

Programação Orientada a Objeto

"Eu sei como extrair informações do programa, mas e se eu quiser apenas deixá-las vazar?"

Nesta parte...

As partes de I a IV descrevem C++ apenas como outra linguagem funcional, não muito diferente de sua antecessora, C. Esta parte apresenta a você os conceitos por trás da programação orientada a objeto. Esses conceitos revolucionaram o mundo da programação quando se tornaram amplamente adotados no fim da década de 1980. Esta é a parte que descreve o que torna C++ verdadeiramente a poderosa linguagem que é.

Capítulo 21

O que é Programação Orientada a Objeto?

● ●

Neste Capítulo

▶ Abstraindo os detalhes

▶ Como contrastar a abordagem orientada a objeto com a abordagem funcional

▶ Classificando coisas

● ●

Na vida diária, há um excesso de exemplos de objetos. Bem na minha frente, há uma cadeira, uma mesa, um computador e a caneca vermelha da Starbucks. Não tenho problemas em agrupar esses objetos em classificações com base em suas propriedades. Por exemplo, a caneca é um contentor, ela também é um isolante térmico, portanto, posso usá-la para conter coisas quentes ou frias, e tem massa. Assim, posso usá-la como um peso de papel ou atirar no cachorro. A programação orientada a objeto aplica essa visão do mundo àquela de programação. Para explicar o que quero dizer, deixe-me começar com uma história.

Distração e Micro-Ondas

Às vezes, quando meu filho e eu estamos assistindo ao futebol americano, preparo às pressas um punhado de *nachos*. Nada extravagante, pode crer – jogo algumas batatas *chips* em um prato, depois feijões fritos, queijo e um punhado de pimenta dedo-de-moça e ponho tudo no forno de micro-ondas por cinco minutos. Para usar o forno, eu abro a porta, coloco os *nachos* dentro, aperto alguns botões na frente e pressiono iniciar. Depois de alguns minutos, soa o apito para informar que está pronto. Se eu faço alguma coisa errada, o forno apita e não inicia. Às vezes, ele exibe uma mensagem de erro no pequeno visor.

Isso não parece muito profundo e, de fato não é, até você considerar todas as coisas que não faço para usar o meu forno de micro-ondas:

- Eu me limito ao painel dianteiro do forno de micro-ondas. Não olho dentro dele. Não olho as listas de códigos, que diz à unidade processadora o que fazer. Não estudo o diagrama de cabos que está colado no interior dele;

- Não reescrevo ou mudo nada dentro do forno de micro-ondas para que ele funcione. O forno que uso para fazer *nachos* é exatamente o mesmo que usei anteriormente para aquecer *chilli dogs* [cachorro-quente com pimenta] (na minha casa, não entra nada que não seja saudável). E será o mesmo forno que usarei para aquecer amanhã meus cereais (imaginando que ele não quebre);

- Não penso sobre o que poderia acontecer dentro do meu forno de micro-ondas para ser usado. Mesmo se eu projetasse micro-ondas para viver, provavelmente não pensaria sobre como ele funciona quando preparo *nachos* antes de um grande jogo.

Estas não são observações profundas. Os seres humanos só podem pensar um pouco de cada vez. Temos a tendência de reduzir a quantidade de coisas com as quais precisamos lidar, abstraindo-nos de todos os pequenos detalhes. Isso nos permite trabalhar ao nível adequado de detalhes no problema que estamos tentando solucionar.

Nota: Em termos orientados a objeto (OO), esse nível de detalhes é conhecido como *level of abstraction* (nível de abstração).

Ao trabalhar com *nachos*, vejo o meu forno de micro-ondas como uma caixa-preta. Não me preocupo com o que está acontecendo dentro daquela caixa, a menos, é claro, que ele quebre. Então, eu poderia desmontá-lo para ver se consigo descobrir o que está errado; assim, estou trabalhando em um diferente nível de abstração. Ainda não desmonto e tiro os *chips* da placa de circuitos ou tento remover os componentes individuais. (Ainda não estou *tão* louco.)

Desde que o forno de micro-ondas aqueça a comida, eu me limito à interface que ele expõe ao mundo exterior: o teclado e o visor de LCD. É muito importante que, a partir dessa interface, não haja nada que eu possa fazer que levará o micro-ondas a:

- Entrar em estado inconsistente e quebrar (levando-me a reiniciar o meu micro-ondas);

- Pior que isso: transformar os meus *nachos* em uma massa negra e flamejante;

- Pior ainda: pegar fogo e incendiar a casa.

Nachos funcionais

Vamos supor que eu pedisse ao meu filho para escrever um algoritmo para fazer *nachos*, usando a mesma abordagem usada para trocar pneus (do Capítulo 1). Provavelmente, ele escreveria algo como: "Abrir uma lata de feijões, grelhar um pouco de queijo, cortar as pimentas" e assim por diante. Para a parte de aquecer os *nachos*, ele escreveria alguma coisa parecida com: "Cozinhar no forno até o queijo derreter".

Esta descrição é direta e completa, mas não é como um programador funcional codificaria um programa para fazer *nachos*. Programadores funcionais vivem num mundo desprovido de objetos, tais como fornos de micro-ondas. Eles tendem a se preocupar com fluxogramas, com seus extensos caminhos funcionais. Em uma solução funcional, o controle de fluxo passaria do meu dedo pelo painel dianteiro do forno de micro-ondas e pelo interior da coisa. Logo, o fluxo estaria se agitando através dos caminhos lógicos complexos, se preocupando com quanto tempo usar algum capacitor e se é hora de soar o aviso: "venha e pegue".

Em um mundo assim, é difícil pensar em termos de níveis de abstração. Não há objetos, nem abstrações que ocultam complexidade inerente.

Nachos orientados a objetos

Em uma abordagem orientada a objeto para fazer *nachos*, eu começaria identificando os tipos de objetos no problema: batatas *chips*, feijões, queijo e um forno. Estes são os substantivos com os quais tenho que trabalhar. Eu identificaria os verbos relevantes a cada objeto. Em seguida, resolveria o problema usando apenas os substantivos e os verbos identificados anteriormente. Por fim, então, e apenas então, eu implementaria cada um desses objetos no *software*.

Identifiquei os substantivos e os verbos relevantes para a troca de pneus para você no Capítulo 1. Você ficou com o trabalho de implementar a solução, usando os substantivos e verbos que forneci.

Enquanto escrevo código orientado a objeto, é dito que estou trabalhando (e pensando) ao nível de abstração dos objetos básicos. Preciso pensar sobre fazer um forno útil, mas ainda não tenho que pensar no processo de fazer *nachos*. Afinal, os projetistas do meu forno de micro-ondas não pensaram sobre o problema específico da minha preparação de um lanche. Em vez disso, eles se propuseram a solucionar o problema de projetar e montar um forno de micro-ondas útil.

Depois de ter codificado com sucesso e testado os objetos de que eu precisava, poderei passar para o próximo nível de abstração. Eu posso começar pensando no nível de fazer *nachos* em vez de no de fazer o forno de micro-ondas. A essa altura, posso muito bem traduzir as instruções do meu filho diretamente no código C++.

Classificação e Micro-Ondas

Para o conceito de abstração, a classificação é importante. Se eu perguntasse ao meu filho: "O que é um forno de micro-ondas?", provavelmente, ele diria: "É um forno que...". Depois, se eu perguntasse: "O que é um forno?", ele poderia responder: "É um utensílio de cozinha que...". Eu poderia continuar a perguntar isso, colocando-me na escada da abstração, até terminar com: "É uma coisa", que é outra maneira de dizer: "É um objeto".

Meu filho entende que o nosso forno de micro-ondas, em especial, é um exemplo do tipo de coisas chamadas de fornos de micro-ondas. Além disso, ele vê micro-ondas como um tipo especial de forno, o qual, por sua vez, é um tipo de utensílio especial de cozinha e assim por diante.

A maneira técnica de dizer isso é que o nosso forno é uma *instância* da classe micro-ondas. A classe micro-ondas é uma subclasse da classe forno, e a classe forno é uma superclasse da classe micro-ondas.

Os seres humanos classificam. Tudo em nosso mundo é organizado em rótulos. Fazemos isso para reduzir a quantidade de coisas de que precisamos nos lembrar. Digamos, por exemplo, a primeira vez em que você viu um carro híbrido. A propaganda o anunciava como "um automóvel revolucionário, diferente de qualquer carro que você já viu", mas nós dois sabemos que não é apenas isso. Com certeza, o seu sistema de propulsão é diferente daqueles dos carros convencionais, mas ele ainda é um carro e, como tal, faz as mesmas coisas que todos os automóveis fazem: transportam você e sua família de um lugar para outro. Ele tem um volante, assentos, um motor, freios e assim por diante. Aposto que eu poderia dirigir um sem ajuda.

Não preciso bagunçar meu armazenamento limitado com todas as coisas que um carro híbrido tem em comum com outros carros. Tudo de que preciso lembrar é que "um carro híbrido é um carro que..." e me ligar àquelas poucas coisas que são únicas a um híbrido. Carros são uma subclasse de veículos sobre rodas, dos quais há outros membros, como caminhões e caminhonetes. Talvez veículos sobre rodas sejam uma subclasse de veículos, que incluem barcos e aviões. E assim por diante.

Por que Montamos Objetos Assim?

Pode parecer mais fácil projetar e montar um forno de micro-ondas especificamente para este problema, em vez de montar um objeto forno separado, mais específico. Imagine, por exemplo, que eu fosse montar um forno de micro-ondas para cozinhar *nachos* e apenas *nachos*. Não seria necessário colocar um painel dianteiro nele, a não ser o botão START. Eu sempre cozinho *nachos* pelo mesmo período de tempo. Poderia dispensar toda aquela bobagem de DEFROST (descongelar) e TEMP COOK (temperatura de cozimento). O forno poderia ser pequeno. Ele só precisaria conter um prato raso e pequeno. O espaço de pé cúbico seria totalmente desperdiçado com *nachos*.

Sendo assim, vamos supor que eu fique apenas com o conceito de "forno de micro-ondas". Tudo o que preciso é o "bucho" do forno. Depois, na receita, posso colocar as instruções para fazê-lo funcionar: "Coloque *nachos* na caixa. Conecte o fio vermelho ao fio preto. Aguarde um ligeiro ruído. Não se aproxime muito se pretende ter filhos". Coisas assim.

Contudo, a abordagem funcional apresenta alguns problemas:

- ✔ **Complexo demais.** Você não quer os detalhes da montagem do forno com os detalhes da confecção de *nachos*. Se não puder distinguir os objetos e tirá-los da confusão de detalhes para lidar com eles separadamente, você deve lidar com todas as complexidades do problema ao mesmo tempo.

- ✔ **Inflexível.** Se você precisar substituir o forno de micro-ondas por algum outro tipo de forno, você deve ser capaz de fazê-lo, desde que a *interface* do novo forno seja mais ou menos igual à do antigo. Sem uma *interface* simples e claramente delineada, fica impossível remover facilmente um tipo de objeto e substituí-lo por outro.

- ✔ **Não reutilizável.** Os fornos são usados para preparar diferentes pratos. Você não quer criar um novo forno cada vez que descobrir uma nova receita. Tendo solucionado o problema uma vez, seria bom reutilizar a solução em programas futuros.

Custa mais escrever um objeto genérico. Seria mais barato montar um micro-ondas especificamente feito para fazer *nachos*. Você economizaria com os caros *timers*, botões e similares, que não são necessários para fazer *nachos*. Porém, depois de ter usado um objeto genérico em mais de uma aplicação, os custos de uma classe ligeiramente mais cara, mais do que sobrecarrega os custos repetidos de montar classes mais baratas, menos flexíveis para cada novo aplicativo.

Classes Autocontidas

Agora é hora de pensar sobre o que você aprendeu. Em uma abordagem de programação orientada a objeto:

- ✔ O programador identifica as classes necessárias para solucionar o problema. (Desde o começo eu sabia que ia precisar de um forno para fazer *nachos* decentes.)

- ✔ O programador cria classes autocontidas, que se ajustam às exigências do problema, e não se preocupam com detalhes do aplicativo geral.

- ✔ O programador escreve o aplicativo usando as classes recém-criadas, sem pensar como estas funcionam internamente.

Uma parte integrante deste modelo de programação é que cada classe é responsável por si própria. Uma classe deve estar sempre em uma posição definida. Ela não deve ser capaz de quebrar o programa, chamando uma classe com dados ilegais ou com uma sequência ilegal de dados corretos.

Muitos dos recursos de C++, que são mostrados nos capítulos seguintes, tratam de como dar à classe a capacidade de se proteger de programas errantes, que só esperam uma oportunidade para atacar.

Capítulo 22

Jogo Estruturado: Forçando Classes a Fazer Coisas

As classes foram apresentadas à linguagem C como uma forma conveniente de agrupar elementos de dados desiguais, porém, relacionados – por exemplo, o número da Previdência Social e o nome da mesma pessoa. Essa é a maneira que as apresento no Capítulo 19. C++ ampliou o conceito de classes, para dar-lhes a habilidade de imitar objetos do mundo real. Essa é a essência da diferença entre C e C++.

No capítulo anterior, revi em alto nível o conceito da programação orientada a objeto. Neste capítulo, eu farei isso mais concretamente, examinando os aspectos ativos de uma classe que lhes permite imitar melhor o mundo orientado a objeto no qual vivemos.

Como Ativar os Nossos Objetos

C++ usa classes para simular objetos do mundo real. No entanto, as classes do Capítulo 19 falham em tal aspecto, pois as classes fazem coisas. (As classes do Capítulo 19 não têm quaisquer verbos associados a elas – elas nada fazem.) Imagine, por exemplo, uma conta de poupança. Para a classe `Savings` (conta poupança) é necessário salvar o nome do proprietário, provavelmente o seu número da Previdência Social e, com certeza, o seu número de conta e saldo. Porém, isso não é o bastante.

Objetos no mundo real fazem coisas. Fornos cozinham. Contas poupança acumulam juros. CDs (Certificados de Depósito) cobram uma multa substancial por retirada antecipada. Coisas assim.

Imagine o problema de lidar com depósitos em uma classe de conta poupança. Programas funcionais fazem coisas através de funções. Portanto, um programa de função poderia criar uma função separada que tomasse como seu argumento um ponteiro para um objeto conta Savings (poupança) que ele quisesse atualizar, seguido pela quantia a depositar.

Por ora, não se preocupe sobre como, exatamente, passar um ponteiro ao objeto conta Savings. No próximo capítulo, você verá mais sobre isso.

Mas não é dessa maneira que as contas poupança funcionam no mundo real. Quando me dirijo ao balcão do banco e digo que quero fazer um depósito na minha conta poupança, o caixa não me dá um livro no qual anoto o depósito e escrevo o novo saldo. Ele também não faz isso. Ao contrário, digita a quantia do depósito em um terminal e, depois, coloca aquela quantia na caixa. A máquina "cospe" um recibo de depósito com o novo saldo, que o atendente me dá, e está feito. Nenhum de nós toca diretamente nos livros do banco.

Isso pode parecer um exercício bobo, mas pense por que o banco não faz coisas "da maneira funcional". Por um minuto, esqueça a tentação que eu poderia ter de acrescentar alguns zeros extras ao final do meu depósito antes de somá-lo. O banco não faz coisas assim, pelo mesmo motivo que eu não ativo meu forno de micro-ondas conectando e desconectando fios dentro da caixa – o banco quer manter controles rígidos sobre o que acontece com seus saldos.

Se algo dá errado, e o meu saldo da conta poupança é aumentado em um milhão de dólares, ou algo assim ("Céus, como isso aconteceu?"), o banco tem o maior interesse em ser capaz de descobrir exatamente o que aconteceu e garantir que não aconteça novamente. Um simples erro aritmético feito por mim ou por um caixa não é justificativa suficiente para um erro como esse. O banco tem uma responsabilidade legal e fiduciária de manter suas contas em ordem. Ele não poderá fazer isso se cada pessoa que aparecer no balcão do caixa tiver acesso direto aos livros.

Esse cuidado também se estende aos programadores. Você pode dormir sossegado à noite, sabendo que não é todo programador que consegue acesso direto aos saldos bancários. Apenas os programadores mais confiáveis conseguem escrever o código que aumenta e diminui saldos bancários.

Eu uso aqui o termo "confiável" com duplo sentido. Primeiro, que o banco confia que esses indivíduos não vão roubar intencionalmente. Entretanto, o banco também confia que esses programadores tomarão todas as etapas necessárias do processo para realizar uma verificação completa e testar as funções deposit() (depósito) e withdraw() (retirada), para garantir que elas estão livres de *bugs* e que implementam as regras do banco com exatidão.

Para fazer a classe `Savings` imitar uma conta poupança do mundo real, ela precisa ativar propriedades próprias, como `deposit()` e `withdraw()` (e `chargePenalty()` [cobrança de multa] para quem sabe o motivo, no meu caso). Só assim uma classe `Savings` pode ser responsável pela sua situação.

Criando uma Função Membro

Uma função que faz parte de uma definição de classe é conhecida como uma *member function* (função membro). Os dados dentro da classe são conhecidos como *data members* (dados membros). As funções membro são os verbos da classe, enquanto os dados membros são os substantivos.

Funções membro também são conhecidas como *methods* (métodos), pela maneira pela qual elas eram chamadas na linguagem original orientada a objeto, Smalltalk. O termo métodos tinha significado para Smalltalk, mas não tem significado especial em C++, exceto que é mais fácil de dizer e soa mais impressionante em uma conversa. Tentarei não aborrecê-lo com trivialidades, mas você escutará o termo método ligado às partes orientadas a objetos, portanto, você também deveria se acostumar com ele. Tentarei ater-me ao termo funções membro, ainda que, até eu mesmo escorregue nos jargões técnicos ocasionalmente.

Nota: As funções que você viu até agora, que não são membros de uma classe, não têm um nome especial. Eu me refiro a elas como *non-member functions* (funções não membro) quando preciso diferenciá-las dos seus primos membros.

Há três aspectos em acrescentar uma função membro a uma classe: definir a função, nomeá-la e chamar a função. Parece bastante óbvio quando dito assim.

Como definir uma função membro

A classe a seguir demonstra como definir duas funções membro-chave, `deposit()` e `withdraw()` em uma classe de conta `Savings`:

```
// Savings - a simple savings account class
class Savings
{
 public;
   int    nAccountNumber;
   double dBalance;

   // deposit - deposit an amount to the balance;
   //                   deposits must be positive number; return
   //                   the resulting balance or zero on error
   double deposit(double dAmount)
```

```
{
  // no negative deposits - that's a withdrawal
  if (dAmount < 0)
  {
     return 0.0;
  }

  // okay - add to the balance and return the total
  dBalance += dAmount;
  return dBalance;
}

// withdraw - execute a withdrawal if sufficient funds
//            are available
double withdraw(double dAmount)
{
   if (dBalance < dAmount)
   {
     return 0.0;
   }

   dBalance -= dAmount;
   return dBalance;
}
};
```

Uma classe de conta poupança real teria muitas outras informações, como o nome do cliente. Acrescentar todas essas coisas não ajuda a explicar os conceitos, portanto, deixamos isso de lado para manter as listagens o mais curtas possível.

É possível ver que a definição das funções membro `deposit()` e `withdraw()` é muito parecida com aquelas de qualquer outra função, exceto que elas aparecem dentro da definição da própria classe. Há algumas outras diferenças sutis que apresento mais adiante neste capítulo.

É possível definir uma função membro fora da classe, como você verá um pouco mais tarde neste capítulo.

Nomeação de classes membros

Uma função membro é muito parecida com um membro de uma família. O nome completo da função de depósito é `Savings::deposit(double)`, exatamente como meu nome é Stephen Davis. A minha mãe não me chama assim, a menos que eu esteja com problema. Em geral, os membros da minha família me chamam apenas pelo meu primeiro nome, Stephen.

Da mesma forma, de dentro da classe `Savings`, a função de depósito é conhecida simplesmente como `deposit(double)`.

No início, o nome de classe indica que essa é a referência à função `deposit()` que é um membro da classe `Savings`. O `::` é simplesmente um separador entre o nome de classe e o nome de membro. O nome da classe é parte do nome ampliado da função membro, exatamente como Stephen Davis é meu nome completo (veja o Capítulo 11 se não se lembrar de nomes estendidos).

Geralmente, as classes são nomeadas usando substantivos que descrevem conceitos como `Savings` ou `SavingsAccount` (Poupança ou Conta Poupança). Normalmente, as funções membro são nomeadas com os verbos associados, como `deposit()` ou `withdraw()`. A não ser isso, as funções membro seguem a mesma convenção de nomeação que outras funções. Os dados membros são, normalmente, nomeados usando substantivos que descrevem propriedades específicas, como `szName` ou `nSocialSecurityNumber`.

Você pode definir uma função `deposit()` diferente, que nada tenha a ver com a classe `Savings` – há Stephens por aí que não têm nada com a minha família. (Quero dizer isso, literalmente: sei de vários Stephens que não querem ter **nada** com a minha família.) Por exemplo, `Checking::deposit(double)` ou `River::deposit()` são facilmente diferenciadas de `Savings::deposit(double)`.

Uma função não membro pode aparecer com um nome de classe nula. Por exemplo, se houvesse uma função de depósito que não fosse um membro de qualquer classe, o seu nome seria `::deposit()` ou simplesmente `deposit()`.

Chamando uma função membro

Antes de mostrar como chamar uma função membro, deixe-me, primeiro, refrescar sua memória sobre como acessar dados de um *membro* de um objeto. Dada a definição anterior da classe `Savings`, você poderia escrever o seguinte:

```
void fn()
{
   Savings s;

   s.nAccountNumber = 0;
   s.dBalance = 0.0;
}
```

A função `fn()` cria `Savings` de um objeto `s` e depois zera os dados membros de `nAccountNumber` e `dBalance` daquele objeto.

Observe que o seguinte não faz sentido:

```
void fn()
{
    Savings s1, s2;

    nAccountNumber = 0;        // doesn't work
    dBalance = 0.0;
}
```

De qual você está falando, nAccountNumber ou dBalance? O número da conta e o saldo de s1 ou s2. Ou algum outro objeto? Uma referência aos dados de membro só faz sentido no contexto de um objeto.

Chamar uma função membro é a mesma coisa. Primeiro, você precisa criar um objeto e, depois, pode chamar a função membro naquele objeto:

```
void fn()
{
    // create and initialize an object s
    Savings s = (0, 0.0);

    // now make a deposit of $100
    s.deposit(100.0);

    // or a withdrawal
    s.withdraw(50.0);
}
```

A sintaxe para chamar uma função membro se parece com um cruzamento entre a sintaxe para acessar os dados membro e aquela usada para chamar funções. O lado direito do ponto parece com uma chamada convencional à função, porém, aparece um objeto do lado esquerdo do ponto.

Essa sintaxe faz sentido quando você pensa sobre ela. Na chamada s.deposit(), s é o objeto poupança, ao qual deve ser feito deposit(). Você não pode fazer um depósito sem saber em qual conta. Chamar uma função membro sem um objeto não faz qualquer sentido, da mesma forma que referenciar dados de um membro sem um objeto.

Acessando outros membros de dentro de uma função membro

Parece que estou vendo você repetindo para si mesmo: "Você não pode acessar um membro sem referência a um objeto. Você não pode acessar um membro sem referência a um objeto. Você não pode...". E então, ZÁS!, você foi atingido. Savings::deposit() aparece para fazer exatamente isso:

```
double deposit(double dAmount)
{
    // no negative deposits - that's a withdrawal
    if (dAmount < 0)
    {

        return 0.0;
    }

    // okay - add to the balance and return the total
    dBalance += dAmount;
    return dBalance;
}
```

A função `Savings::deposit()` referencia `dBalance` sem uma referência
explícita a qualquer objeto. É como aquele programa da TV: "Como eles fazem isso?".

Está bem, o que é? Você pode ou não referenciar um membro sem um
objeto? Acredite-me, a resposta é não. Quando você referencia um membro
de dentro de outro da mesma classe, sem referenciar explicitamente a um
objeto, a referência é implicitamente contra o "objeto atual".

Qual é o objeto atual? Volte e olhe para o exemplo em mais detalhes. Estou
tirando apenas os elementos-chave deste exemplo, para ser breve:

```
class Savings
{
public:
    int     nAccountNumber;
    double  dBalance;

    double deposit(double dAmount)
    {
        dBalance += dAmount;
        return dBalance;
    }
};

void fn()
{
    // create and initialize two objects
    Savings s1 = {0, 0.0};
    Savings s2 = {1, 0.0};

    // now make a deposit of $100 to one account
    s1.deposit(100.0);

    // and then the other
    s2.deposit(50.0);
}
```

Quando deposit() é chamada com s1, a referência desqualificada para dBalance refere-se a s1.dBalance. Naquele momento, s1 é o "objeto atual". Durante a chamada, a s2.deposit(50.0), s2 torna-se o objeto atual. Durante essa chamada, a referência não qualificada para dBalance refere-se a s2.dBalance.

O "objeto atual" tem um nome. Ele é chamado de this, como em "this object" ("este objeto"). Inteligente, não? O seu tipo é "ponteiro para um objeto da classe atual". Falo mais sobre isso no Capítulo 23, ao abordar o assunto de ponteiros a objetos.

Como Manter uma Função Membro com uma Classe

Uma das coisas que não gosto em C++ é que ela oferece maneiras variadas de fazer a maioria das coisas. Usando isso como uma forma de flexibilidade, C++ permite que você defina funções membro fora da classe, desde que elas sejam declaradas dentro da classe.

A seguir está um exemplo da função withdraw(), escrita fora da declaração de classe (novamente, deixei de fora a verificação de erro, para tornar o exemplo o mais curto possível):

```cpp
// this part normally goes in the Savings.h include file
class Savings
{
public:
   int    nAccountNumber;
   double dBalance;

   double deposit(double dAmount);
};

// this part appears in a separate Savings.cpp file
double Savings::deposit(double dAmount)
{
   dBalance += dAmount;
   return dBalance;
}
```

Agora, a definição de Savings não contém mais que a declaração de protótipo da função membro deposit().A definição atual da função aparece depois. No entanto, veja que quando ela aparece, faz isso com todo o seu nome estendido, inclusive o de classe – não há nome de classe padrão fora da definição de classe.

Essa forma é ideal para funções membro maiores. Em tais casos, o número de linhas de código dentro das funções membro pode ficar tão grande, que faz sombra à própria definição da classe. Além disso, essa forma é usada ao definir classes em seus próprios módulos fonte C++. A definição da classe pode aparecer em um arquivo include, `Savings.h`, enquanto a definição da função aparece em um `Savings.cpp` compilado.

Sobrecarregando Funções Membro

Você pode sobrecarregar funções membro exatamente como sobrecarrega quaisquer outras funções. Mas lembre-se de que o nome de classe é parte do nome estendido. Isso significa que o seguinte é totalmente legal:

```
class Student
{
public:
    double grade();                 // return Student's grade
    double grade(double dNewGPA); // set Student's grade
};

class Hill
{
public:
    double grade(double dSlope);        // set the slope
};
    void grade(double);

void fn()
{
    Student s;
    Hill h;

    // set the student's grade
    s.grade(3.0);

    // now query the grade
    double dGPA = s.grade();

    // now grade a hill to 3 degrees slope
    h.grade(3.0);

    // call the non-member function
    grade(3.0);
}
```

Ao chamar uma função membro, o tipo do objeto é tão importante quanto o número e o tipo dos argumentos. A primeira chamada a `grade()` chama a função `Student::grade(double)` para ajustar a média de pontuação do aluno. A segunda chamada é para `Student::grade()`, a qual retorna a média de pontuação do aluno sem alterá-la.

A terceira chamada é para uma função sem qualquer correlação, `Hill::grade(double)`, que ajusta a inclinação ao lado da colina. E a chamada final é para a função não relacionada, `::grade(double)`.

Capítulo 23
Ponteiros Para Objetos

Neste Capítulo
▶ Ponteiros para objetos
▶ Passando objetos para funções
▶ Passagem por valor
▶ Passagem por referência

O s Capítulos 17 e 18 focalizam os diversos aspectos de cuidar e alimentar ponteiros. Logicamente, você imagina que nada mais pode ser dito sobre o assunto. Mas eu não tinha apresentado o conceito de classes antes daqueles capítulos. Neste capítulo, descrevo a interseção de variáveis de ponteiro e programação orientada a objeto. Este capítulo lida com o conceito de ponteiros para classe de objetos. Descreverei como criar um, como usá-lo e como apagá-lo quando tiver acabado de usá-lo.

Ponteiros Para Objetos

Para um tipo definido por programador, um ponteiro, tal como uma classe, funciona praticamente da mesma forma que um ponteiro para um tipo intrínseco:

```
int nInt;
int* pInt = &nInt;

class Savings
{
 public:
    int nAccountNumber;
    double dBalance;
};
Savings s;
Savings* pS = &s;
```

As duas primeiras declarações definem um inteiro, nInt, e um ponteiro para um inteiro, pInt. O ponteiro pInt é inicializado para apontar ao inteiro nInt.

Da mesma forma, o segundo par de declarações cria um Savings, objeto s. Depois, ela declara um ponteiro ao objeto Savings, e o inicializa para o endereço de s.

O tipo de pS é "ponteiro para Savings", o qual é escrito como Savings*.

Sinto-me como o finado Billy May quando digo: "Mas, espere aí! Há mais!". As semelhanças continuam. A declaração a seguir designa o valor 1 ao int indicado por pInt:

```
*pInt = 1;
```

Analogamente, o seguinte designa valores ao número de conta e saldo do objeto Savings indicado por pS.

```
(*pS) .nAccountNumber = 1234;
(*pS) .dBalance = 0.0;
```

Os parênteses são necessários devido à precedência de . ser maior que *. Sem os parênteses, *pS.nAccountNumber = 1234 seria interpretado como * (pS.nAccountNumber) = 1234, o que significa "armazenar 1234 no lugar apontado por pS.nAccountNumber". Isso gera um erro de compilador, pois nAccountNumber não é um ponteiro (nem pS um Savings).

Sintaxe de seta

A única coisa que posso imaginar é que os autores da linguagem C não sabiam digitar muito bem. Eles não desperdiçaram esforços para encontrar maneiras resumidas de dizer as coisas. Eis outro caso onde eles usaram abreviações para poupar toques no teclado, inventando um novo operador -> para significar * ():

```
pS->dBalance = 0.0;   // same as (*pS).dBalance = 0.0
```

Ainda que ambos sejam equivalentes, o operador de seta é usado quase que exclusivamente por ser mais fácil de ler (e digitar). Mas não perca o fato de vista, pois as duas formas são totalmente equivalentes.

Chamando todas as funções membro

A sintaxe para chamar uma função membro com um ponteiro é semelhante a acessar os dados de um membro:

```
class Savings
{
 public:
   int nAccountNumber;
   double dBalance;

   double withdraw(double dAmount);
   double deposit(double dAmount);
};

void fn()
{
   Savings s = {1234, 0.0};
   Savings* pS = &s;

   // deposit money into the account pointed at by pS
   pS->deposit(100.0);
}
```

A última declaração neste fragmento diz: "Chame a função membro `deposit()` no objeto apontado por `pS`".

Como Passar Objetos Para Funções

Passar ponteiros a funções é apenas uma das formas de se divertir com ponteiros.

Como chamar uma função com um valor de objeto

Como você sabe, por padrão, C++ passa argumentos a funções por valor. Se não souber isso, volte ao Capítulo 11. Objetos complexos definidos pelo usuário também são passados por valor:

```
class Savings
{
 public:
   int nAccountNumber;
   double dBalance;

   double withdraw(double dAmount);
   double deposit(double dAmount);
```

```
};

void someOtherFunction(Savings s)
{
    s.deposit(100.0);
}

void someFunction()
{
    Savings s = {1234, 0.0};

    someOtherFunction(s);
}
```

Aqui, a função someFunction() cria e inicializa um objeto Savings s. Depois, ela passa uma cópia daquele objeto para someOtherFunction(). A verdade é que aquela cópia é importante por dois motivos:

- ✔ Fazer cópias de grandes objetos pode ser muito ineficaz, levando o seu programa a rodar mais lentamente;

- ✔ As mudanças feitas em cópias não causam qualquer efeito no objeto original na função chamada.

Neste caso, o segundo problema é muito pior do que o primeiro. Posso aceitar um pouco de ineficiência, desde que o objeto Savings não seja muito grande, mas o depósito feito em someOtherFunction() foi registrado em uma cópia da conta original. A minha conta Savings lá em someFunction() ainda tem o saldo zero. Isso é mostrado graficamente na Figura 23-1.

Chamando uma função com um ponteiro de objeto

O programador pode passar o endereço de um objeto em vez do próprio objeto, conforme demonstrado no exemplo a seguir:

```
class Savings
{
 public:
    int nAccountNumber;
    double dBalance;

    double withdraw(double dAmount);
    double deposit(double dAmount);
```

```
};

void someOtherFunction(Savings* pS)
{
    pS->deposit(100.0);
}

void someFunction()
{
    Savings s = {1234, 0.0};

    someOtherFunction(&s);
}
```

O tipo do argumento para someOtherFunction() é "ponteiro para Savings". Isso é refletido na maneira pela qual someFunction() executa a chamada, não passando o objeto s mas o endereço do objeto, &s. Isso é mostrado graficamente na Figura 23-2.

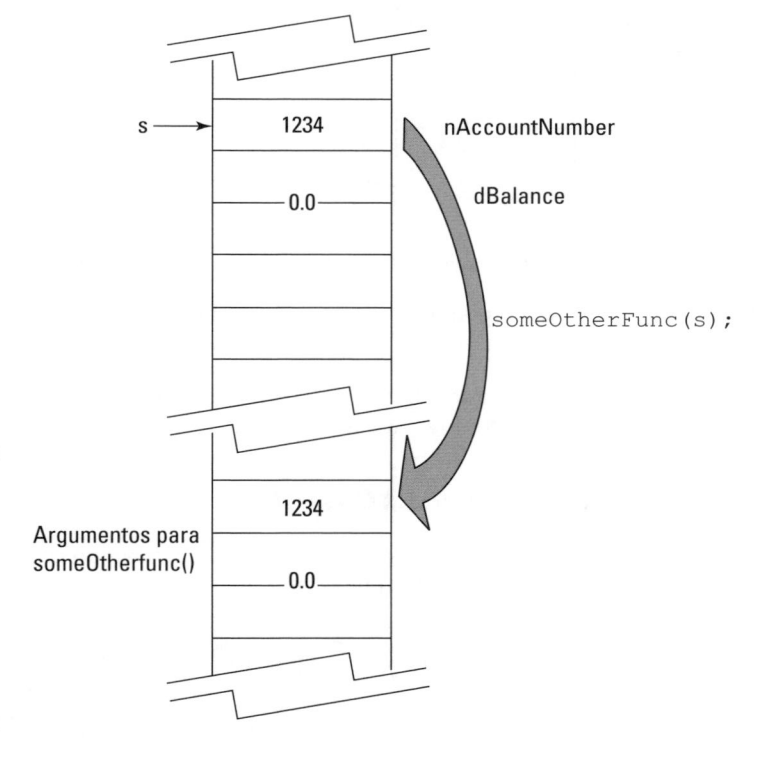

Figura 23-1:
Por padrão,
C++ passa
uma cópia
do objeto
Student s
a someO-
therFunc-
tion().

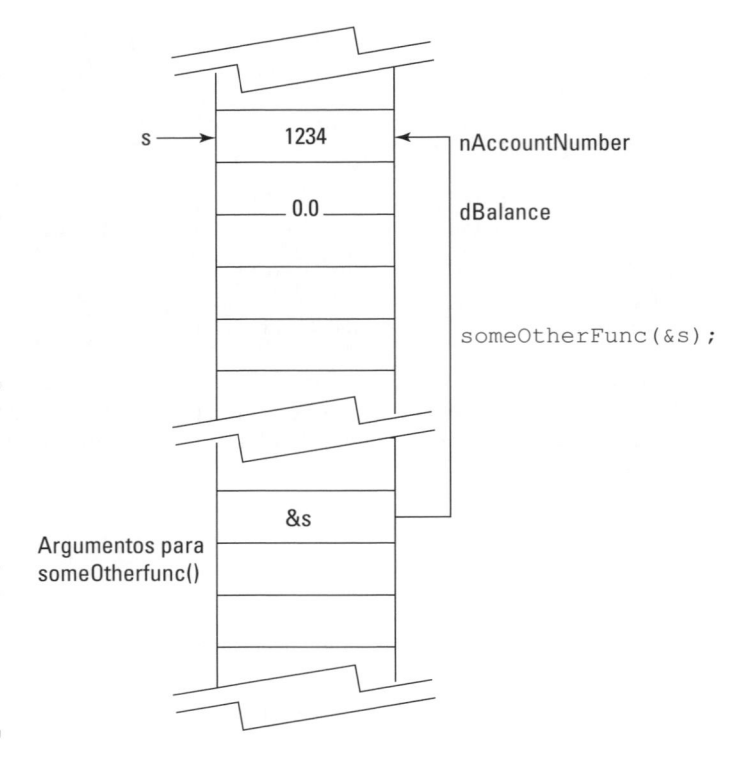

Figura 23-2:
Passando
o endereço
do objeto
original
Savings, o
programador
pode evitar
criar uma
cópia do
objeto
original.

Isso encaminha os dois problemas de passar uma cópia:

> ✔ Não importa quão grande e complicado o objeto possa ser, a chamada só passa um único endereço;

> ✔ Mudanças feitas em someOtherFunction() são permanentes, pois elas referem-se ao objeto original e não à cópia.

Olhando para um exemplo

O seguinte (projeto PassingObjects) a diferença entre passar um objeto por valor *versus* passar o endereço de um objeto:

```
//
// PassObjects - this program demonstrates passing an
//                              object by value versus passing
the
//                              address of the object
//
#include <cstdio>
```

```
#include <cstdlib>
#include <iostream>
#include <cstring>
using namespace std;

// Savings - a simple savings account class
class Savings
{
public:
  int      nAccountNumber;
  double dBalance;

  // deposit - deposit an amount to the balance;
  //                          deposits must be positive number; return
  //                          the resulting balance or zero on error
  double deposit(double dAmount)
  {
      // no negative deposits - that's a withdrawal
      if (dAmount < 0)
      {
        return 0.0;
      }

      // okay - add to the balance and return the total
      dBalance += dAmount;
      return dBalance;
  }

  // withdraw - execute a withdrawal if sufficient funds
  //                          are available
  double withdraw(double dAmount)
  {
      if (dBalance < dAmount)
      {
        return 0.0;
      }

      dBalance -= dAmount;
      return dBalance;
  }

  // balance - return the balance of the current object
  double balance()
  {
    return dBalance;
  }
};

// someFunction(Savings) - accept object by value
```

```
void someFunction(Savings s)
{
    cout << "In someFunction(Savings)" << endl;

    cout << "Depositing $100" << endl;
    s.deposit(100.0);

    cout << "Balance in someFunction(Savings) is "
         << s.balance() << endl;
}

// someFunction(Savings*) - accept address of object
void someFunction(Savings* pS)
{
    cout << "In someFunction(Savings*)" << endl;

    cout << "Depositing $100" << endl;
    pS->deposit(100.0);

    cout << "Balance in someFunction(Savings) is "
         << pS->balance() << endl;
}

int main(int nNumberofArgs, char* pszArgs[])
{
    Savings s = [0, 0.0};

    // first, pass by value
    someFunction(s);
    cout << "Balance back in main() is "
         << s.balance() << endl;

    // now pass the address
    someFunction(&s);
    cout << "Balance back in main() is "
         << s.balance() << endl;

    // wait until user is ready before terminating program
    // to allow the user to see the program results
    system("PAUSE");
    return 0;
}
```

Este programa começa definindo uma classe convencional Savings com as funções membro deposit(), withdrawal() e balance() (a última apenas retorna o saldo atual).

Depois, o programa define duas funções sobrecarregadas someFunction(), uma das quais aceita como seu argumento um objeto de tipo Savings e, a segunda, um ponteiro para um objeto de tipo Savings (escrito Savings*). As duas funções fazem as mesmas coisas, inicialmente, promovendo a saída de uma mensagem: "Aqui estou" e, depois, colocando $100 na conta.

Passando por referência

Em uma tentativa de simplificar as coisas, C++ acrescentou um nível de complexidade, permitindo ao programador declarar uma função que aceita o seu argumento por referência, como a seguir:

```
// pass by reference
void someFunction(Savings& refS)
{
    refS.deposit(100.0);        // this deposits back into the original
                                // object in fn() even though it looks
                                // copy semantics
}
void fn()
{
    Savings s;
    someFunction(s);            // this passes a reference, not a copy
}
```

Isto leva C++ a passar o endereço de `s` à função `someFunction(Savings)`. Dentro da função, automaticamente, C++ diferencia o endereço para você. O efeito é exatamente igual, como se você mesmo tivesse passado o endereço, exceto que C++ lida com a gramática do ponteiro. Seria possível pensar que isso torna as coisas mais simples. (Eu suspeito de que os autores de C++ pensavam que seria.) Mas, na prática, torna as coisas mais complicadas, visto que fica difícil dizer um valor a partir de uma referência.

Menciono a passagem por referência não para desencorajar-lhe a usá-lo, mas porque pode acontecer de você ver outros que não se sentem tão confortáveis manipulando ponteiros usando-a. Eu aconselharia evitar o uso de referências até que você esteja, de fato, à vontade com ponteiros.

O programa `main()` cria um objeto `Savings,` o qual ele passa primeiro a `someFunction(Savings).` Depois, ele passa o endereço do objeto `s` a `someFunction(Savings*).`

A saída desse programa aparece assim:

```
Un someFunction(Savings)
Depositing $100
Balance is someFunction(Savings) is 100
Balance back in main() is 0
In someFunction(Savings*)
Depositing $100
Balance in someFunction(Savings) is 100
Balance back in main() is 100
Press any key to continue ...
```

Observe como as duas funções depositam $100 em um objeto de conta `Savings`. Entretanto, visto que `someFunction(Savings)` faz o depósito em uma cópia, o objeto `s` original em `main()` é deixado inalterado, conforme demonstrado pelo saldo zero.

Passando o endereço de `s` a `someFunction(Savings*)`, o programa permite que aquela função modifique o objeto original de forma que o valor "permaneça modificado" em `main()`, como demonstrado pelo fato de que o saldo é $100 depois que o controle retorna.

Como Alocar Objetos Fora da Pilha

É possível alocar objetos fora da pilha usando a palavra-chave new, como mostrado no exemplo a seguir:

```
Savings* newSavings(int nAccountNum)
{
    Savings* pS = new Savings;
    pS->nAccountNumber = nAccountNum;
    pS->dBalance = 0.0;
    return pS;
}
```

A função aloca um novo objeto de classe `Savings` e, depois, inicializa-o com o número de conta passado como um argumento e um saldo zero.

Isso é útil quando você não sabe quantos objetos vai precisar, como no caso de *arrays* de caractere dinamicamente dimensionados no Capítulo 18. Depois, primeiro eu contei para quantos caracteres eu precisaria de espaço e, depois, aloquei um *array* do tamanho adequado fora da pilha.

Neste caso, posso determinar quantas contas `Savings` eu preciso na memória de uma vez e alocá-las dinamicamente fora da pilha.

Claro que existe a pequena questão de como você armazena uma quantidade desconhecida de objetos. C++ oferece diversas estruturas de dados de tamanhos variáveis, além do *array* de tamanho fixo como parte da Biblioteca de Gabarito Padrão. Uma discussão completa sobre a STL (Standard Template Library) está além do escopo de um livro para iniciantes.

Você precisa retornar cada objeto que alocar fora da pilha, passando o endereço não modificado daquele objeto à palavra-chave `delete`. Caso contrário, o seu programa rodará lentamente, ficando sem memória e sofrerá uma morte horrível.

Afinal, o que é this?

No Capítulo 22, falo que uma referência, não desqualificada a um membro, feita de dentro de uma função membro, sempre referencia a um "objeto atual". Mencionei ainda que o objeto atual tem um nome: `this` (este). Explicitamente, você pode referenciar `this`. Eu poderia ter escrito a classe `Savings` como a seguir:

```
class Savings
{
public:
    int nAccountNumber;
    double dBalance;

    double withdraw(double dAmount)
    {
        this->dBalance -= dAmount;
        return this->dBalance;
    }
    double deposit(double dAmount)
    {
        this->dBalance += dAmount;
        return this->dBalance;
    }
    double balance()
    {
        return this->dBalance;
    }
}
```

Na verdade, mesmo sem referenciá-lo explicitamente, você usa `this` sempre. Se você não especificar um objeto dentro de uma função membro, C++ supõe uma referência a `this`. Portanto, o precedente é que, de fato, C++ "vê" `this`, ainda que ele não seja mencionado.

Capítulo 24
Não Perturbe:
Membros Protegidos

Neste Capítulo

▶ Como proteger membros de uma classe

▶ Por que fazer isso?

▶ Declarando amigos da classe

*N*esta parte do livro, a partir do Capítulo 21, o meu objetivo tem sido modelar objetos do mundo real em C++ usando a estrutura de classe. No Capítulo 22, apresentei o conceito de funções membro, de modo a designar propriedades ativas das classes. Voltando ao exemplo do forno de micro-ondas do Capítulo 21, designar propriedades ativas me permite dar ao meu forno propriedades de classe como `cook()` e `defrost()`.

Entretanto, essa é só uma parte da história. Eu ainda não coloquei uma caixa em volta dos interiores de minhas classes. Se o micro-ondas pegar fogo, não poderei apontar com segurança um responsável se seu interior estiver exposto a qualquer pessoa que queira manipulá-lo.

Este capítulo "coloca uma caixa" em volta das classes, declarando determinados membros fora dos limites das funções do usuário.

Protegendo Membros

Os membros de uma classe podem ser sinalizados como inacessíveis de fora da classe, com a palavra-chave `protected` (protegido). Isso se opõe diretamente à palavra-chave `public` (público), a qual designa aqueles membros acessíveis a todas as funções. Os membros públicos de uma classe formam a *interface* da classe (pense no teclado à frente do forno de micro-ondas), enquanto os membros protegidos formam os trabalhos internos.

Há uma terceira categoria, chamada `private` (privada). A única diferença entre membros privados e protegidos está na forma pela qual eles reagem à herança, o que não apresento até o Capítulo 28.

Por que você precisa proteger membros

Declarar um membro `protected` permite que uma classe coloque uma caixa protetora em torno da classe. Isso torna a classe responsável pela sua própria situação interna. Se alguma coisa na classe sair errado, ela, em vez de o autor da classe, não tem para onde olhar, exceto para si própria. Porém, não é justo pedir ao programador que assuma a responsabilidade pela situação da classe se qualquer velha função puder entrar e embaralhá-la.

Além do mais, limitar a *interface* a uma classe, torna a classe mais fácil de aprender por parte dos programadores que usam aquela *interface* em seus programas. Geralmente, não me preocupo muito sobre como o meu forno de micro-ondas funciona internamente, desde que eu saiba como usar os controles. Da mesma forma, normalmente não me preocupo com o trabalho interno da biblioteca de classes, desde que eu entenda os argumentos para as funções públicas de membro.

Por fim, limitar a *interface* de classe a apenas algumas escolhas de funções públicas reduz o nível de conexão entre a classe e o código aplicativo.

Nota: *Coupling* (acoplamento) refere-se a quanto conhecimento o aplicativo tem sobre como a classe funciona internamente e vice-versa. Uma classe fortemente acoplada tem um conhecimento íntimo do aplicativo à sua volta e usa tal conhecimento. Uma classe fracamente acoplada só funciona através de uma *interface* simples, pública e genérica. Uma classe fracamente acoplada sabe pouco sobre os seus arredores e também oculta a maior parte dos seus próprios detalhes internos. Classes fracamente acopladas são mais fáceis de testar, depurar e mais fáceis de substituir quando o aplicativo muda.

Sei que os seus tipos funcionais aí estão dizendo: "Você não precisa de um recurso elegante para fazer tudo isso. Basta fazer uma regra que diga que determinados membros são publicamente acessíveis, e outros não". Na teoria, isso é verdade, e eu até trabalhei em projetos que empregaram tais regras, mas, na prática, não funciona. As pessoas começam com boas intenções, mas, desde que a linguagem não desencoraje o acesso direto de membros protegidos, essas boas intenções ficam esmagadas sob a pressão para lançar o produto.

Tornando membros protegidos

Acrescentar a palavra-chave `public:` a uma classe torna os membros subsequentes publicamente acessíveis. Acrescentar a palavra-chave `protected:` torna-os protegidos, o que significa que eles só são acessíveis a outros membros da mesma classe ou das mesmas funções que sejam especificamente declaradas *friends* – amigas (falaremos mais sobre isso, um pouco adiante, neste capítulo). Elas agem como alternadores – uma anula a outra. Você pode trocar para trás e para frente entre protegida e pública com a frequência que quiser.

Por exemplo, tome uma classe `Student` que descreve os aspectos evidentes de um aluno de faculdade. Essa classe tem as seguintes funções públicas de membro:

- ✔ `addGrade(int nHours, double dGrade)` – adiciona uma nota ao aluno.

- ✔ `grade()` – retorna a média de pontuação do aluno (GPA – Grade Point Average)[*].

- ✔ `hours()` – retorna o número das horas do semestre na direção da graduação.

Os membros restantes de `Student` devem ser declarados protegidos, para evitar que as expressões espionem o que não é da conta delas.

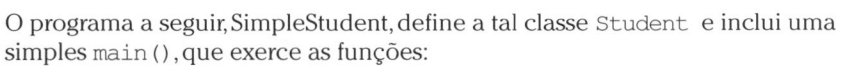

O programa a seguir, SimpleStudent, define a tal classe `Student` e inclui uma simples `main()`, que exerce as funções:

```
//
// SimpleStudent - this program demonstrates how the
//       protected keyword is used to protect
//       key internal members
//
#include <cstdio>
#include <cstdlib>
#include <iostream>
using namespace std;

class Student
{
protected:
   double dGrade;      // the student's GPA
   int    nSemesterHours;

public:
   // init() - initialize the student to a legal state
   void init()
   {
      dGrade = 0.0;
      nSemesterHours = 0;
   }

   // getGrade() - return the current grade
   double getGrade()
   {
      return dGrade;
```

---

[*]   NTR: Equivalente ao nosso CR (Coeficiente de Recebimento).

```
    }

    // getHours() - get the class hours towards graduation
    int getHours()
    {
      return nSemesterHours;
    }

    // addGrade - add a grade to the GPA and total hours
    double addGrade(double dNewGrade, int nHours)
    {
      double dWtdHrs = dGrade * nSemesterHours;
      dWtdHrs += dNewGrade * nHours;
      nSemesterHours += nHours;
      dGrade = dWtdHrs / nSemesterHours;
      return dGrade;
    }
};

int main(int nNumberofArgs, char* pszArgs[])
{
  // create a student and initialize it
  Student s;
  s.init();

  // add the grades for three classes
  s.addGrade(3.0, 3);          // a B
  s.addGrade(4.0, 3);          // an A
  s.addGrade(2.0, 3);          // a C (average should be a B)

  // now print the results
  cout << "Total # hours = " << s.getHours()
    << ", GPA = " << s.getGrade()
    << endl;

  // wait until user is ready before terminating program
  // to allow the user to see the program results
  system("PAUSE");
  return 0;
}
```

Essa `Student` protege seus membros `dGrade` e `nSemesterHours`. Funções externas não podem, sorrateiramente, ajustar suas próprias médias de notas altas, introduzindo-se no seguinte:

```
void MyFunction(Student* pS)
{
  // set my grade to A+
  ps->dGrade = 3.9;  // generates a compiler error
}
```

Esta designação gera um erro de compilador.

Você pode começar com membros protegidos ou públicos, não importa. Na verdade, você pode alternar entre eles com a frequência que quiser.

Qualquer função pode ler a GPA de um aluno através da função getGrade(). Essa é conhecida como uma função *access* (de acesso). Porém, embora funções externas possam ler um valor, elas não têm como alterar o valor através dessa função de acesso.

Uma função de acesso também é conhecida como uma *getter function* (função de obtenção, como em "obtenha o valor"). Uma função que ajusta o valor também é conhecida como uma *setter function* (função de ajuste).

Neste programa, a função main() cria um objeto Student s. Ela não pode inicializar s para alguma situação legal, visto que os dados dos membros são protegidos. Felizmente, a classe Student tem uma função init() para main() chamar, que inicializa os dados membros à sua posição adequada de início.

Depois de inicializar s, main() chama addGrade() para acrescentar três diferentes cursos e imprime os resultados usando as funções membro de acesso. O resultado aparece como a seguir:

```
Total # hours = 9, GPA = 3
Press any key to continue ...
```

E daí?

Então, qual é a grande coisa? "Está certo (você diz), entendo o motivo de não deixar outras funções ajustarem a GPA para algum valor arbitrário, mas e daí?". Não, os pontos mais satisfatórios ficam por trás desse fraco acoplamento. E escolho implementar os algoritmos para calcular a GPA da maneira mais simples possível. Então, em não mais de cinco minutos posso imaginar, pelo menos, três maneiras diferentes pelas quais eu poderia escolher armazenar internamente as notas e as horas do semestre, cada qual com suas próprias vantagens e desvantagens.

Por exemplo, eu poderia salvar cada nota com a quantidade de horas do semestre em um *array* interno. Isso permitiria ao aluno rever as notas que estão indo para a sua GPA.

A questão é que o programador do aplicativo não deve se importar. Desde que as funções membro getGrade() e getHours() calculem a GPA e a quantidade total de horas do semestre adequadamente, nenhum aplicativo vai se incomodar.

Digamos, agora, que a escola mude as regras de como calcular a GPA. Por exemplo, suponhamos que ela declare que determinadas disciplinas sejam Pass/Fail (Aprovado/Reprovado), significando que você tem crédito para graduação, mas a nota na disciplina não vai para o cálculo de GPA. Isso pode exigir reescrever totalmente a classe `Student`. Por sua vez, isso exigiria modificação em quaisquer funções que se baseassem na maneira pela qual as informações são armazenadas internamente – isto é, quaisquer funções que tenham acesso aos membros protegidos. No entanto, funções que se limitam aos membros públicos não são afetadas pela alteração.

Esta é a verdadeira vantagem do fraco acoplamento: a tolerância para mudar.

Afinal, Quem Precisa de Amigos?

Eventualmente, é preciso dar a uma função não membro acesso aos membros protegidos de uma classe. Isso pode ser feito declarando a função para ser uma *friend* (amiga). Declarar uma função para ser uma amiga significa que você não precisa expor o membro protegido a todo mundo declarando-a pública.

É como dar uma chave ao seu vizinho para verificar sua casa durante suas férias. Dar as chaves da casa a membros estranhos à família, geralmente não é uma boa ideia, mas supera a alternativa de deixar a casa destrancada.

A declaração amiga aparece na classe que contém o membro protegido. A declaração amiga consiste da palavra-chave `friend` seguida por uma declaração protótipo. No exemplo a seguir, a função `initialize()` é declarada como não membro. Entretanto, claramente `initialize()` precisa de acesso a todos os dados dos membros da classe, protegidos ou não:

```
class Student
{
   friend void initialize(Student*);
protected:
   double dGrade;              // the student's GPA
   int    nSemesterHours;

public:
   double grade();
   int hours();
   double addGrade(double dNewGrade, int nHours);
};

void initialize(Student* pS)
{
   pS->dGrade = 0.0;
   pS->nSemesterHours = 0;
}
```

Uma única função pode ser declarada para ser amiga de duas classes diferentes ao mesmo tempo. Ainda que isso possa parecer conveniente, tende a unir as duas classes. Mas, às vezes, as classes são unidas pelas suas próprias naturezas, como no seguinte exemplo de professor-aluno:

```
class Student;          // forward declaration
class Teacher
{
  friend void registration(Teacher*, Student*);
protected:
  int noStudents;
  Student *pList[128];

public:
  void assignGrades();
};

class Student
{
  friend void registration(Teacher*, Student*);
protected:
  Teacher *pTeacher;
  int nSemesterHours;
  double dGrade;
};
```

Neste exemplo, a função `registration()` pode chegar a ambos, ao objeto `Student`, para ajustar o ponteiro `pTeacher` e ao objeto `Teacher`, para acrescentar a lista de alunos ao professor.

Observe como a classe `Student` antes aparece sozinha, sem corpo. Isso é chamado de uma *forward declaration* (declaração posterior) e declara a intenção do programador em definir uma classe `Student` em algum lugar dentro do módulo. Isso é um pouco como a declaração de protótipo para uma função. Normalmente, isso só é necessário quando duas ou mais classes referenciam-se entre si; neste caso, `Teacher` contém uma referência a `Student` e `Student` a `Teacher`.

Sem declaração posterior a `Student`, a declaração dentro de `Teacher` de `Student *pList[100]` gera um erro de compilação, pois o compilador não sabe o que é `Student`. Troque a ordem das definições e a declaração `Teacher *pTeacher` dentro de `Student` gera um erro de compilador, porque `Teacher` ainda não foi definida.

A declaração posterior soluciona o problema, informando ao compilador para ser paciente – uma definição para essa nova classe está a caminho.

Um membro de uma classe pode ser declarado amigo de outra classe:

```
class Student;

class Teacher
{
    // ...other members...
  public:
    void assignGrade(Student*, int nHours, double dGrade);
};

class Student
{
    friend void Teacher::assignGrade(Student*
                  int, double);
    // ...other members...
};
```

Uma classe inteira pode ser declarada uma amiga de outra classe. Isso tem o efeito de tornar uma amiga cada função membro da classe. Por exemplo:

```
class Student;

class Teacher
{
  protected:
    int noStudents;
    Student* pList[128];

  public:
    void assignGrade(Student*, int nHours, double dGrade);
};

class Student
{
    friend class Teacher;

    // ...other members...
};
```

Agora, cada membro de Teacher pode acessar os membros protegidos de Student (mas não o contrário). Declarar uma classe para ser uma amiga de outra une inseparavelmente as classes.

Capítulo 25
Tirando Objetos Para um Bom Início

Geralmente, um objeto é inicializado quando ele é criado, como a seguir:

```
double PI = 3.14159;
```

Esta também é a verdadeira classe de objetos:

```
class Student
{
 public:
    int nHours;
    double dGrade;
};

Student s = {0, 0.0};
```

Mas isso não é mais possível quando os dados de elementos são declarados protegidos, se a função que está criando os objetos não for uma amiga ou um membro da classe (que, na maioria dos casos, não seria).

São necessários alguns outros mecanismos para inicializar objetos quando eles são criados, e é onde entra o construtor.

O Construtor

Uma abordagem para inicializar objetos com membros protegidos seria criar uma função membro init() que o aplicativo poderia chamar quando o objeto fosse criado. Essa função init() inicializaria o objeto para algum ponto de início legal. Na verdade, foi exatamente isso o que fiz no Capítulo 24.

Essa abordagem funcionaria, mas não se encaixa exatamente nas regras do "forno de micro-ondas" de programação orientada a objeto, pois ela é semelhante a montar um forno de micro-ondas, que exige o toque no botão Reset (reconfigurar) antes de você poder fazer qualquer coisa com ele. É como se o fabricante colocasse um enorme aviso no manual: "NÃO inicie qualquer sequência de comandos sem PRIMEIRO apertar o botão RESET. A não observância disso pode levar o forno a explodir e matar alguém próximo ou PIOR". (O que poderia ser pior do que isso?)

Bem, não sou advogado, mas, mesmo assim, sei que colocar um aviso desse tipo em seu manual não vai salvá-lo quando você terminar no Tribunal porque alguém se cortou com os estilhaços de um forno de micro-ondas explodindo, mesmo que você diga bem claramente que apertou antes reconfigurar.

Felizmente, C++ assume a responsabilidade de chamar a função de inicialização longe do programador dos aplicativos e, automaticamente, chama a função sempre que é criado um objeto.

Você poderia chamar essa função de inicialização como quisesse, desde que houvesse uma regra para que todos seguissem. (Eu mesmo sou do tipo parcial quanto a init(), mas não pus em votação.) A regra é que essa função de inicialização é chamada de *constructor* (construtor), e tem o mesmo nome que a classe.

Agrupada com um construtor, a classe Student aparece como a seguir:

```cpp
class Student
{
protected:
   int nSemesterHours;
   double dGrade;

public:
   Student()
   {
      nSemesterHours = 0;
      dGrade = 0.0;
   }

   // ...other public member functions...
};
void fn()
{
   Student s;  // create an object and invoke the
               // constructor on it
}
```

No ponto da declaração de s, C++ embute uma chamada a
`Student::Student()`.

Observe que o construtor é chamado uma vez para cada objeto criado. Assim, a
seguinte declaração chama o construtor cinco vezes seguidas:

```
void fn()
{
    Student s[5];
}
```

Primeiro, ela chama o construtor para s[0], depois, para s[1] e assim
por diante.

Limites aos construtores

O construtor só pode ser chamado automaticamente por C++. Você não pode
chamar um construtor como uma função membro normal. Isto é, não pode
fazer algo como o seguinte:

```
void fn()
{
    Student s;

    // ...do stuff...

    // now reinitialize s back to its initial state
    s.Student();                 // this doesn't work
}
```

O construtor não é, simplesmente, qualquer velha função.

Além disso, o construtor não tem tipo de retorno, nem mesmo void. O
construtor padrão também não tem argumentos.

O próximo capítulo mostra como declarar e usar um construtor com
argumentos.

Finalmente, o construtor deve ser declarado público ou, então, você só será
capaz de criar objetos de dentro de outras funções membro.

O construtor pode chamar outras funções. Portanto, seu construtor poderia
chamar uma função init() publicamente disponível que, então, poderia ser
usada por qualquer pessoa que reajustasse o objeto à sua posição inicial.

Posso ver um exemplo?

O programa StudentConstructor a seguir é muito parecido com o SimpleStudent do Capítulo 24, exceto que esta versão inclui um construtor que promove saída sempre que está criando um objeto. A parte interessante desse programa é ver os comandos enquanto o construtor é chamado.

Eu o incentivo fortemente a fazer uma passada única deste programa no depurador usando o comando de depuração Step-Into, do Capítulo 20. Use o comando de depurador Step Into próximo à declaração dos objetos Student para entrar automaticamente no construtor.

```
//
// StudentConstructor - this program demonstrates the use
//                          of a default constructor to
initialize
//                          objects when they are created
//
#include <cstdio>
#include <cstdlib>
#include <iostream>
using namespace std;

class Student
{
protected:
   double dGrade;      // the student's GPA
   int      nSemesterHours;

public:
   // constructor - init the student to a legal state
   Student()
   {
       cout << "Constructing a Student object" << endl;
       dGrade = 0.0;
       nSemesterHours = o;
   }

   // getGrade() - return the current grade
   double getGrade()
   {
       return dGrade;
   }

   // getHours() - get the class hours towards graduation
   int getHours()
   {
       return nSemesterHours;
   }

   // addGrade - add a grade to the GPA and total hours
   double addGrade(double dNewGrade, int nHours)
   {
```

```
            double dWtdHrs = dGrade * nSemesterHours;
            dWtdHrs += dNewGrade * nHours;
            nSemesterHours += nHours;
            dGrade = dWtdHrs / nSemesterHours;
            return dGrade;
    }
};

int main(int nNumberofArgs, char* pszArgs[])
{
    // create a student and initialize it
    cout << "Creating the Student s" << endl;
    Student s;

    // add the grades for three classes
    s.addGrade(3.0, 3);         // a B
    s.addGrade(4.0, 3);         // an A
    s.addGrade(2.0, 3);         // a C (average should be a B)

    // now print the results
    cout << "Total # hours = " << s.getHours()
         << ", GPA = " << s.getGrade()
         << endl;

    // create an array of Students
    cout << "Create an array of 5 Students" << endl;
    Student sArray[5];

    // now allocate one off of the heap
    cout << "Allocating a Student from the heap" << endl;
    Student *pS = new Student;

    // wait until user is ready before terminating program
    // to allow the user to see the program results
    system("PAUSE");
    return 0;
}
```

A saída deste programa aparece como a seguir:

```
Creating the Student s
Constructing a Student object
Total # hours = 9, GPA = 3
Create an array of 5 Students
Constructing a Student object
Constructing a Student object
Constructing a Student object
Constructing a Student object
Constructing a Student object
Allocating a Student from the heap
Constructing a Student object
Press any key to continue ...
```

A classe Student foi ajustada com um construtor que não apenas inicializa a quantidade de horas do semestre e a média das notas para zero, como também promove a saída de uma mensagem ao console, para anunciar que um objeto Student está sendo criado.

Depois, o programa main() simplesmente cria objetos Student de várias maneiras:

- ✔ A primeira declaração cria um único objeto Student s resultante da chamada de C++ ao construtor.

- ✔ A segunda declaração cria um *array* de cinco objetos Student. C++ chama cinco vezes o construtor, uma vez para cada objeto no *array*.

- ✔ O programa aloca um objeto Student a partir da pilha. C++ chama novamente o construtor para inicializar o objeto.

Construindo dados de membros

Os dados membros de uma classe são criados ao mesmo tempo que o próprio objeto. Imagine a seguinte classe, TutorPair, consistindo de um Student e um Teacher:

```
class TutorPair
{
protected:
   Student s;
   Teacher t;

   int nNumberOfMeetings;

public:
   TutorPair()
   {
       nNumberOfMeetings = 0;
   }

   // ...other stuff...
};
```

Não é responsabilidade da classe TutorPair inicializar o membro Student ou o membro Teacher; esses objetos devem ser inicializados pelos construtores em suas respectivas classes. O construtor para TutorPair é responsável apenas pela inicialização dos membros de não classes da classe.

Assim, quando uma TutorPair é criada, C++ faz o seguinte (na ordem mostrada):

✔ Chama o construtor para `Student` s.

✔ Chama o construtor para `Teacher` t.

✔ Faz o construtor entrar no próprio `TutorPair`.

Os construtores para dados de membros são chamados na ordem em que eles aparecem na classe.

O seguinte programa `TutorPairConstructor` demonstra:

```
//
// TutorPairConstructor - this program demonstrates
//                             how data members are
constructed automatically
//
#include <cstdio>
#include <cstdlib>
#include <iostream>
using namespace std;

class Student
{
 protected:
   double dGrade;      // the student's GPA
   int     nSemesterHours;

 public:
   // constructor - init the student to a legal state
   Student()
   {
       cout << "Constructing a Student object" << endl;
       dGrade = 0.0;
       nSemesterHours = 0;
   }
};

class Teacher
{
 public:
   // constructor - init the student to a legal state
   Teacher()
   {
       cout << "Constructing a Teacher object" << endl;
   }
};

class TutorPair
{
 protected:
   Student s;
```

```
    Teacher t;

    int nNumberOfMeetings;

 public:
   TutorPair()
   {
       cout << "Constructing the TutorPair members"
             << endl;
       nNumberOfMeetings = 0;
   }
};

int main(int nNumberofArgs, char* pszArgs[])
{
   // create a TutorPair and initialize it
   cout << "Creating the TutorPair tp" << endl;
   TutorPair tp;

   // wait until user is ready before terminating program
   // to allow the user to see the program results
   system("PAUSE");
   return 0;
}
```

O programa `main()` nada mais faz, senão promover a saída de uma mensagem e, depois, criar um objeto `tp` da classe `TutorPair`. Isso leva C++ a chamar o construtor para `TutorPair`. No entanto, antes da primeira linha daquela função ser executada, C++ percorre os dados membros e monta quaisquer objetos que encontra lá.

C++ vê o primeiro objeto, que é o objeto `Student` `s`. Esse construtor promove a saída da primeira mensagem que você vê na saída. O segundo objeto encontrado por C++ é o membro `t` de `Teacher`. Esse construtor gera a próxima linha de saída.

Com todos os dados membros fora do caminho, C++ passa o controle para o corpo do construtor `TutorPair`, que promove a saída da linha final de saída:

```
Creating the TutorPair tp
Constructing a Student object
Constructing a Student object
Constructing the TutorPair members
Press any key to continue ...
```

Destrutores

Exatamente como são criados objetos, são criados os destruidores. (Eu acho que existe uma passagem bíblica para isso.) Se uma classe pode ter um construtor para ajeitar as coisas, ela também deve ter uma função membro especial para separar o objeto e afastar quaisquer recursos que o construtor possa ter alocado. Essa função é conhecida como *destructor* (destrutor).

Um destrutor tem o nome da classe, precedido por um til (~). Como um construtor, o destrutor não tem tipo de retorno (nem mesmo `void`), e não pode ser chamado como uma função normal.

Tecnicamente, é possível chamar explicitamente o destrutor: `s, ~Student()`. Porém, isso raramente é feito e só é necessário em técnicas avançadas de programação, tal como alocar um objeto em um endereço de memória predeterminado.

Na lógica, às vezes o til é usado para significar "NÃO", de modo que o destrutor "NÃO é o construtor". Entendeu? Legal.

Automaticamente, C++ chama o destrutor nos seguintes três casos:

- ✔ um objeto local é passado ao destrutor quando ele sai do escopo;
- ✔ um objeto alocado fora da pilha é passado ao destrutor quando ele é passado para remoção;
- ✔ Um objeto global é passado ao destrutor quando o programa termina.

Olhando para um exemplo

O seguinte programa StudentDestructor representa uma classe `Student` que aloca memória fora da pilha no construtor. Portanto, essa classe precisa de um destrutor para retornar aquela memória à pilha.

Classe cujo construtor alocar recursos, em especial uma classe que aloca memória fora da pilha, requer um destrutor para colocar de volta aquela memória.

O programa cria alguns objetos dentro de uma função `fn()` e, depois, permite que esses objetos saiam do escopo e sejam destruídos quando a função retorna. A função retorna um ponteiro para um objeto que `fn()` aloca fora da pilha. Esse objeto é retornado à pilha em `main()`.

```
//
// StudentDestructor - this program demonstrates the use
//                                      of the destructor to return
resources
//                                      allocated by the constructor
//
#include <cstdio>
#include <cstdlib>
#include <iostream>
using namespace std;

class Student
{
 protected:
   double* pdGrades;
   int*    pnHours;

 public:
   // constructor - init the student to a legal state
   Student()
   {
       cout << "Constructing a Student object" << endl;
       pdGrades = new double[128];
       pnHours = new int[128];
   }
   ~Student()
   {
       cout << "Destructing a Student object" << endl;
       delete[] pdGrades;
       pdGrades = 0;

       delete[] pnHours;
       pnHours = 0;
   }
};

Student* fn()
{
   cout << "Entering fn()" << endl;

   // create a student and initialize it
   cout << "Creating the Student s" << endl;
   Student s;

   // create an array of Students
   cout << "Create an array of 5 Students" << endl;
   Student sArray[5];

   // now allocate one off the heap
   cout << "Allocating a Student from the heap" << endl;
```

```
    Student *pS = new Student;

    cout << "Returning from fn()" << endl;
    return pS;
}

int main(int nNumberofArgs, char* pszArgs[])
{
    // now allocate one off of the heap
    Student *pS = fn();

    // delete the pointer returned by fn()
    cout << "Deleting the pointer returned by fn()"
        << endl;
    delete pS;
    pS = 0;

    // wait until user is ready before terminating program
    // to allow the user to see the program results
    system("PAUSE");
    return 0;
}
```

A saída do programa aparece como a seguir:

```
Entering fn()
Creating the Student s
Constructing a Student object
Create an array of 5 Students
Constructing a Student object
Constructing a Student object
Constructing a Student object
Constructing a Student object
Constructing a Student object
Allocating a Student from the heap
Constructing a Student object
Returning from fn()
Destructing a Student object
Destructing a Student object
Destructing a Student object
Destructing a Student object
Destructing a Student object
Destructing a Student object
Deleting the pointer returned by fn()
Destructing a Student object
Press any key to continue ...
```

A primeira mensagem é da própria fn() quando ela exibe uma sinalização aberta para que saibamos que o controle entrou na função. Depois, a função fn() cria um objeto s que leva o construtor a promover a saída de uma mensagem. Então, ela cria um *array* de cinco objetos Student, o que leva a mais cinco mensagens do construtor `Student`. Por fim, `fn()` aloca mais um objeto `Student` da pilha, usando a palavra-chave `new`.

A última coisa que `fn()` faz antes de retornar, é promover a saída de uma mensagem de sinalização de saída. Automaticamente, C++ chama seis vezes o destrutor: cinco vezes para os elementos do *array* e uma vez para o objeto `s` criado no início da função.

A partir da saída, não é possível dizer, mas os objetos são destruídos na ordem inversa à qual eles são construídos.

O destrutor não é chamado para o objeto alocado fora da pilha até que `main()` apague o ponteiro retornado por `fn()`.

Um bloco de memória alocado fora da pilha não sai do escopo quando o ponteiro sai. É de responsabilidade do programador garantir que o objeto seja retornado à pilha, usando o comando `delete`.

Retorne um ponteiro a um não *array* com `delete`. Retorne um *array* usando `delete[]`.

Destruindo dados de membros

Os dados membros também são automaticamente destruídos. A destruição acontece na ordem inversa à de construção. O corpo do destrutor é chamado primeiro e, depois, o destrutor para cada um dos dados de membro na ordem inversa à qual os dados de membros foram construídos.

Para demonstrar isso, acrescentei um destrutor ao programa TutorPairConstructor. Toda a listagem é um pouco longa para incluir aqui, mas está contida no CD-ROM anexo como TutorPairDestructor. Aqui, incluo apenas a classe TutorPair:

```
class TutorPair
{
protected:
   Student s;
   Teacher t;

   int nNumberOfMeetings;

public:
```

```
    TutorPair()
    {
        cout << "Constructing the TutorPair members"
            << endl;
        nNumberOfMeetings = 0;
    }
    ~TutorPair()
    {
        cout << "Destructing the TutorPair object"
            << endl;
    }
};

void fn()
{
    // create a TutorPair and initialize it
    cout << "Creating the TutorPair tp" << endl;
    TutorPair tp;

    cout << "Returning from fn()" << endl;
}
```

A saída deste programa aparece como a seguir:

```
Creating the TutorPair tp
Constructing a Student object
Constructing a Teacher object
Constructing the TutorPair members
Returning from fn()
Destructing the TutorPair object
Destructing a Teacher object
Destructing a Student object
Press any key to continue ...
```

Este programa cria o objeto TutorPair dentro da função fn(). As mensagens dos construtores são idênticas às do programa TutorPairConstructor. As mensagens do destrutor TutorPair aparecem como controle voltando a *main* e elas aparecem na ordem exatamente inversa àquelas das mensagens dos construtores, vindo primeiro do próprio ~TutorPair, depois de ~Teacher e, finalmente, de ~Student.

Dados membros estáticos

Um tipo especial de dados membros que merece menção em separado é conhecido como um membro de classe ou *static member* (membro estático), pois ele é sinalizado com a palavra-chave `static`:

```
class Student
{
protected:
   static int nNumberOfStudents;
   int nSemesterHours;
   double dGrade;

public:
   Student()
   {
       nSemesterHours = 0;
       dGrade = 0.0;

       // count how many Students
       nNumberOfStudents++;
   }
   ~Student()
   {
       nNumberOfStudents--;
   }
};

// allocate space for the static member; be sure to
// initialize it here (when the program starts) because
// the class constructor will not initialize it
int Student::nNumberOfStudents = 0;
```

Membros estáticos são de propriedade da classe, e não de cada objeto. Neste exemplo, uma única variável, `Student::nNumberOfStudents`, é compartilhada por todos os objetos `Student`. Este exemplo demonstra exatamente para que tais membros são bons: neste caso, `nNumberOfStudents` continua a rodar a contagem do número de objetos `Student` existente no momento.

Os membros estáticos são inicializados quando o programa inicia. Você pode manipulá-los a partir do construtor em cada objeto – neste caso, eu aumento o contador no construtor `Student` e o diminuo no destruidor. Normalmente, você não quer inicializar um membro estático na classe construtora, visto que ele será inicializado sempre que um objeto for criado.

Capítulo 26
Como Fazer Argumentos Construtivos

Neste Capítulo

▶ Como criar e chamar um construtor com argumentos

▶ Sobrecarregando o construtor

▶ Construindo dados de membros com argumentos

▶ Antecipando-se a um novo formato de construtor no padrão 2009

A classe `Student` do Capítulo 25 era extremamente simples – quase absurda. Afinal, um aluno tem um nome e uma identificação de aluno, assim como uma média de notas e outros dados variados. Eu escolhi GPA (a média de notas) como dados para servir de modelo no Capítulo 25, pois sabia como inicializá-la sem alguém me ensinando – eu poderia apenas zerar esse campo. Mas não posso, simplesmente, zerar os campos de nome e identificação; um aluno sem nome com uma identificação nula, provavelmente, não representa um aluno válido. De alguma forma, preciso passar argumentos ao construtor, para informá-lo como inicializar campos que começam com um valor que não é previsível.

Construtores com Argumentos

C++ permite que o programa defina um construtor com argumentos, como mostrado aqui:

```
class Student
{
public:
   Student(const char* pszNewName, int nNewID)
   {
       int nLength – strlen(pszNewName) + 1;
       pszName = new char[nLength];
       strcpy(pszName, pszNewName);
       nID = nNewID;
   }
```

```
  ~Student()
  {
    delete[] pszName;
    pszName = 0;
  }

protected:
  char* pszName;
  int nID;
};
```

Aqui, os argumentos ao construtor são um ponteiro para uma *string* ASCIIZ, que contém o nome do novo aluno e a identificação dele. Primeiro, o construtor aloca espaço para o nome do aluno. Depois, ele copia o novo nome nos dados de membro pszName. Por fim, ele copia a identificação do aluno.

É necessário um destrutor para retornar a memória à pilha quando o objeto é destruído. Qualquer classe que aloque um recurso como memória no construtor precisa retornar aquela memória no destrutor.

Lembre, você não pode chamar um construtor como chama uma função; assim, de alguma forma, é preciso associar os argumentos ao construtor com o objeto quando ele é declarado. O seguinte fragmento de código mostra como isso é feito:

```
void fn()
{
  // put arguments next to object normally
  Student s1("Stephen Davis", 1234);

  // or next to the class name when allocating
  // an object from the heap
  Student* pS2 = new Student("Kinsey Davis", 5678);
}
```

Em geral, os argumentos aparecem perto do objeto e próximos ao nome de classe ao alocar um objeto fora da pilha.

Olhando para um exemplo

O seguinte programa, NamedStudent, usa um construtor semelhante àquele mostrado no fragmento para criar um objeto Student e exibir o meu nome, digo, o dele:

```
//
// NamedStudent - this program demonstrates the use
//                          of a constructors with arguments
//
```

```cpp
#include <cstdio>
#include <cstdlib>
#include <iostream>
#include <cstring>
using namespace std;

class Student
{
protected:
  char* pszName;
  int    nID;

public:
  Student(const char* pszNewName, int nNewID)
  {
    cout << "Constructing " << pszNewName << endl;
    int nLength = strlen(pszNewName) + 1;
    pszName = new char[nLength];
    strcpy(pszName, pszNewName);
    nID = nNewID;
  }
  ~Student()
  {
    cout << "Destructing " << pszName << endl;
    delete[] pszName;
    pszName = 0;
  }

  // getName() - return the student's name
  const char* getName()
  {
      return pszName;
  }

  // getID() - get the student's ID
  int getID()
  {
      return nID;
  }
};

Student* fn()
{
  // create a student and initialize it
  cout << "Constructing a local student in fn()" << endl;
  Student student("Stepehn Davis", 1234);

  // display the student's name
  cout << "The student's name is "
       << student.getName() << endl;

  // now allocate one off of the heap
```

```
        cout << "Allocating a Student from the heap" << endl;
        Student *pS = new Student("Kinsey Davis", 5678);

        // display this student's name
        cout << "The second student's name is "
             << pS->getName() << endl;

        cout << "Returning from fn()" << endl;
        return pS;
}

int main(int nNumberofArgs, char* pszArgs[])
{
        // call the function that creates student objects
        cout << "Calling fn()" << endl;
        Student* pS = fn();
        cout << "Back in main()" << endl;

        // delete the object returned by fn()
        delete pS;
        pS = 0;

        // wait until user is ready before terminating program
        // to allow the user to see the program results
        system("PAUSE");
        return 0;
}
```

O programa `main()` começa promovendo a saída de uma mensagem e, depois, chamando a função `fn()`. Essa função cria um aluno com o improvável nome "Stephen Davis" e uma identificação de 1234. Depois, a função pede ao objeto pelo seu nome, apenas para provar que o nome foi adequadamente anotado no objeto. A função prossegue, criando outro objeto `Student`, dessa vez fora da pilha, e, da mesma forma, pede que exiba o seu nome.

Então, a função `fn()` retorna o controle a `main()`; isso leva o objeto `Student` a sair do escopo, o que faz com que C++ chame o destrutor. `main()` recupera a memória retornada de `fn()` à pilha, usando a palavra-chave `delete`. Isso chama o destrutor para aquele objeto.

O construtor da classe `Student` aceita um ponteiro para uma *string* ASCIIZ e uma identificação de aluno `int`. O construtor aloca um novo *array* de caractere a partir da pilha e, depois, copia a *string* passada a ele naquele *array*. Em seguida, ele copia o valor da identificação do aluno.

Se não se lembrar do que é uma *string* ASCIIZ ou o que faz `strlen()`, reveja o Capítulo 16.

O destrutor da classe `Student` apenas recupera a memória alocada à pilha pelo construtor, passando o endereço em `pszName` para `delete[]`.

Use `delete[]` quando estiver recuperando um *array* à pilha e `delete` quando recuperar um único objeto.

As funções membro `getName()` e `getID()` são de acesso para o nome e a identificação. Declarar o tipo de retorno de `getName()` como `const char*` (leia "ponteiro para a constante `char`") – em vez de simplesmente `char*` – significa que o chamador não muda o nome, usando o endereço retornado por `getName()`.

Consulte o Capítulo 18 se você não se lembrar da diferença entre uma `const char*` e uma `char * const` (ou se não tiver a menor ideia sobre o que estou falando).

A saída deste programa aparece como a seguir:

```
Calling fn()
Constructing a local student in fn()
Constructing Stephen Davis
The student's name is Stephen Davis
Allocating a Student from the heap
Constructing Kinsey Davis
The second student's name is Kinsey Davis
Returning from fn()
Destructing Stephen Davis
Back in main()
Destructing Kinsey Davis
Press any key to continue ...
```

Eu disse antes (e, provavelmente, você me ignorou), mas, realmente, preciso insistir desta vez: você precisa chamar o construtor anterior no depurador para ter a exata noção de o que C++ está fazendo com sua declaração.

Mas e se você precisar de ambos, um construtor nomeado e um padrão? Continue a ler.

Sobrecarregando o Construtor

É possível ter dois ou mais construtores, desde que eles possam ser diferenciados pelo número e pelos tipos de seus argumentos. Isso é chamado de *overloading the constructor* (sobrecarregando o construtor).

Sobrecarregar uma função significa definir duas ou mais funções com o mesmo nome curto, mas com argumentos diferentes. Consulte o Capítulo 11 a respeito de uma discussão de sobrecarregar função.

Assim, a seguinte classe Student do programa OverloadedStudent tem três construtores:

```cpp
//
// OverloadedStudent - this program overloads the Student
//                                        constructor with 3 different
choices
//                                        that vary by number of
arguments
//
#include <cstdio>
#include <cstdlib>
#include <iostream>
#include <cstring>
using namespace std;

class Student
{
protected:
  char*   pszName;
  int     nID;
  double dGrade;                    // the student's GPA
  int     nSemesterHours;

public:
  Student(const char* pszNewName, int nNewID,
          double dXferGrade, int nXferHours)
  {
      cout << "Constructing " << pszNewName
          << " as a transfer student." << endl;
      int nLength = strlen(pszNewName) + 1;
      pszName = new char[nLength];
      strcpy(pszName, pszNewName);
      nID = nNewID;
      dGrade = dXferGrade;
      nSemesterHours = nXferHours;
  }
  Student(const char* pszNewName, int nNewID)
  {
      cout << "Constructing " << pszNewName
          << " as a new student." << endl;
      int nLength = strlen(pszNewName) + 1;
      pszName = new char[nLength];
      strcpy(pszName, pszNewName);
      nID = nNewID;
      dGrade = 0.0;
      nSemesterHours = 0;
  }
  Student()
  {
      pszName = 0;
```

```
        nID = 0;
        dGrade = 0.0;
        nSemesterHours = 0;
    }
    ~Student()
    {
        cout << "Destructing " << pszName << endl;
        delete[] pszName;
        pszName = 0;
    }

    // access functions
    const char* getName()
    {
        return pszName;
    }

    int getID()
    }
        return nID;
    }
    double getGrade()
    {
        return dGrade;
    }
    int getHours()
    {
        return nSemesterHours;
    }

    // addGrade - add a grade to the GPA and total hours
    double addGrade(double dNewGrade, int nHours)
    {
        double dWtdHrs = dGrade * nSemesterHours;
        dWtdHrs += dNewGrade * nHours;
        nSemesterHours += nHours;
        dGrade = dWtdHrs / nSemesterHours;
        return dGrade;
    }
};

int main(int nNumberofArgs, char* pszArgs[])
{
    // create a student and initialize it
    Student student("Stephen Davis", 1234);

    // now create a transfer student with an initial grade
    Student xfer("Kinsey Davis", 5678, 3.5, 12);

    // give both students a B in the current class
    student.addGrade(3.0, 3);
```

```
        xfer.addGrade(3.0, 3);

        // display the student's name and grades
        cout << "Student "
             << student.getName()
             << " has a grade of "
             << student.getGrade()
             << endl;

        cout << "Student "
             << xfer.getName()
             << " has a grade of "
             << xfer.getGrade()
             << endl;

        // wait until user is ready before terminating program
        // to allow the user to see the program results
        system("PAUSE");
        return 0;
    }
```

Começando com a classe Student, é possível ver que o primeiro construtor dentro de Student aceita um nome, uma identificação de aluno e transfere crédito na forma de uma média de nota (GPA) inicial e o número de horas do semestre. O segundo construtor só aceita um nome e uma identificação; esse construtor destina-se a novos alunos, pois ele inicializa GPA e as horas para zero. Não está claro para que serve o terceiro construtor – esse construtor padrão inicializa tudo para zero.

A função main() cria um novo aluno usando o segundo construtor com o nome "Stephen Davis"; depois, ele cria uma transferência de aluno com o nome "Kinsey Davis", usando o segundo construtor. O programa acrescenta três horas de crédito a ambos (apenas para mostrar que isso ainda funciona) e exibe a GPA resultante.

A saída deste programa aparece como a seguir:

```
Constructing Stephen Davis as a new student.
Constructing Kinsey Davis as a transfer student.
Student Stephen Davis has a grade of 3
Student Kinsey Davis has a grade of 3.4
Press any key to continue ...
```

Veja como são parecidos os dois primeiros construtores Student. Isso não é incomum. Esse é um dos casos em que você pode criar uma função init() que ambos os construtores chamam (só os construtores são mostrados neste exemplo, por brevidade):

```
class Student
{
protected:
  void init(const char* pszNewName, int nNewID,
            double dXferGrade, int nXferHours)
  {
      cout << "Constructing " << pszNewName
           << " as a transfer student." << endl;
      int nLength = strlen(pszNewName) + 1;
      pszName = new char[nLength];
      strcpy(pszName, pszNewName);
      nID = nNewID;
      dGrade = dXferGrade;
      nSemesterHours = nXferHours;
  }
public:
  Student(const char* pszName, int nNewID,
          double dXferGrade, int nXferHours)
  {

      init(pszNewName, nNewID, dXferGrade, nXferHours);
  }
  Student(const char* pszNewName, int nNewID)
  {
      init(pszNewName, nNewID, 0.0, 0);
  }

  // ...class continues as before...
};
```

Normalmente, a função `init()` será mais parecida com o construtor complicado. Todos os construtores mais simples chamam `init()` passando valores padrão para alguns dos argumentos, tal como um 0 para transferir nota e crédito a novos alunos.

Você também pode padronizar os argumentos para o construtor (ou também para qualquer função), como a seguir:

```
class Student
{
public:
  Student(const char* pszNewName, int nNewID,
  double dXferGrade = 0.0, int nXferHours = 0);

  // ...and so it goes...
};
```

C++ fornecerá os argumentos padronizados se eles não forem fornecidos na declaração. No entanto, argumentos padrão podem gerar mensagens estranhas de erro e estão além do escopo deste livro.

Desde o padrão 2009 de C++, você também pode chamar um construtor a partir de outro. Porém, enquanto escrevo isto, nenhum compilador que eu conheça suporta esse recurso.

O Default Padrão de Construtor

No que se refere a C++, cada classe deve ter um construtor; caso contrário, você não pode criar quaisquer objetos naquela classe. Se você não fornecer um construtor à sua classe, provavelmente, C++ simplesmente poderá gerar um erro, mas não o fará. De modo a oferecer compatibilidade para com o código C existente, o qual nada sabe sobre construtores, C++ fornece automaticamente um construtor padrão implicitamente definido (um tipo de construtor padrão *default*). Às vezes, eu chamo isso de um construtor Miranda. Você sabe: "Se não pode suportar um construtor, um construtor será fornecido a você".

Mas, se a sua classe já tiver um construtor, C++ não oferecerá o construtor padrão automático. (Imaginando que esse não é um programa C, C++ não se sente obrigada a fazer qualquer trabalho extra para garantir compatibilidade.)

O resultado: se você definir um construtor para sua classe, mas também quiser definir um construtor padrão, você deve se definir.

Os seguintes fragmentos de código ajudam a demonstrar esse princípio. O seguinte é legal:

```
class Student
{
   // ...all the same stuff but no constructors...
};

void fn()
{
   Student s;  // create Student using default constructor
}
```

Aqui, o objeto s é montado usando o construtor padrão. Pelo fato de o programador não ter fornecido um construtor, C++ fornece um construtor padrão que, realmente, nada faz neste caso.

Mas o seguinte fragmento não compila adequadamente:

```
class Student
{
public:
   Student(const char* pszName);

   // ...all the same stuff...
};

void fn()
{
   Student s;  // doesn't compile
}
```

O acréscimo, aparentemente inócuo, do construtor `Student(const char*)` evita que C++ ofereça automaticamente um construtor `Student()` com o qual montar o objeto `s`. Agora o compilador reclama que não pode mais encontrar `Student::Student()`, com o qual montar `s`. Acrescentar um construtor padrão resolve o problema:

```
class Student
{
public:
   Student(const char* pszName);
   Student();

   // ...all the same stuff...
};

void fn()
{
   Student s;  // this does compile
}
```

É exatamente esse tipo de falta de lógica que explica o motivo pelo qual os programadores de C++ faturam, de fato, tanto dinheiro.

Construindo Dados Membros

Nos exemplos anteriores, todos os dados membros têm sido de tipos simples, como `int` e `double`, e *arrays* de `char`. Com esses tipos simples, é suficiente designar um valor à variável dentro do construtor. Mas e se a classe contiver dados membros de uma classe definida por usuário? Há dois casos a considerar aqui.

Como inicializar dados membros com o construtor padrão

Veja o seguinte exemplo:

```cpp
class StudentID
{
protected:
    static int nBAseValue;
    int                  nValue;

public:
    StudentID()
    {
        nValue = nBaseValue++;
    }

    int getID()
    {
        return nValue;
    }
};

// allocate space for the class property
int StudentID::nBaseValue = 1000;

class Student
{
protected:
    char*       pszName;
    StudentID sID;

public:
    Student(const char* pszNewName)
    {
        int nLength = strlen(pszNewName) + 1;
        pszName = new char[nLength];
        strcpy(pszName, pszNewName);
    }
    ~Student()
    {
        delete pszName;
        pszName = 0;
    }

    // getName() - return the student's name
    const char* getName()
    {
```

```
        return pszName;
    }

    // getID() - get the student's ID
    int getID()
    {
        return sID.getID();
    }
};
```

A classe `StudentID` destina-se a alocar, sequencialmente, as identificações de alunos. A classe retém o "valor seguinte" em uma variável estática `StudentID::nBaseValue`.

Os dados membros estáticos, também conhecidos como de classe membros, são compartilhados por todos os objetos.

Sempre que é criada uma `StudentID`, o construtor designa `nValue` ao "próximo valor" a partir de `nBaseValue` e, depois, aumenta `nBaseValue`, em preparação para a próxima vez em que o construtor for chamado. A classe `Student` foi atualizada, de modo que o campo `sID` agora é de tipo `StudentID`. A partir de então, o construtor aceita o nome do aluno, mas baseia-se em `StudentID` para designar a identificação seguinte em sequência cada vez que for criado um novo objeto `Student`.

O construtor de dados de cada membro, inclusive `StudentID`, é chamado antes do controle ser passado ao corpo do construtor `Student`.

Tudo o que o construtor `Student` precisa fazer é uma cópia do nome do aluno – o campo `sID` cuida de si mesmo.

Como inicializar dados de membros com um construtor diferente

Então, agora, o chefe chega e quer um acréscimo ao programa. Agora, quer atualizar o programa, de modo que seja possível designar uma nova identificação de aluno em vez de aceitar sempre o valor padrão passado pela classe `StudentID`.

Assim, eu faço as seguintes mudanças:

```
class StudentID
{
protected:
    static int  nBaseValue;
    int             nValue;
```

```
public:
  StudentID(int nNewID)
  {
      nValue = nNewID;
  }
  StudentID()
  {
      nValue = nBaseValue++;
  }

  int getID()
  {
      return nValue;
  }
};

// allocate space for the class property
int StudentID::nBaseValue = 1000;

class Student
{
protected:
  char*       pszName;
  StudentID sID;

  void initName(const char* pszNewName)
  {
      int nLength = strlen(pszNewName) + 1;
      pszName = new char[nLength];
      strcpy(pszName, pszNewName);
  }

public:
  Student(const char* pszNewName, int nNewID)
  {
      initName(pszNewName);
      StudentID sID(nNewID);
  }
  Student(const char* pszNewName)
  {
      initName(pszNewName);
  }
  ~Student()
  {
      delete[] pszName;
      pszName = 0;
  }

  // getName() - return the student's name
  const char* getName()
  {
      return pszName;
  }
```

```
    // getID() - get the student's ID
    int getID()
    {
        return sID.getID();
    }
};
```

Acrescentei um construtor a `StudentID` para permitir ao chamador passar um valor para uso da identificação de aluno, em vez de aceitar o padrão. Agora, se o programa não fornecer uma identificação, o aluno será designado à próxima identificação da sequência. Mas, se o programa fornecer uma identificação, então ela será usada, e o contador estático permanecerá intocado.

Também adicionei um construtor a `Student` para permitir que o programa ofereça uma `StudentID` quando o aluno for criado. Esse construtor `Student(const char*, int)` primeiro inicializa o nome do aluno e, depois, chama o construtor `StudentID(int)` em `sID`.

Entretanto, executando o programa, fico desapontado ao descobrir que isso parece não fazer uma diferença visível. As identificações dos alunos ainda são designadas em sequência independente se são ou não passadas a um valor para ser então usado.

O problema que percebo rapidamente é que o construtor `Student(const char*, int)` não está chamando o novo construtor `StudentID(int)` no dado membro `sID`. Em vez disso, ele está criando um novo objeto local chamado `sID` dentro do construtor, o qual ele descarta imediatamente, sem qualquer efeito nos dados membros de mesmo nome.

Lembre-se de que o construtor para os dados membros é chamado antes de o controle ser passado ao corpo do construtor. Em vez de criar localmente um novo valor, eu preciso de alguma maneira de dizer a C++ para usar um construtor diferente do construtor padrão ao criar o dado membro `sID`. C++ usa a seguinte sintaxe para inicializar um dado membro com um construtor específico:

```
class Student
{
public:
    Student(const char* pszName,
            int nNewID) : sID(nNewID)
    {
        initName(pszName);
    }

    // ...remember of class unchanged...
};
```

O dado membro aparece à direita de dois pontos (:) usados para separar tais declarações dos argumentos à função, mas, antes da chave aberta da própria função. Isso leva o construtor StudentID(int) a ser chamado, passando o valor nNewID a ser usado como a nova identificação de aluno.

Olhando para um exemplo

O seguinte programa CompoundStudent cria um objeto Student com a identificação sequencial padrão, enquanto designando uma identificação específica de estudante a um segundo objeto Student:

```cpp
//
// CompoundStudent - this version of the Student class
//                                      includes a data member
that's also
//                                      of a user defined type
//
#include <cstdio>
#include <cstdlib>
#include <iostream>
#include <cstring>
using namespace std;

class StudentID
{
protected:
    static int nBaseValue;
    int               nValue;

public:
    StudentID()
    {
        nValue = nBaseValue++;
    }

    StudentID(int nNewValue)
    {
        nValue = nNewValue;
    }

    int getID()
    {
        return nValue;
    }
};

// allocate space for the class property
int StudentID::nBaseValue = 1000;
```

```cpp
class Student
{
protected:
    char*       pszName;
    StudentID sID;

    void initName(const char* pszNewName)
    {
        int nLength = strlen(pszNewName) + 1;
        pszName = new char[nLength];
        strcpy(pszName, pszNewName);
    }

public:
    Student(const char* pszNewName,
                        int nNewID) : sID(nNewID)
    {
        initName(pszNewName);
    }
    Student(const char* pszNewName)
    {
        initName(pszNewName);
    }
    ~Student()
    {
        delete[] pszName;
        pszName = 0;
    }

    // getName() - return the student's name
    const char* getName()
    {
        return pszName;
    }

    // getID() - get the student's ID
    int getID()
    {
        return sID.getID();
    }
};

int main(int nNumberofArgs, char* pszArgs[])
{
// create a student and initialize it
Student student1("Stephen Davis");
```

```
// display the student's name and ID
cout << "The first student's name is "
    << student1.getName()
    << ", ID is "
    << student1.getID()
    << endl;

// do the same for a second student
Student student2("Janet Eddins");
cout << "The second student's name is "
    << student2.getName()
    << ", ID is "
    << student2.getID()
    << endl;

// now create a transfer student with a unique ID
Student student3("Tiffany Amrich", 1234);
cout << "The third student's name is "
    << student3.getName()
    << ", ID is "
    << student3.getID()
    << endl;

// wait until user is ready before terminating program
// to allow the user to see the program results
system("PAUSE");
return 0;
}
```

As classes `Student` e `StudentID` são semelhantes àquelas mostradas anteriormente. A função `main()` cria três alunos, os dois primeiros usando o construtor `Student(const char*)`, que aloca a identificação padrão de aluno. O terceiro aluno é criado usando o construtor `Student(const char*, int)` e recebe uma identificação de 1234. A exibição resultante confirma que as identificações padrão são alocadas sequencialmente e que o terceiro aluno tem uma identificação única.

```
The first student's name is Stephen Davis, ID is 1000
The second student's name is Janet Eddins, ID is 1001
The third student's name is Tiffany Amrich, ID is 1234
Press any key to continue ...
```

A sintaxe : aqui também pode ser usada para inicializar variáveis simples, se você preferir:

```
class SomeClass
{
protected:
  int nValue;
  const double PI;

public:
  SomeClass(int n) : nValue(n), PI(3.14159) {}
};
```

Aqui, os dados de membro `nValue` são inicializados para `n` e a constante `double` é inicializada para 3.14159.

Na verdade, essa é a única forma de inicializar um dado membro sinalizado como `const`. Não é possível colocar uma variável `const` do lado esquerdo de um operador de designação.

Observe que o corpo do construtor agora está vazio, uma vez que todo o trabalho é feito no cabeçalho; no entanto, o corpo vazio ainda é exigido (caso contrário, a definição iria se parecer com uma declaração de protótipo).

Novo com C++ 2009

A partir do padrão 2009, você pode inicializar dados membros para um valor constante na própria declaração, como no seguinte:

```
class SomeClass
{
protected:
    int nValue;
    const double PI = 3.14159;
    char* pSomeString = new char[128];

public:
    SomeClass(int n) : nValue(n) {}
};
```

O efeito é o mesmo, como se você tivesse escrito o construtor como a seguir:

```
class SomeClass
{
protected:
    int nValue;
    const double PI;
    char* pSomeString;

public:
    SomeClass(int n)
        : nValue(n), PI(3.14159), pSomeString(new char[128])
    {}
};
```

O formato anterior de designação é mais fácil de ler e parece apenas mais natural (ele é aceito por outras linguagens de programação como C++, tais como Java e C#). Entretanto, enquanto escrevo isto, esse formato ainda não é aceito por qualquer compilador C++, inclusive o que está neste livro.

Capítulo 27
Copiando com
o Construtor de Cópias

O construtor é uma função especial que C++ chama quando um objeto é criado, de modo a permitir que a classe inicialize o objeto a uma posição legal. O Capítulo 25 apresenta o conceito do construtor. O Capítulo 26 demonstra como criar construtores como argumentos. Este capítulo conclui a discussão sobre construtores, examinando um construtor em especial, conhecido como construtor de cópias.

Copiando um Objeto

Uma *copy constructor* (construtor de cópias) é o construtor que C++ usa para fazer cópias de objetos. Ele carrega o nome X::X(const X&), onde X é o nome da classe. Isto é, ele é o construtor da classe X que toma como seu argumento uma referência a um objeto de classe X. Eu sei que isso parece bem inútil, mas deixe-me explicar por que você precisa de um construtor assim em sua equipe.

Um tipo de argumento de referência, como fn(X&) diz: "Passe uma referência ao objeto", em vez de "passe uma cópia ao objeto". Eu falei sobre argumentos de referência no Capítulo 23.

Pense por um minuto sobre a seguinte função chamada:

```
void fn(Student s)
{
    // ...whatever fn() does...
}

void someOtherFn()
{
    Student s;
    fn(s);
};
```

Aqui, a função `someOtherFn()` cria um objeto `Student` e passa uma cópia daquele objeto a `fn()`.

Por padrão, C++ passa objetos por valor, significando que ela precisa fazer uma cópia do objeto para passar às funções que chamar (para mais informações, reveja o Capítulo 23).

Imagine que criar uma cópia de um objeto signifique criar um novo objeto e, por definição, chamar um construtor. Mas quais seriam os argumentos para aquele construtor? Bem, uma referência ao objeto original. Por definição, é do construtor de cópias.

O construtor de cópias padrão

C++ fornece um construtor de cópias padrão que funciona na maior parte do tempo. Esse construtor de cópias faz uma cópia membro a membro do objeto fonte ao objeto de destino.

Uma cópia membro a membro também é conhecida como uma *shallow copy* (cópia superficial), por motivos que em breve ficarão claros.

Mas há ocasiões em que copiar um membro de cada vez não é uma coisa boa. Vejamos a classe `Student` do Capítulo 26:

```
class Student
{
protected:
    char*     pszName;
    int       nID;

    // ...other stuff...
};
```

Copiar os dados de membro `int` de um objeto `nID` para outro não é problema. Porém, copiar o ponteiro `pszName` do objeto fonte ao objeto de destino poderia causar problemas.

Por exemplo, e se pszName apontar para a pilha da memória (o que quase sempre faz)? Agora, você tem dois objetos que apotam para o mesmo bloco de pilha da memória. Isso é mostrado na Figura 27-1.

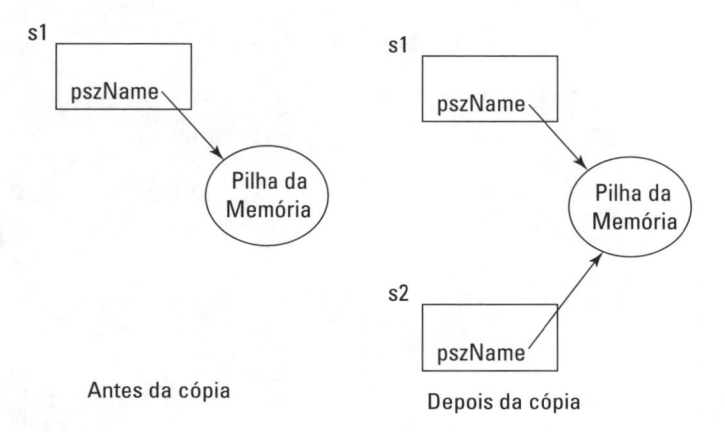

Figura 27-1:
Por padrão, C++ executa uma cópia "superficial" membro a membro para criar cópias de objetos, tal como ao passar um objeto a uma função.

Antes da cópia

Depois da cópia

Quando a cópia do objeto Student sair de escopo, provavelmente o destrutor daquela classe apagará o ponteiro pszName, retornando, portanto, o bloco de memória à pilha, mesmo que o objeto original ainda esteja usando aquela memória. Quando o objeto original apagar novamente o mesmo ponteiro, a pilha ficará confusa e, certamente, o programa quebrará com uma mensagem de erro bizarra e bem enganosa.

Olhando para um exemplo

O seguinte programa ShallowStudent demonstra como fazer uma cópia superficial pode causar problemas graves:

```
//
// ShallowStudent - this program demonstrates why the
//                                              default
shallow copy constructor
//                                              isn't always
the right choice.
//
#include <cstdio>
#include <cstdlib>
#include <iostream>
#include <cstring>
using namespace std;
```

```cpp
class Student
{
protected:
  char*     pszName;
  int       nID;

public:
  Student(const char* pszNewName, int nNewID)
  {
      cout << "Constructing " << pszNewName << endl;
      int nLength = strlen(pszNewName) + 1;
      pszName = new char[nLength];
      strcpy(pszName, pszNewName);
      nID = nNewID;
  }
  ~Student()
  {
      cout << "Destructing " << pszName << endl;
      delete[] pszName;
      pszName = 0;
  }

  // access functions
  const char* getName()
  {
      return pszName;
  }
  int getID()
  {
      return nID;
  }
};

void someOtherFn(Student s)
{
  // we don't need to do anything here
}

void someFn()
{
  Student student("Adam Laskowski", 1234);
  someOtherFn(student);

  cout << "The student's name is now "
       << student.getName() << endl;
}

int main(int nNumberofArgs, char* pszArgs[])
{
  someFn();
```

```
    // wait until user is ready before terminating program
    // to allow the user to see the program results
    system("PAUSE");
  return 0;
}
```

Este programa, lastimavelmente simples, contém um problema grave. A função `main()` não faz nada, senão chamar a função `someFn()`. Essa função cria um objeto local `student` e o passa pelo valor à função `someOtherFn()`. Essa segunda função não faz nada, exceto retornar ao chamador. Depois, a função `someFn()` exibe o nome de `student` e retorna a `main()`.

A saída do programa mostra alguns resultados interessantes:

```
Constructing Adam Laskowski
Destructing Adam Laskowski
The student's name is now X$+
Destructing X$+
Press any key to continue ...
```

A primeira mensagem vem do constructor `Student`, pois o objeto `student` é criado no início de `someFn()`. Nenhuma mensagem é gerada pela cópia do construtor padrão, que é chamada para criar a cópia de `Student` para `someOtherFn()`. A mensagem do destrutor é chamada ao final de `someOtherFn()` quando o objeto local `s` sai do escopo.

A mensagem de saída em `someFn()` mostra que, agora, o objeto fica misturado quando a memória alocada pelo construtor `Student` para conter o nome do aluno tiver sido retornada à pilha. O destrutor seguinte, que é chamado ao final de `someFn()`, verifica que as coisas estão erradas.

Geralmente, esse tipo de erro é fatal (ao programa, não ao programador). O único motivo desse programa não quebrar é que, de qualquer forma, ele estava prestes a parar.

Criando um Construtor de Cópias

As classes que alocam recursos em seu construtor, em geral incluiriam um construtor de cópias para criar cópias desses recursos. Por exemplo, construtor de cópia `Student` deveria alocar um outro bloco de memória fora da pilha para o nome e a cópia do nome do objeto original no novo bloco. Isso é mostrado na Figura 27-2.

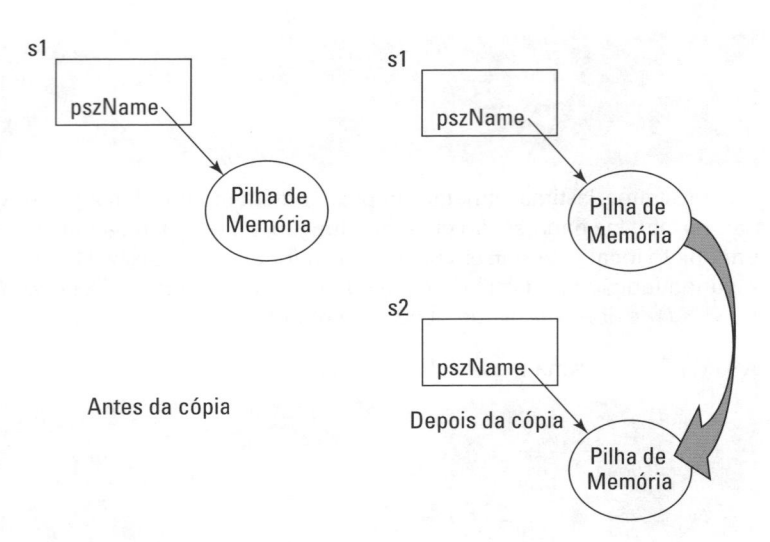

Figura 27-2:
A classe
que aloca
recursos no
construtor
exige um
construtor
de cópia
que executa
uma cha-
mada cópia
interna do
objeto fonte.

Alocar um novo bloco de memória e copiar o conteúdo do original nesse novo
bloco é conhecido como criar uma *deep copy* (cópia / profunda, ao contrário
da cópia padrão superficial).

O seguinte programa DeepStudent inclui um construtor de cópia que executa
uma cópia interna do objeto student:

```cpp
//
// DeepStudent - this program demonstrates how a copy
//                                     constructor that performs a
deep copy
//                                     can be used to solve copy
problems
//
#include <cstdio>
#include <cstdlib>
#include <iostream>
#include <cstring>
using namespace std;

class Student
{
protected:
    char*   pszName;
    int     nID;

public;
    Student(const char* pszNewName, int nNewID)
    {
        cout << "Constructing " << pszNewName << endl;
        int nLength = strlen(pszNewName) + 1;
        pszName = new char[nLength];
        strcpy(pszName, pszNewName);
        nID = nNewID;
    }
```

```cpp
    Student(const Student& s)
    {
        cout<<"Constructing copy of "<< s.pszName << endl;

        int nLength = strlen(s.pszName) + 25;
        this->pszName = new char[nLength];
        strcpy(this->pszName, "Copy of ");
        strcat(this->pszName, s.pszName);
        this->nID = s.nID;

    }
  ~Student()
    {
        cout << "Destructing " << pszName << endl;
        delete[] pszName;
        pszName = 0;
    }

    // access functions
    const char* getName()
    {
        return pszName;
    }
    int getID()
    {
        return nID;
    }
};

void someOtherFn(Student s)
{
    // we don't need to do anything here
}

void someFn()
{
    Student student("Adam Laskowski", 1234);
    someOtherFn(student);

    cout << "The student's name is now "
         << student.getName() << endl;
}

int main(int nNumberofArgs, char* pszArgs[])
{
    someFn();

    // wait until user is ready before terminating program
    // to allow the user to see the program results
    system("PAUSE");
    return 0;
}
```

Este programa é idêntico ao seu primo ShallowStudent, exceto pelo acréscimo do construtor de cópia Student(const Student&), mas que diferença isso causa à saída do programa:

```
Constructing Adam Laskowski
Constructing copy of Adam Laskowski
Destructing Copy of Adam Laskowski
The student's name is now Adam Laskowski
Destructing Adam Laskowski
Press any key to continue ...
```

A primeira mensagem é a saída do construtor Student(const char*, int), que é chamado quando da criação do objeto student no início de someFn(). A segunda mensagem vem da cópia do construtor Student(const Student&), que é chamado para criar a cópia de student como parte da chamada a someOtherFn().

Primeiro, esse construtor aloca um novo bloco de memória de pilha à cópia de pszName. Depois, ele copia a *string* Copy of nesse campo, antes de concatenar o nome do aluno na linha seguinte.

Normalmente, você faria uma cópia verdadeira do nome e não enfiaria Copy of na frente; eu faço isso por razões de instrução.

O destrutor que é chamado como s sai do escopo ao final de someOtherFn(), que agora retorna claramente a cópia do nome à pilha, e não a *string* original. Isso é confirmado em someFn(), quando o nome do aluno está intacto (como seria esperado). Por fim, ao final de someFn(), o destrutor retorna a *string* original à pilha.

Evitando Cópias

Passar argumentos por valor é apenas uma das várias razões pela qual C++ chama um construtor de cópia para criar cópias temporárias do seu objeto. Você poderia pensar: "Toda essa criação e remoção de cópias de objetos não toma tempo?". A resposta óbvia é: "Pode apostar!". Existe alguma maneira de evitar cópias?

Uma maneira é não passar objetos por valor, e, sim, passar pelo endereço do objeto. Não haveria problema se someOtherFn() fosse declarado como a seguir:

```
// the following does not cause a copy to be created
void someOtherFn(const Student *pS)
{
   // ...whatever goes here...
}
void someFn()
{
   Student student("Adam Laskowski", 1234);
   someOtherFn(&student);
}
```

Isto é mais rápido porque um único endereço é menor que um objeto inteiro Student, mas também evita a necessidade de alocar memória fora da pilha para conter cópias do nome do aluno.

Você pode conseguir o mesmo efeito usando argumentos de referência, como no seguinte:

```
// the following function doesn't create a copy either
void someOtherFn(const Student& s)
{
   // ...whatever you want to do...
}

void someFn()
{
   Student student("Adam Laskowski", 1234);
   someOtherFn(student);
}
```

Se você não se lembrar de argumentos de referência, reveja o Capítulo 23.

Parte VI
Tópicos Avançados

A 5ª Onda   por Rich Tennant

"Mas é claro! Eu estaria muito interessado em ver este novo marco no projeto."

Nesta parte. . .

Aqui você une algumas pontas soltas que são eternamente importantes para qualquer programador de C++. Você aprenderá a sobrecarregar o operador de designação, aprenderá como executar a Entrada/ Saída de arquivo e descobrirá como gerar erros de exceção.

Capítulo 28
Herdando uma Classe

A herança acontece à nossa volta diariamente. Sou um ser humano. Recebo de herança determinadas propriedades da classe Human, tais como minha habilidade de conversar com inteligência (mais ou menos) e a minha dependência de ar, água e nutrição de carboidratos, como Twinkies*. Estas últimas propriedades não são exclusivas aos humanos. A classe Human recebeu como herança da classe Mammal [mamíferos] (junto com algo sobre a conexão com ser jovem), que foi herdada da classe Animal e assim por diante.

A capacidade de transmitir propriedades é poderosa. Ela permite que você descreva coisas de uma maneira econômica. Por exemplo, se meu filho me perguntar: "O que é um pato?". Eu posso responder: "É uma ave que flutua e faz *quac*". Apesar da sua primeira reação, na verdade, tal resposta implica uma quantidade significativa de conhecimento. Meu filho sabe o que é uma ave. Ele sabe que as aves têm asas, que aves voam (ele ainda não conhece avestruzes), e que botam ovos. Assim, ele sabe todas aquelas mesmas coisas a respeito de um pato **além** do fato de que patos podem flutuar e grasnar. (Essa poderia ser uma boa hora de consultar o Capítulo 21 sobre uma discussão de fornos de micro-ondas e seu relacionamento com fornos e utensílios de cozinha.)

As linguagens orientadas a objeto expressam esse relacionamento, permitindo que uma classe herde de outra. Portanto, em C++ a classe Duck (pato) poderia muito bem herdar de Bird (pássaro), e tal classe também poderia herdar de Animal. Exatamente como C++ faz isso é o tópico deste capítulo.

---

* NT: Twinkies são bolinhos industrializados com recheio de creme comercializados nos EUA.

Vantagens de Herança

A herança foi adicionada a C++ por vários motivos. Claro que o principal é a capacidade de expressar o relacionamento de herança: que `MicrowareOven` (forno de micro-ondas) é um `Oven` (forno), que é uma coisa de `KitchenAppliance` (utensílio de cozinha). Mais sobre o relacionamento IS_A [é um/uma] um pouco mais adiante neste e no próximo capítulo.

Um motivo menor é reduzir a quantidade de digitação e o número de linhas de código que você precisa fazer, e eu tenho que escrever. Você deve ter notado que os comandos em C++ podem ser curtos, mas que são necessários muitos deles para fazer alguma coisa. Programas em C++ tendem a ser bem longos, portanto, qualquer coisa que reduza a digitação é uma coisa boa.

Para ver como a herança pode reduzir a digitação, veja o exemplo `Duck`. Não documentei todas as propriedades sobre `Duck` que preciso fazer com relação a voar e pousar, comer e pôr ovos. Ele herda toda essa coisa de `Bird`. Eu só preciso acrescentar a propriedade de grasnado de `Duck` e a sua habilidade de flutuar. Isso é uma economia considerável.

Uma questão mais importante e relacionada é *reuse* (reutilização ou reciclagem), a principal palavra da moda. Há algum tempo, cientistas de *software* perceberam que começar do nada em cada novo projeto e remontar os mesmos componentes de *software* não faz muito sentido.

Compare a situação na indústria de *software* àquela em outras indústrias. Quantos fabricantes de automóveis começam do nada sempre que querem projetar um novo carro? Nenhum. Profissionais em outras indústrias descobriram que faz mais sentido começar a partir de parafusos, trincos, porcas e até componentes maiores de fora da prateleira, tais como motores e transmissões ao projetar um carro.

Infelizmente, exceto por funções bem pequenas, como aquelas encontradas na Biblioteca Padrão C++, é raro encontrar muita reutilização de componentes de *software*. Um problema é ser virtualmente impossível encontrar um componente de um programa anterior que faça exatamente o que você deseja. Normalmente, esses componentes exigem "beliscões". A herança permite que você adote a principal funcionalidade de uma classe existente e torça os aspectos menores, para adaptar uma classe existente a um novo aplicativo.

Isso comporta outro benefício que é mais sutil, porém, importante da mesma forma: a *adaptability* (adaptabilidade). Sempre acontece que, assim que os usuários veem seus programas mais recentes, gostam, mas querem apenas mais uma correção ou acréscimo. Imagine, por um momento, verificar contas. Quanto tempo, depois de eu terminar o programa que lida com contas-correntes para um banco, o banco virá com uma nova conta-corrente "especial" que obtém juros sobre o saldo?

Claro que não é todo mundo que tem esse tipo de conta-corrente (isso seria fácil demais) – apenas determinados clientes têm contas `InterestChecking`.

Mas, com a herança, não preciso rever todo o programa e recodificar todas as funções de conta-corrente. Tudo o que preciso fazer é criar uma nova subclasse, `InterestChecking`, que herda de `Checking`, mas que tem uma propriedade adicional de `accumulatesInterest()` (acumula juros) e, *voilà*, o recurso é implementado. (Claro que não é assim tão fácil, mas não é tão mais difícil. Na verdade, mostro como fazer isso no Capítulo 29.)

Como aprender o idioma

É preciso entender alguns termos antes de se aprofundar mais. A classe `Dog` herda propriedades da classe `Mammal`. Isso é chamado de *inheritance* (herança). Também dizemos que `Dog` é uma subclasse de `Mammal`. Invertendo essa frase, dizemos que `Mammal` é uma *base class* (classe base, classe mãe) de `Dog`. Podemos dizer ainda que `Dog` IS_A `Mammal`. (Eu uso letras maiúsculas como uma forma de expressar esse relacionamento único.) C++ compartilha essa terminologia com outras linguagens orientadas a objeto.

O termo é adotado de outras linguagens, mas você também encontrará programadores de C++ dizendo coisas como: "A classe Dog *estende* Mammal com as suas propriedades de latido e balançar de rabo." Bem, podem não ser exatamente estas palavras, mas uma subclasse amplia uma classe base, acrescentando propriedades.

Observe que, apesar de `Dog` IS_A `Mammal`, o inverso não é verdade. Um `Mammal` não é um `Dog`. (Uma declaração como esta, refere-se sempre à situação geral. Poderia acontecer daquele mamífero em especial ser, de fato, um cão, mas, de uma maneira geral, um mamífero não é um cão.) Isso porque `Dog` compartilha todas as propriedades de outros `Mammals`, mas um `Mammal` não tem todas as propriedades de um `Dog`. Nem todos os `Mammals` latem, por exemplo, ou balançam os rabos.

Implementando a Herança em C++

A seguir está um esboço de como herdar uma classe de outra:

```
class Student
{
   // ...whatever goes here...
};

class GraduateStudent : public Student
{
   // ...graduate student unique stuff goes here...
};
```

A classe `Student` é declarada da forma habitual. A classe aparece com o nome seguido por dois pontos, a palavra-chave `public` e o nome da classe de base, `Student`.

A palavra-chave `public` implica que, possivelmente, há alguma coisa chamada de herança protegida. É verdade, há: mas herança protegida é muito incomum e não discuto isso neste livro.

Assim, posso dizer que `GraduateStudent` IS_A `Student`. Indo mais longe, posso usar um objeto `GraduateStudent` em qualquer lugar onde `Student` seja exigido, inclusive como argumentos a funções. Isto é, o seguinte é permitido:

```
void fn(Student* pS);
void someOtherFn()
{
    GraduateStudent gs;
    fn(&gs);
}
```

Isto é permitido porque um objeto `gs` tem todas as propriedades de `Student`. Por quê? Porque um `GraduateStudent` IS_A `Student`!

Olhando para um exemplo

O seguinte programa, GSInherit, torna isso mais concreto, criando uma classe `Student` e uma `GraduateStudent` e chamando funções de cada uma:

```
//
// GSInherit - demonstrate inheritance by creating
//                       a class GraduateStudent that inherits
//                       from Student.
//
#include <cstdio>
#include <cstdlib>
#include <iostream>
#include <cstring>
using namespace std;

class Student
{
 protected:
    char*  pszName;
    int    nID;
    double dGrade;              // the student's GPA
    int    nSemesterHours;

 public:
    Student(const char* pszNewName, int nNewID)
    {
        cout << "Constructing student "
```

```
               << pszNewName << endl;
        pszName = new char[strlen(pszNewName) + 1];
        strcpy(pszName, pszNewName);
        nID = nNewID;
        dGrade = 0.0;
        nSemesterHours = 0;
    }
    ~Student()
    {
        cout << "Destructing " << pszName << endl;
        delete[] pszName;
        pszName = 0;
    }

    // access functions
    const char* getName()
    {
        return pszName;
    }
    int getID()
    {
        return nID;
    }
    double getGrade()
    {
        return dGrade;
    }
    int getHours()
    {
        return nSemesterHours;
    }

    // addGrade - add a grade to the GPA and total hours
    double addGrade(double dNewGrade, int nHours)
    {
        double dWtdHrs = dGrade * nSemesterHours;
        dWtdHrs += dNewGrade * nHours;
        nSemesterHours += nHours;
        dGrade = dWtdHrs / nSemesterHours;
        return dGrade;
    }
};

class Advisor
{
public:
    Advisor() { cout << "Advisor constructed" << endl;}
};

class GraduateStudent : public Student
```

```
{
protected:
  double dQualifierGrade;
  Advisor advisor;

public:
  GraduateStudent(const char* pszName, int nID) :
    Student(pszName, nID)
  {
      cout << "Constructing GraduateStudent" << endl;
      dQualifierGrade = 0.0;
  }
};

void someOtherFn(Student* pS)
{
      cout << "Passed student " << pS->getName() << endl;
}

void someFn()
{
  Student student("Lo Lee Undergrad", 1234);
  someOtherFn(&student);

  GraduateStudent gs("Upp R. Class", 5678);
  someOtherFn(&gs);
}

int main(int nNumberofArgs, char* pszArgs[])
{
  someFn();

  // wait until user is ready before terminating program
  // to allow the user to see the program results
  system("PAUSE");
  return 0;
}
```

De relance, este exemplo parece longo. No entanto, por sorte, a classe Student é idêntica à sua antecessora de capítulos anteriores.

É um ponto importante o fato de que a classe Student não mudou: você não precisa modificar uma classe para herdar a partir dela. Não tenho que fazer quaisquer alterações em Student para criar a subclasse GraduateStudent.

A classe GraduateStudent amplia Student, acrescentando os dados de membro dQualifierGrade. Além disso, forneço GraduateStudent com um construtor que aceita o nome e a identificação de aluno. É claro que a própria GraduateStudent não precisa manipular o nome e a identificação do aluno – ela chama o construtor Student, totalmente à disposição, para fazer aquilo, como demonstra o seguinte fragmento:

```
GraduateStudent(const char* pszName, int nID) :
   Student(pszName, nID)
{
    cout << "Constructing GraduateStudent" << endl;
    dQualifierGrade = 0.0;
}
```

O construtor para a classe de base é chamado antes de qualquer parte da classe atual ser montada. A serem chamados em seguida estão os construtores para quaisquer dados de membros – isso de acordo com a mensagem do `Advisor`. Por último, o controle passa no corpo do construtor `GraduateStudent`.

A saída deste programa aparece como a seguir:

```
Constructing student Lo Lee Undergrad
Passed student Lo Lee Undergrad
Constructing student Upp R. Class
Advisor constructed
Constructing GraduateStudent
Passed student Upp R. Class
Destructing Upp R. Class
Destructing Lo Lee Undergrad
Press any key to continue ...
```

Você pode seguir a cadeia de eventos, começando com `main()`. A função `main()` não faz nada mais que chamar `someFn()`. Primeiro, a função `someFn()` cria um objeto `Student` de `Lo Lee Undergrad`. O construtor para `Student` gera a primeira linha de saída.

`someFn()` passa, então, o endereço de "Lo Lee" para `someOtherFn(Student*)`. `someOtherFn()` nada faz, a não ser exibir o nome do aluno, o qual aparece na segunda linha da saída.

Depois, a função `someFn()` cria uma `GraduateStudent` "Upp R. Class". Voltando à saída por um minuto, você constata que isso chama o construtor `Student(const char*, int)` primeiro com o nome `UppR. Class`. Uma vez que o construtor tenha terminado de montar a fundação de `Student`, o construtor `GraduateStudent` tem uma oportunidade de promover a saída de sua mensagem e pavimentar o solo para o graduando.

Então, a função `someFn()` faz algo bem curioso: passa o endereço do objeto `GraduateStudent` para `someOtherFn(Student*)`. Esse desencontro aparente de tipos de objetos é facilmente explicado pelo fato de que (lá vem) um `GraduateStudent` IS_A `Student` e pode ser usado em qualquer lugar em que `Student` seja requerido. (Da mesma forma, `GraduateStudent*` pode ser usado no lugar de `Student*`.)

O restante da saída é gerado quando ambas, `student` e `gs`, saem de escopo no retorno de `someFn()`. Os objetos são destruídos na ordem inversa de sua construção, de modo que `gs` vai primeiro e, depois, `student`. Além disso, o destrutor de `GraduateStudent` é chamado antes do destrutor de `Student()`.

 O destrutor para a subclasse só deve destruir aqueles campos que são únicos à subclasse. Deixe o destrutor dos dados membros de classe base para o destrutor da subclasse.

Como Ter um Relacionamento HAS_A (tem/contém um/uma)

Observe que a classe GraduateStudent inclui os membros de classe Student e Advisor, mas de uma forma diferente. Definindo os dados de um membro de classe Advisor, a GraduateStudent contém todos os membros de Advisor. Entretanto, não é possível dizer que uma GraduateStudent IS_AN Advisor. Em vez disso, uma GraduateStudent HAS_AN Advisor.

A analogia é como um carro com um motor. Logicamente, você pode dizer que um carro é uma subclasse de veículo, de modo que ele herda as propriedades de todos os veículos. Ao mesmo tempo, um carro tem um motor. Se você comprar um veículo, é claro que pode supor que está comprando também um motor (a menos que vá para o estacionamento de carros usados onde consegui a minha última lata velha).

Se alguns amigos pedirem que você participe com o veículo de sua escolha de um *rally* (corrida) no sábado e você chegar em seu carro, eles não poderão reclamar e chutá-lo fora. Mas, se você aparecesse a pé carregando um motor, seus amigos teriam motivos para rir de você, pois um motor não é um automóvel.

Quando escritas em C++, essas afirmações aparecem como a seguir:

```
class Vehicle {};
class Motor {};
class Car : public Vehicle
{
 public:
   Motor motor;
};

void vehicleFn(Vehicle* pV);
void motorFn(Motor* pM);

void someFn{}
{
   Car c;

   vehicleFn(&c);            // this is allowed
   motorFn(&c.motor);        // so is this

   motorFn(&c);                  // this is not allowed
}
```

Capítulo 29
As Funções Virtuais são Reais?

A herança dá aos usuários a capacidade de descrever uma classe em termos de outras. Da mesma forma importante, ela destaca o relacionamento entre as classes. Descrevo um pato como "uma ave que..." e essa descrição indica o relacionamento entre pato e pássaro. No entanto, sob o ponto de vista de C++, está faltando uma peça do quebra-cabeça.

Provavelmente, você percebeu isso, mas um forno de micro-ondas não se parece nada com um forno convencional, nem funciona internamente da mesma forma. Contudo, quando eu digo: "cozinhe", não quero me preocupar com os detalhes de como cada forno opera internamente. Este capítulo descreve esse problema em termos de C++ e, depois, continua a descrever também a solução.

Predominando Funções Membro

Tem sido sempre possível sobrecarregar uma função membro com outra função membro na mesma classe, desde que os argumentos sejam diferentes:

```
class Student
{
public:
  double grade();    // return the student's gpa
  double grade(double);      // set the student's gpa

  // ...other stuff...
};
```

Nas chamadas dos Capítulos 26 e 27, você vê isso onde sobrecarreguei o construtor com uma série de tipos de construtores diferentes. Também é possível sobrecarregar uma função em uma classe com uma função de outra, mesmo se os argumentos forem iguais, pois a classe não é a mesma:

```
class Student
{
 public:
   double grade(double);        // set the student's gpa
};

class Hill
{
 public:
   double grade(double);        // set the slope of the hill
};
```

A herança oferece outra maneira de confundir as coisas: uma função membro em uma subclasse pode sobrecarregar uma função membro na mesma classe base.

Sobrecarregar uma função membro de classe base é chamado de *overriding* (sobrescrever).

Ligação prematura

A sobrescrita é bem direta. Veja, por exemplo, a demonstração do seguinte programa, EarlyBinding:

```
//
// EarlyBinding - demonstrates early binding in
//                overriding one member function with
//                another in a subclass.
//
#include <cstdio>
#include <cstdlib>
#include <iostream>
using namespace std;

class Student
{
 public:
   double calcTuition() { return 0.0; }
};

class GraduateStudent : public Student
{
 public:
   double calcTuition() { return 1.0; }
```

```
};

int Main(int nNumberofArgs, char* pszArgs[])
{
    // the following calls Student::calcTuition()
    Student s;
    cout << "The value of s.calcTuition() is "
         << s.calcTuition()
         << endl;

    // the following calls GraduateStudent::calcTuition()
    GraduateStudent gs;
    cout << "The value of gs.calcTuition() is "
         << gs.calcTuition()
         << endl;

    // wait until user is ready before terminating program
    // to allow the user to see the program results
    system("PAUSE");
    return 0;
}
```

Aqui, as duas classes, Student e GraduateStudent, incluem uma função membro, calcTuition() (e nada mais, apenas para manter a listagem curta). Supostamente, a universidade calcula diferentemente a taxa para alunos formados e formandos, mas, para esta demonstração, só importa determinar qual função é chamada. Sendo assim, Student::calcTuition() retorna um 0, enquanto GraduateStudent::calcTuition() retorna 1 – não pode ser mais simples que isto!

Inicialmente, a função main() cria um objeto Student e, depois, chama s.calcTuition(). Sem surpresa, essa chamada é passada a Student::calcTuition(), como está claro a partir da saída do programa aqui reproduzido. Em seguida, a função main() faz o mesmo para GraduateStudent, com resultados previsíveis:

```
The value of s.calcTuition() is 0
The value of gs.calcTuition() is 1
Press any key to continue ...
```

Neste programa, o compilador C++ é capaz de decidir em tempo de compilação de qual função membro chamar, com base no tipo declarado de s e gs.

Solucionar chamadas a funções membro com base no tipo de objeto declarado é chamado de *compile-time* (tempo de compilação) ou *early binding* (ligação prematura).

Este simples exemplo não é assim tão surpreendente, mas vamos colocar uma dobra nesse tecido simples.

Comando ambíguo

O seguinte programa, AmbiguousBinding, é virtualmente idêntico ao programa anterior, EarlyBinding. A única diferença é que, em vez de chamar diretamente calcTuition(), esta versão do programa chama a função através de um ponteiro passado à função:

```
//
// AmbiguousBinding - demonstrates a case where it's not
//                    clear what should happen. In this
//                    case, C++ goes with early binding
//                    while languages like Java and C#
//                    use late binding.
//
#include <cstdio>
#include <cstdlib>
#include <iostream>
using namespace std;

class Student
{
 public:
   double calcTuition() { return 0.0; }
};

class GraduateStudent : public Student
{
 public:
   double calcTuition() { return 1.0; }
};

double someFn(Student* pS)
{
   return pS->calcTuition();
}

int main(int nNumberofArgs, char* pszArgs[])
{
   // the following calls Student::calcTuition()
   Student s;
   cout << "The value of someFn(&s) is "
        << someFn(&s)
        << endl;

   // the following calls GraduateStudent::calcTuition()
```

```
GraduateStudent gs;
cout << "The value of someFn(&gs) is "
     << someFn(&gs)
     << endl;

// wait until user is ready before terminating program
// to allow the user to see the program results
system("PAUSE");
return 0;
}
```

Exatamente como no exemplo de EarlyBinding, este programa começa criando um objeto `Student` `s`. Mas, em vez de chamar diretamente `s.calcTuition()`, esta versão passa o endereço de `s` para a `someFn()`, e aquela função faz as honras. O programa repete o processo com o objeto `gs` de `GraduateStudent`.

Agora, sem olhar à frente, tenho uma pergunta: Qual `calcTuition()` passará `pS->calcTuition()` quando `main()` passar o endereço de um GraduateStudent a `someFn()`? Seria possível argumentar que ele chamará `Student::calcTuition()` porque o tipo declarado de `pS` é `Student*`. Por outro lado, você poderia argumentar que a mesma chamada invocará `Graduate::calcTuition()`, pois o "tipo real" é `GraduateStudent*`.

O "tipo real" de um objeto é conhecido como o *run-time type* (tipo de tempo de execução), ao contrário do *declared type* (tipo declarado). Esses também são conhecidos como *dynamic type* (tipo dinâmico) e *static type* (tipo estático), respectivamente.

A saída deste programa aparece como a seguir:

```
The value of someFn(&s) is 0
The value of someFn(&gs) is 0
Press any key to continue ...
```

É possível ver que, por padrão, C++ baseia sua decisão no tipo declarado do objeto. Portanto, `someFn()` chama `Student::calcTuition()`, pois essa é a maneira pela qual o objeto é declarado, independentemente do tipo de tempo de execução do objeto fornecido na chamada.

A alternativa à ligação prematura é escolher qual função membro chamar, com base no tipo de tempo de execução do objeto. Isso é conhecido como *late binding* (ligação tardia).

Assim, dizemos que C++ prefere a ligação prematura.

Entrada de ligação tardia

A ligação prematura não capta a essência da programação orientada a objeto. Voltemos a como fiz nachos no Capítulo 21. De certa forma, agi como o último programa conversor. A receita dizia: "Aqueça os nachos no forno". Ela não dizia: "Se o tipo do forno for de micro-ondas, faça isso; se for do tipo aquecedor, faça isso; se for do tipo de forno convencional, faça isso; se estiver usando uma fogueira, faça isso". A receita (o código) confia em mim (o último programa conversor) para decidir qual ação (função membro) heat significa, quando aplicada ao oven (o exemplo especial da classe Oven) ou qualquer de suas variações (subclasses), tal como um microwave (MicrowaveOven). As pessoas pensam assim, e projetar uma linguagem com base nisso permite ao *software* modelar mais adequadamente a descrição de uma solução de mundo real do que uma pessoa poderia supor.

Existem ainda motivos triviais de manutenção e reutilização para justificar a ligação tardia. Digamos que escrevo um ótimo programa sobre a classe Student. Este, por mais interessante que seja, faz muitas coisas, e uma dessas coisas é calcular a taxa de ensino do aluno para o próximo ano. Depois de meses de projeto, codificação e teste, apresento o programa com grande aclamação e honras dos meus pares.

O tempo passa, e meu chefe me pede que mude as regras para calcular a taxa de alunos formados. Devo deixar as regras dos alunos intocadas, mas dar aos graduados algum tipo de alívio em suas taxas, de modo que a universidade possa atrair mais e melhores candidatos para a pós-graduação. Bem dentro do programa, someFunction() chama a função membro calcTuition() como a seguir:

```
void someFunction(Student* pS)
{
    pS->calcTuition();

    // ...function continues on...
}
```

Isso deve parecer familiar. Se não, volte ao início deste capítulo.

Se C++ não suportasse a ligação tardia, seria preciso editar someFunction( ) para fazer algo parecido com o seguinte:

```
void someFunction(Student* pS)
{
    if (pS->type() == STUDENT)
    {
        pS->Student::calcTuition();
    }
```

```
    if (pS->type() == GRADUATESTUDENT)
    {
        pS->GraduateStudent::calcTuition();
    }

    // ...function continues on...
}
```

Usar o nome ampliado da função, inclusive o da classe, força o compilador a usar a versão específica de `calcTuition()`.

Eu acrescentaria um `member type()` à classe, que retornaria alguma constante. Eu poderia estabelecer o valor dessa constante no construtor.

Essa alteração não parece tão ruim até você ver que `calcTuition()` não é chamada apenas em um lugar, mas através do programa. Não há grande chance de você encontrar todos os lugares onde ela é chamada.

Ainda que eu encontre todas elas, vou editar (leia "fazendo uma pausa") o código previamente depurado, testado, verificado e certificado. Edições podem ser demoradas e enfadonhas e apresentar possibilidades de erro. Qualquer uma das minhas edições poderia estar errada. No mínimo, terei que refazer o teste e refazer a certificação de cada caminho relacionado com `calcTuition()`.

O que acontece quando o meu chefe quer outra modificação? (O meu chefe, a exemplo de todos os chefes, é assim.) Eu preciso repetir todo o processo.

O que de fato eu quero é que C++ mantenha o controle do tipo de objeto de tempo real e execute a chamada usando a ligação tardia.

A habilidade de executar a ligação tardia é chamada de *polymorphism* (polimorfismo "poly" significando "variado", e "morph" significando "forma"). Portanto, um único objeto pode assumir ações variadas, com base em seu tipo de tempo de execução.

Tudo o que preciso fazer é acrescentar a palavra-chave `virtual` à declaração da função membro na classe base, como demonstrado no exemplo de programa a seguir, LateBinding:

```
//
// LateBinding - addition of the keyword 'virtual'
//                            changes C++ from early binding
to late
//                            binding.
//
#include <cstdio>
#include <cstdlib>
#include <iostream>
```

```
using namespace std;

class Student
{
 public:
   virtual double calcTuition() { return 0.0; }
};

class GraduateStudent : public Student
{
 public:
   virtual double calcTuition() { return 1.0; }
};

double someFn(Student* pS)
{
   return pS->calcTuition();
}

int main(int nNumberofArgs, char* pszArgs[])
{
   // the following calls Student::calcTuition()
   Student s;
   cout << "The value of someFn(&s) is "
        << someFn(&s)
        << endl;

   // the following calls GraduateStudent:: calcTuition()
   GraduateStudent gs;
   cout << "The value of someFn(&gs) is "
        << someFn(&gs)
        << endl;

   // wait until user is ready before terminating program
   // to allow the user to see the program results
   system("PAUSE");
   return 0;
}
```

Não é necessário acrescentar a palavra-chave `virtual` também à subclasse, mas é normal fazer isso. Uma função membro que seja ligada tardiamente é conhecida como uma *virtual member function* (função membro virtual).

Além da palavra-chave `virtual`, não há outra diferença entre o programa LateBinding e seu antecessor AmbiguousBinding, porém, os resultados são ligeiramente diferentes:

```
The value of someFn(&s) is 0
The value of someFn(&gs) is 1
Press any key to continue ...
```

É exatamente isso o que eu quero: agora, C++ decide qual versão de calcTuition() chamar, não fundamentada em seu tipo declarado, mas com base em seus tipos de tempo de execução.

Pode parecer surpreendente que o padrão de C++ seja de ligação prematura, mas o motivo é simples. A ligação tardia acrescenta uma pequena quantidade de código extra a cada chamada a funções membro virtuais. Os inventores de C++ não queriam dar aos críticos qualquer motivo para rejeitar a linguagem, de modo que, por padrão, C++ não inclui o código extra da ligação tardia com funções que não sejam virtuais.

Quando não é Virtual?

Só porque você acha que a chamada a uma função em especial é de ligação tardia não quer dizer que ela seja. C++ não gera indicação, no tempo de compilação, que faça as chamadas a ela pensarem ser de ligação prematura ou de ligação tardia.

O mais importante a observar é que todas as funções membro no caso são declaradas de maneira idêntica, inclusive o tipo de retorno. Se elas não forem declaradas com os mesmos argumentos na subclasse, as funções membros, não são predominadas; sem predominação, elas não podem ser de ligação tardia. Observe o seguinte fragmento:

```
class Base
{
 public:
   virtual void fn(int x);
};

class Subclass : public Base
{
 public:
   virtual void fn(double x);
};
void test(Base* pB)
{
   pB->fn(1);

   pB->fn(2.0);
};
```

A função fn() não é de ligação tardia, pois os argumentos não combinam. Sem surpresa, a primeira chamada a fn() dentro de test() vai para Base::fn(int) mesmo se test() for passada a um objeto de classe Subclass. Com certa surpresa, a segunda chamada também vai para Base::fn(int), depois de converter double a uma int. De novo, nenhuma predominância, nenhuma ligação tardia.

A única exceção a essa regra é explicada melhor no exemplo a seguir:

```
class Base
{
 public:
   virtual Base* fn();
};

class Subclass : public Base
{
 public:
   virtual Subclass* fn();
};
```

Aqui a função `fn()` é de ligação tardia, ainda que o tipo de retorno não combine exatamente. Na prática, isso é bem comum. Se uma função estiver lidando com objetos `Subclass`, parece natural que ela também deva retornar um objeto `Subclass`.

Considerações Virtuais

Especificar o nome de classe na chamada, força a chamada a descobrir logo se a função é declarada virtual ou não. Por exemplo, a seguinte chamada é para `Base::fn()`, pois foi isso que o programador indicou querer:

```
void test(Base* pB)
{
   pB->Base::fn();    // this call is not bound late
}
```

Os construtores não podem ser declarados virtuais, porque não são objetos completados quando o construtor é chamado a usar como base para ligação atrasada.

Por outro lado, os destrutores quase sempre deveriam ser declarados virtuais. Se não, você corre o risco de não destruir totalmente o objeto, como demonstrado no fragmento a seguir:

```
class Base
{
 public:
   ~Base() {}          // this should be declared virtual
};

class Subclass
```

```
{
protected:
  MyObject* pMO;

public:
  Subclass()
  {
      pMO = new MyObject;
  }
  ~Subclass()
  {
      delete pMO;
      pMO = 0;
  }
};

Base* someOtherFn()
{
   return new Subclass;
}

void someFn()
{
   Base* pB = someOtherFn();
   delete pB;
}
```

O programa tem um *bug* sutil, porém, devastador. Quando `someFn()` é chamada, imediatamente ela chama `someOtherFn()`, o que cria um objeto de classe `Subclass`. O construtor para `Subclass` aloca um objeto de classe `MyObject` fora da pilha. Claramente, tudo parece bem, pois o destrutor de `Subclass` retorna `MyObject` à pilha quando o objeto `Subclass` é destruído.

No entanto, quando `someFn()` chama `delete`, ela passa um ponteiro de tipo `Base*`. Se essa chamada for permitida à ligação prematura, ela chamará o destruidor para `Base`, o qual nada sabe a respeito de `MyObject`. A memória não será retornada à pilha.

Eu sei que, tecnicamente, `delete` é uma palavra-chave e não uma chamada de função, mas a semântica é igual.

Declarar o destrutor para `Base` virtual soluciona o problema. Agora, a chamada para apagar é de ligação tardia – percebendo que o ponteiro passado a apagar, na verdade, aponta para um objeto `Subclass`, `delete` chama o destrutor `Subclass`, e a memória é retornada, como deveria ser.

Portanto, essa é a situação na qual você não deseja declarar o destrutor virtual? Só um. Anteriormente, eu disse que funções virtuais apresentam um "pouco" de código extra. Deixe-me ser mais específico. Algo que elas acrescentam a cada objeto é um ponteiro adicional oculto – não um ponteiro por função virtual, apenas um ponteiro, ponto. Uma classe sem funções virtuais não tem esse ponteiro.

Agora, o ponteiro não parece muito, e não é, a menos que as duas condições a seguir sejam verdadeiras:

✔ A classe não tem muitos dados membros (de modo que um ponteiro é muito, comparado com o que já está lá).

✔ Você cria muitos objetos dessa classe (caso contrário, o código extra não importa).

Se uma dessas duas condições não for verdadeira, declare sempre os seus destrutores virtuais.

Capítulo 30
Sobrecarregando Operadores de Designação

▶ Sobrecarregando operadores – em geral, uma má ideia

▶ Sobrecarregando o operador de designação – por que aquele é crítico

▶ O que fazer quando você, simplesmente, não pode se importar em escrever um operador de designação

*O*s pequenos símbolos como +, –, = e assim por diante são chamados de *operators* (operadores). Esses operadores já são definidos para os tipos intrínsecos como `int` e `double`. No entanto, C++ permite que você defina os operadores existentes para as classes que criar. Isso é chamado de *operator overloading* (sobrecarga de operador).

Sobrecarregar operador parece uma ótima ideia. Os exemplos que, normalmente, são nomeados são classes como `Complex`, que representam um número complexo. (Não se preocupe se não souber o que é um número complexo. Saiba apenas que C++ não lida com eles intrinsecamente.) Depois de definir a classe `Complex`, você poderá definir os operadores de adição, multiplicação, subtração e divisão (todas essas operações são definidas para números complexos). Assim, você escreve coisas bacanas como:

```
Complex c1(1, 0), c2(0, 1);
Complex c3 = c1 + c2;
```

Afinal, sobrecarregar operadores acaba sendo muito mais difícil na prática do que na teoria. Tanto que eu considero a sobrecarga de operador além do escopo deste livro, com duas exceções, uma das quais é o assunto deste capítulo: sobrecarregando o operador de designação. O segundo operador vale a pena sobrecarregar é o assunto do próximo capítulo.

Sobrecarregando um Operador

C++ considera um operador como um comando especial de uma função chamada. Ele acredita que o operador + seja a abreviação da função `operator+()`. Na verdade, para qualquer operador %, a versão da função é conhecida como `operator%()`. De modo a definir o que a adição significa quando aplicada, por exemplo, a um objeto `Complex`, você precisa apenas definir a seguinte função:

```
Complex& operator+(Complex& c1, Complex& c2);
```

Você tem como definir o que significam os operadores existentes quando aplicados a objetos de sua autoria, mas existem muitas coisas que *não podem* ser feitas ao sobrecarregar operadores. Eis apenas algumas:

- Você não pode definir um novo operador, apenas redefinir o que um operador existente significa quando aplicado à sua classe definida por usuário;

- Você não pode sobrecarregar os operadores intrínsecos como `operator+(int, int)`;

- Você não pode afetar a precedência dos operadores.

Além disso, o operador de designação deve ser uma função membro – ele não pode ser uma função não membro como o operador de adição, recém-definido.

Sobrecarregar o Operador de Designação é Crítico

A linguagem C++ fornece um operador de designação padrão. Por isso é que você pode escrever coisas como a seguir:

```
Student s1("Stephen Davis", 1234);
Student s2;
s2 = s1;     // use the default assignment operator
```

O operador de designação padrão faz uma cópia membro a membro de cada um dos dados de membro do objeto à direita do objeto à esquerda. Isso é totalmente análogo ao IX construtor de cópias. Lembre-se de que essa cópia membro a membro é chamada de *shallow copy,* cópia superficial (veja o Capítulo 27 para mais detalhes sobre cópia de construtores e cópias superficiais).

Os problemas relativos ao operador de designação padrão são semelhantes aos da cópia de construtor, só que piores. Observe o seguinte fragmento de exemplo:

```
class Student
{
protected:
  char*     pszName;
  int       nID;

public:
```

```
    Student(const char* pszNewName, int nNewID)
    {
        cout << "Constructing " << pszNewName << endl;
        int nLength = strlen(pszNewName) + 1;
        pszName = new char[nLength];
        strcpy(pszName, pszNewName);
        nID = nNewID;
    }
    ~Student()
    {
        cout << "Destructing " << pszName << endl;
        delete[] pszName;
        pszName = 0;
    }

    // ...other members...
};

void someFn()
{
    Student s1("Stephen Davis", 1234);
    Student s2 ("Cayden Amrich", 5678);

    S2 = s1;    // this is legal but very bad
}
```

A função someFn() cria, inicialmente, um objeto s1. O construtor de Student(const char*, int) para Student aloca memória da pilha para uso na armazenagem do nome do aluno. O processo é repetido para s2.

Depois, a função designa s1 a s2. Isso resulta em duas coisas, as duas ruins:

✔ Copia o ponteiro s1.pszName em s2.pszName, de modo que os dois objetos passem a apontar o mesmo bloco de memória de pilha;

✔ Apaga o valor anterior de s2.pszName, de modo que o bloco de memória usado para armazenar o nome de aluno Cayden Amrich se perca.

Eis o que o operador de designação para Student precisa fazer:

✔ Apagar o bloco de memória apontado por s2.pszName (como um destrutor).

✔ Fazer uma cópia profunda da *string* de s1.pszName em um *array* recentemente alocado em s2.pszName – como um construtor de cópia (novamente, veja no Capítulo 27 uma descrição de cópia profunda).

Na verdade, você pode fazer essa declaração geral: um operador de designação age como um destrutor, para apagar os valores atuais no objeto seguido por uma cópia de construtor, que copia novos valores no objeto.

Olhando Para um Exemplo

O seguinte programa, StudentAssignment, contém uma classe Student que tem um construtor e um destrutor com um construtor de cópia e um operador de designação – todo o autorrespeito de que uma classe precisa!

```
//
// StudentAssignment -this program demonstrates how to
//                          create an assignment operator that
//                          performs the same deep copy as the copy
//                          constructor
//
#include <cstdio>
#include <cstdlib>
#include <iostream>
#include <cstring>
using namespace std;

class Student
{
protected:
    char*    pszName;
    int      nID;

    void init(const char* pszName, int nNewID)
    {
        int nLength = strlen(pszNewName) + 1;
        pszName = new char[nLength];
        strcpy(pszName, pszNewName);
        nID = nNewID;
    }

    void destruct()
    {
        delete[] pszName;
        pszName = 0;
    }

public:
    Student(const char* pszNewName, int nNewID)
    {
        cout << "Constructing " << pszNewName << endl;
        init(pszNewName, nNewID);
```

```
    }
    Student(Student& s)
    {
        cout<<"Constructing copy of "<< s.pszName << endl;
        init(s.pszName, s.nID);
    }

    virtual ~Student()
    {
        cout << "Destructing " << pszName << endl;
        destruct();
    }

    // overload the assignment operator
    Student& operator=(Student& source)
    {
        // don't do anything if we are assigned to
        // ourselves
        if (this != &source)
        {
            cout << "Assigning " << source.pszName
                    << " to "                          << pszName <<
endl;

            // first destruct the existing object
            destruct();

            // now copy the source object
            init(source.pszName, source.nID);
        }

        return *this;
    }

    // access functions
    const char* getName()
    {
        return pszName;
    }
    int getID()
    {
        return nID;
    }
};

void someFn()
{
    Student s1("Adam Laskowski", 1234);
    Student s2("Vanessa Barbossa", 5678);
```

```
   s2 = s1/
}

int main(int nNumberofArgs, char* pszArgs[])
{
   someFn();

   // wait until user is ready before terminating program
   // to allow the user to see the program results
   system("PAUSE");
   return 0;
}
```

Os dados membros dessa classe Student são iguais aos das versões de capítulos anteriores. O construtor e o construtor de cópias também são iguais, exceto que o trabalho atual é executado em uma função init(), que é chamada a partir de ambos os construtores. O operador de designação também pode reutilizar a mesma função init() para construir a sua função.

O código que implementa a sequência de destrutor também foi transferido de ~Student() para uma função de membro protegida destruct().

Depois do destrutor, está o operador de designação operator=(). Inicialmente, essa função testa se o endereço do objeto passado é igual ao objeto atual. Isso serve para detectar o seguinte comando:

```
s1 = s1;
```

Nesse caso, o operador de designação nada faz. Se os objetos fonte e atual não forem iguais, primeiro a função destrói o objeto atual e, depois, copia o conteúdo do objeto fonte no objeto atual. Por fim, ele retorna uma referência ao objeto atual.

A função someFn() mostra como isso funciona na prática. Depois de declarar, inicialmente, dois objetos Student, s1 e s2, someFn() executa a designação

```
s2 = s1;
```

que é interpretada como se tivesse sido escrita como

```
s2.operator=(s1);
```

Isto é, o operador de designação destrói s2 e, depois, copia o conteúdo de s1 em s2.

O destrutor chamado ao final de someFn() demonstra que os dois objetos, s1 e s2, não se referem à mesma parte da memória de pilha. A saída do programa aparece como a seguir:

```
Constructing Adam Laskowski
Constructing Vanessa Barbossa
Assigning Adam Laskowski to Vanessa Barbossa
Destructing Adam Laskowski
Destructing Adam Laskowski
Press any key to continue...
```

O motivo para o operador de designação retornar uma referência ao objeto atual é permitir o seguinte:

```
s3 = s1 = s2;
```

Como Escrever seu Próprio (ou não)

Não espero que você aprenda todos os meandros de sobrecarregar operadores; no entanto, você não está muito errado se seguir o padrão ajustado pelo exemplo Student:

1. assegure-se de que os objetos do lado esquerdo e do direito não sejam iguais – se assim for, retorne sem tomar qualquer atitude;

2. destrua o objeto do lado esquerdo (o objeto atual, o mesmo referenciado por this);

3. copie o construtor do objeto esquerdo usando o do lado direito como a fonte;

4. retorne uma referência ao objeto do lado esquerdo (isto é, return *this;).

Se isso for demais, sempre é possível fazer o seguinte:

```
class Student
{
 protected:
   Student& operator=(Student&)
   {
      return *this;
   }

   // ...whatever else...
};
```

O operador de designação nada faz, mas sendo declarado como protegido, ele evita que qualquer aplicativo de *software* tente usar o operador de designação padrão. Agora

```
s1 = s2;
```

irá gerar um erro de compilação.

Capítulo 31
Execução
de Fluxo de I/O

*N*o Capítulo 2, eu lhe dei um gabarito para seguir ao gerar novos programas. Visto que você estava apenas começando sua viagem em C++, pedi que aceitasse aquele gabarito com toda boa fé; depois, através dos capítulos seguintes, expliquei cada um dos aspectos do gabarito. Há apenas um item restante: o fluxo de *input / output* (entrada / saída, normalmente abreviado como I/O ou E/S).

Preciso avisá-lo de que o fluxo de I/O não pode ser totalmente abordado em um único capítulo – livros inteiros são dedicados a esse tópico. Mas, por sorte, você não precisa saber tanto sobre fluxo de I/O para escrever a maioria dos programas.

Como o Fluxo I/O Funciona

O *stream* (fluxo) de I/O baseia-se em versões sobrecarregadas de operator>>() e operator<<() (conhecidos, respectivamente, como operadores deslocados à direita e deslocados à esquerda).

Nota: Na minha discussão sobre operadores aritméticos, no Capítulo 4, não trato dos operadores << (de deslocamento à esquerda) e >> (deslocamento à direita), pois esses executam partes de operações que estão além do escopo de um programador iniciante.

As declarações de protótipo para os operadores de fluxo são encontradas no arquivo *include* iostream. O código para essas funções faz parte da Biblioteca

Padrão C++, à qual os seus programas se vinculam por padrão. Por isso é que o gabarito padrão começa com `#include <iostream>` – sem ele, você não pode executar o fluxo de I/O. O seguinte trecho mostra apenas algumas das declarações de protótipo que aparecem em `iostream`.

```
// for input we have:
istream& operator>>(istream& source, int              &dest);
istream& operator>>(istream& source, double  &dest);
istream& operator>>(istream& source, char      *pDest);
// ...and so forth...

// for output we have:
ostream& operator<<(ostream& dest, const char  *pSource);
ostream& operator<<(ostream& dest, int                source);
ostream& operator<<(ostream& dest, double       source);
// ...and so it goes...
```

Quando sobrecarregado para executar o fluxo de entrada, `operator<<()` é chamado de *extractor* (extrator). A classe `istream` é a básica para executar a entrada de um arquivo. C++ cria um objeto `istream`, `cin`, e o associa ao teclado quando o seu programa inicia e antes de `main()` ser executada.

O primeiro protótipo no trecho anterior extraído do arquivo *include* `iostream`, refere-se à função que é chamada quando você entra com o seguinte código C++:

```
int i;
cin >> i;
```

Como você viu, extrair de `cin` é a maneira padrão de executar a entrada pelo teclado.

Quando sobrecarregado para executar o fluxo de saída, `operator<<()` é chamado de *inserter* (insersor), C++ usa a classe `ostream` para executar saída formatada a partir de um arquivo. C++ cria um objeto `ostream`, `cout`, ao iniciar o programa, e o associa à exibição do console.

O primeiro protótipo entre as funções de saída é chamado quando você entra com o seguinte:

```
cout << "C++ programming is fn()";
```

Inserir em `cout` é o padrão, que significa exibir coisas ao operador.

Tanto `cin` quanto `cout` são declaradas no arquivo *include* `iostream`. É como o programa sabe o que são elas.

C++ abre um segundo objeto `ostream` na inicialização do programa. Tal objeto, `cerr`, também é associado por padrão à exibição, mas ele é usado como uma saída padrão de erro. Se você tiver usado muito Linux, Unix ou a janela de console Windows, sabe que poderá redirecionar a entrada e a saída padrão. Por exemplo, o comando

```
myprogram <file1.txt >file2.txt
```

diz: "Execute `myprogram.exe`, mas leia de `file1.txt` em vez de do teclado, e promova a saída para `file2.txt` em vez de para a exibição.". Isto é, `cin` é associado a `file1.txt` e `cout` a `file2.txt`. Nesse caso, se você enviar mensagens de erro para `cout`, o operador nunca as verá, pois elas serão enviadas ao arquivo. No entanto, mensagens enviadas para `cerr` continuarão a ir para a exibição, visto que não são redirecionadas com `cout`.

Envie sempre mensagens de erro a `cerr` em vez de a `cout`, apenas no caso de `cout` ter sido redirecionado.

Fluxo de Input/Output

C++ fornece classes separadas de entrada e saída para executar arquivos. Essas classes, `ifstream` e `ofstream`, são conhecidas como classes `fstream`.

Coletivamente tanto `ifstream` quanto `ofstream` são conhecidas como classes `fstream`.

Criando um objeto de entrada

A classe `ifstream` oferece um construtor usado para abrir um arquivo para entrada:

```
ifstream(const char* pszFileName,
                      ios_base::openmode mode);
```

Esse construtor abre um arquivo, cria um objeto de classe `ifstream` e associa aquele objeto ao arquivo aberto a ser usado para entrada. O primeiro argumento ao construtor é um ponteiro para o nome do arquivo a abrir. Você poderá fornecer o nome do caminho completo ou apenas o nome de arquivo.

Se fornecer o nome do arquivo sem um caminho, C++ irá procurar no diretório atual pelo arquivo a ser lido. Ao executar a partir do seu programa de dentro de Code::Blocks, o diretório atual será o que contém o arquivo de projeto.

Não se esqueça de que uma barra invertida Windows/DOS é escrita como "\\" em C++. Reveja detalhes no Capítulo 5.

O segundo argumento direciona alguns detalhes sobre como o arquivo deve ser aberto quando o objeto é criado. O tipo `openmode` é definido por usuário dentro da classe `ios_base`. Os valores legais de `mode` são definidos na Tabela 31-1. Se `mode` não for fornecida, o valor padrão será `ios_base::in`, o que significa abrir o arquivo para entrada (bastante lógico para um arquivo chamado `ifstream`).

O fragmento de código do exemplo a seguir abre o arquivo de texto `MyData.txt` e lê alguns inteiros dele:

```
void someFn()
{
  // open the file MyData.txt in the current directory
  ifstream input("MyData.txt");

  int a, b, c;

  input >> a >> b >> c;
  cout <<     "a = " << a
      << ", b = " << b
      << ", c = " << c << endl;
}
```

Para especificar o caminho completo, eu poderia escrever algo como o seguinte:

```
ifstream input("C:\\\\MyFolder\\MyData.txt");
```

Isso abre o arquivo "C:\\MyFolder\MyData.txt".

O destrutor para a classe `ifstream` fecha o arquivo. No fragmento anterior, o arquivo "MyData.txt" é fechado quando o controle sai de `someFn()` e o objeto `input` sai do escopo.

Tabela 31-1: Constantes que controlam como arquivos são abertos para entrada

Sinalização	Significado
`ios_base::binary`	Abre o arquivo no modo binário (o modo alternativo é de texto)
`ios_base::in`	Abre o arquivo para entrada (sugerido por istream)

Criando uma entrada de objeto

A classe `ofstream` é o oposto de saída para `ifstream`. O construtor para essa classe abre um arquivo para saída, usando o operador de inserção:

```
ofstream(const char* pszFileName,
                      ios_base::openmode mode);
```

Esse construtor abre um arquivo para saída. De novo, aqui `pszFileName` aponta para nome do arquivo, enquanto o modo controla algumas questões sobre como o arquivo deve ser aberto. A Tabela 31-2 relaciona os possíveis valores para modo. Se você não fornecer um modo, o valor padrão é `out + trunc`, o que significa "abrir o arquivo para saída e truncar qualquer coisa que já esteja no arquivo" (a alternativa é anexar o que você quiser que esteja na saída ao final do arquivo existente).

O seguinte fragmento de código de exemplo abre o arquivo de texto `MyData.txt` e escreve nele algumas informações totalmente verdadeiras:

```
void someFn()
{
    // open the file MyData.txt in the current directory
    ofstream output("MyData.txt");

    output <<  "Stephen is suave and handsome\n"
           << "and definitely not balding prematurely"
           << endl;
}
```

O destrutor para a classe `ofstream` esvazia o conteúdo de quaisquer *buffers* (áreas de armazenagem temporárias) em disco e fecha o arquivo antes de destruir o objeto e retornar quaisquer *buffers* locais à pilha, quando o objeto *output* sai de escopo ao final de `someFn()`.

Tabela 31-2: Constantes que controlam como arquivos são abertos para saída

Sinalização	Significado
`ios_base::app`	Busca o Fim de Arquivo antes de cada escrita
`ios_base::ate`	Busca o Fim de Arquivo imediatamente depois de abrir o arquivo
`ios_::binary`	Abre o arquivo no modo binário (a alternativa é o modo de texto)
`ios_base::out`	Abre o arquivo para saída (sugerido por `ostream`)
`ios_base::trunc`	Trunca o arquivo, se ele existir (padrão para `ostream`)

Modos abertos

As Tabelas 31-1 e 31-2 mostram os diferentes modos que são possíveis ao abrir um arquivo. Para ajustar tais valores adequadamente, você precisa responder às três seguintes perguntas:

✔ Você quer ler a partir do arquivo ou escrever no arquivo? Use `ifstream` para ler e `ofstream` para escrever. Se você deseja ler e escrever no mesmo arquivo, então, use a classe `fstream` e ajuste o modo para `in | out`, o qual abre o arquivo tanto para entrada quanto para saída. Mas boa sorte, porque fazer isso funcionar adequadamente é difícil. É muito melhor escrever em um arquivo com um objeto e ler a partir do arquivo com outro objeto.

✔ Se você estiver escrevendo no arquivo, e ele já existir, você quer acrescentar ao conteúdo existente (nesse caso, abra com o modo ajustado para `out | ate`) ou apagar o conteúdo e começar de novo (nesse caso, abra com o modo ajustado para `out | trunc`)?

✔ Você está lendo ou escrevendo texto ou dados binários? Ambos, `ifstream` e `ofstream` padronizam para o modo de texto. Use o modo `binary` se estiver lendo ou escrevendo dados brutos, não de texto (veja na próxima seção deste capítulo uma rápida explicação de modo binário).

O operador `|` é o operador "binary OR" (binário OU). O resultado de `in | out` é uma `int` com a parte `in` ajustada e a parte `out` ajustada. Você pode pôr OR em qualquer das sinalizações de modo unidas.

Se o arquivo não existir quando você criar o objeto `ofstream`, C++ criará um arquivo de saída vazio.

O que é um modo binário?

É possível abrir um arquivo para entrada ou saída tanto no modo binário quanto de texto. A principal diferença entre modo binário e de texto está na forma pela qual as novas linhas são tratadas. O sistema operacional Unix foi escrito quando as máquinas de escrever ainda eram moda (quando era chamado "datilografar" em vez de "digitar", ou o que logo se tornará moda "teclar no IPhone"). O Unix termina as frases com um retorno de carro seguido por um avanço de linha.

Sistemas operacionais subsequentes não viram motivo para continuar a usar dois caracteres para terminar uma sentença, mas não podiam concordar com qual caractere usar. Alguns usavam o retorno de carro e outros, o avanço de linha, agora renomeados para nova linha. O padrão C++ é nova linha somente.

Quando um arquivo é aberto no modo de texto, a biblioteca C++ converte o caractere único de nova linha para o que é adequado ao seu sistema operacional na saída, seja um retorno de carro mais avanço de linha, um único retorno de carro ou um avanço de linha (ou, então, alguma outra coisa). C++ realiza a conversão inversa ao ler um arquivo. A biblioteca C++ não faz tais conversões para um arquivo aberto no modo binário.

Use sempre o modo binário ao manipular um arquivo que não esteja em um formato legível pelo ser humano. Se não o fizer, a biblioteca C++ modificará qualquer *byte* no fluxo de dados que possa ser igual ao retorno de carro ou avanço de linha.

Ei, arquivo, em qual posição você está?

Um objeto `ifstream` ou `ofstream` adequadamente construído torna-se um substituto para o arquivo ao qual está associado.

O programador tem a tendência de pensar sobre operações nos objetos `fstream` como sendo iguais às operações no próprio arquivo. No entanto, isso só é verdade desde que o objeto seja adequadamente construído. Se um objeto `fstream` falhar em ser bem construído, poderia não ser associado a um arquivo – digamos, por exemplo, se um objeto `ifstream` fosse criado para um arquivo que não existe. Nesse caso, C++ rejeita o fluxo de operações sem executar qualquer ação.

Felizmente, C++ informa quando alguma coisa está errada – a função membro `bad()` retorna `true` se algo estiver errado com o objeto `fstream` e se ele não puder ser usado para entrada ou saída. Normalmente, isso acontece quando o objeto não pode ser construído para entrada, porque o arquivo não existe, ou para saída, pois o programa não tem permissão para escrever no disco ou no diretório. Outros erros de sistemas também podem levar `bad()` à posição de se tornar verdadeiro.

O termo "bad" (ruim) é descritivo, se um pouco excessivo (eu não gosto de pensar sobre programas de computador como sendo ruins ou bons). Uma posição menos, chamada `fail()`, é ajustada para `true` se a última operação de leitura ou escrita falhou. Por exemplo, se você tentar ler um `int`, e o operador de fluxo só puder encontrar caracteres, então C++ ajustará a sinalização `fail()`. É possível chamar a função membro `clear()` para limpar a sinalização de falha e tentar de novo – a chamada seguinte poderá ou não funcionar. Você não pode limpar a sinalização `bad()` – exatamente como o vinho, se um objeto vai mal, ele não é recuperável.

Tentativas de executar entrada a partir de ou saída para um objeto com a sinalização de `bad()` ou `fail()` ajustada serão ignoradas.

Digo isso literalmente: nenhuma entrada ou saída é possível, desde que a posição interna do objeto `fstream` contenha um erro. O programa nem ao menos tenta executar I/O, o que não é tão ruim na saída – fica bem claro quando o seu programa não está executando a saída da forma que deveria. Mas essa situação pode levar a alguns *bugs* ardilosos em programas que executam entrada. É bem fácil confundir o lixo deixado na variável, talvez de uma leitura anterior, com uma entrada válida do arquivo.

Veja o seguinte programa, ReadIntegers, o qual contém um unsafeFn(), que lê valores da entrada de um arquivo:

```
//
// ReadIntegers - this program reads integers from
//                                        an input file MyFile.
txt contained
//                                        in the current
directory.
//
#include <cstdio>
#include <cstdlib>
#include <fstream>
#include <iostream>
using namespace std;

void unsafeFn()
{
    ifstream myFile("MyFile.txt");
    int nInputValue;

    for(int n = 1; n <= 10; n++)
    {
        // read a value
        myFile >> nInputValue;

        // value successfully read - output it
        cout << n << " - " << nInputValue << endl;
    }
}

int main(int nNumberofArgs, char* pszArgs[])
{
    unsafeFn();

    // wait until user is ready before terminating program
    // to allow the user to see the program results
    system("PAUSE");
    return 0;
}
```

A função anterior unsafeFn() lê dez valores de MyFile.txt e os exibe no console. Isso parece certo, mas e se não houver dez valores em MyFile.txt – se houver apenas nove (ou cinco, ou nenhum!)? Essa versão do programa gerou a seguinte saída quando oferecida uma amostra de MyFile.txt:

```
1 - 1
2 - 2
3 - 3
4 - 4
5 - 5
6 - 6
7 - 7
8 - 7
```

```
9 - 7
10 - 7
Press any key to continue...
```

A questão é: o arquivo contém, de fato, o valor 7 quatro vezes ou houve um erro depois da sétima leitura? Não há como o usuário dizer, pois, uma vez que o programa chega ao End of File (Fim do Arquivo), todas as leituras seguintes falham. O valor de `nInputValue` não é ajustado para zero ou outro valor "especial". Ele retém qualquer valor que tenha da última solicitação de leitura bem-sucedida, o qual, no caso, é 7.

A maneira mais flexível de evitar esse problema é sair do *loop* assim que acontecer o erro, usando a função membro `fail()`, conforme demonstrado pela seguinte versão `safeFn()` da mesma função (que também faz parte do programa ReadIntegers do CD-ROM incluso):

```cpp
//
// ReadIntegers - this program reads integers from
//                                        an input file MyFile.
txt contained
//                                        in the current
directory.
//
#include <cstdio>
#include <cstdlib>
#include <fstream>
#include <iostream>
using namespace std;

void safeFn()
{
    ifstream myFile("MyFile.txt");
    int nInputValue;

    for(int n = 0; n < 10. n++)
    {
        // read a value
        myFile >> nInputValue;

        // exit the loop on read error
        if (myFile.fail())
        {
            break;
        }

        // value successfully read - output it
        cout << n << " - " << nInputValue << endl;
    }
}

int main(int nNumberofArgs, char* pszArgs[])
```

```
{
        safeFn();

        // wait until user is ready before terminating program
        // to allow the user to see the program results
        system("PAUSE");
        return 0;
}
```

Ao ler o mesmo arquivo `MyFile.txt`, esta versão gerou a seguinte saída:

```
1 - 1
2 - 2
3 - 3
4 - 4
5 - 5
6 - 6
7 - 7
Press any key to continue...
```

Agora, está claro que há apenas sete valores no arquivo, em vez dos dez esperados, e que o número sete não é repetido.

Verifique sempre o valor de `fail()` depois de extrair dados de um arquivo de entrada, para garantir que, de fato, você leu um novo valor.

Observe que o programa ReadIntegers anterior acrescenta uma linha `#include <fstream>` ao gabarito padrão que usei em todos os programas nos capítulos anteriores. Esse arquivo extra *include* é necessário para conseguir acesso às classes `ifstream` e `ofstream`.

Não estoure aquele buffer

Olhando atentamente alguns dos programas anteriores, você verá declarações de C++ como as seguintes:

```
char szStudentName[80];
cin >> szStudentName;
```

Este fragmento aloca 80 caracteres para o nome do aluno (com certeza, é o bastante para o nome de qualquer pessoa) e, depois, extrai uma *string* daquele *array*. O problema é que o extrator não sabe o tamanho do *array* – se o usuário digitar mais de 80 caracteres antes de entrar com retorno ou um espaço em branco, a função de biblioteca de C++ estourará o final do *array* e sobrescreverá a memória. Os *hackers* usam essa capacidade de estouro em programas que fazem a *interface* diretamente para a *Internet*, para sobrescrever as instruções da máquina no programa, assumindo assim o controle do seu computador.

Esse problema pode ser evitado de duas maneiras. Uma delas é usar a função membro `getline()`. Ela permite que você especifique o comprimento do *array*, como a seguir:

```
char szStudentName[80];
cin.getline(szStudentName, 80);
```

Esta chamada lê a entrada até que a primeira nova linha ou até que os 80 caracteres tenham sido lidos, o que acontecer primeiro. Quaisquer caracteres não lidos são deixados em `cin` para a próxima leitura.

Uma segunda abordagem é usar a classe `string`. Essa classe age como um *array* char, exceto que ela se redimensiona dinamicamente para ajustar a quantidade de dados. Assim, o seguinte é seguro:

```
string sStudentName;
cin >> sStudentName;
```

Automaticamente, a classe *string* alocará um *array* fora da pilha, que é grande o bastante para conter quaisquer dados de entrada. Infelizmente, a classe `string` está além do escopo de um livro de programação para iniciantes.

Outras Funções Membro das Classes fstream

As classes `fstream` oferecem uma série de funções membro, conforme mostrado na Tabela 31-3 (a lista não é completa com todas as funções dessas classes muito grandes). As declarações protótipo para essas funções membro estão no arquivo *include* `fstream`. Elas são descritas no restante desta seção.

Tabela 31-3: Principais métodos das classes *stream* de I/O

Método	Significado
`bool bad()`	Retorna true se tiver ocorrido um erro grave.
`void clear(iostate flags = ios_base::goodbit)`	Limpa (ou ajusta) as sinalizações de posição de I/O.
`void close()`	Fecha o arquivo associado a um objeto stream.
`bool eof()`	Retorna true se não houver mais caracteres no Indicador de leitura ao End of File (Fim do Arquivo).
`char fill()` `char fill(char newFill)`	Retorna ou ajusta o caractere de preenchimento.

Tabela 31-3: *(continuação)*

Método	Significado
fmtflags flags() fmtflags flags(fmtflags f)	Retorna ou ajusta sinalizações de formatação. (Veja a próxima seção sobre sinalizações de formatação.)
void flush()	Descarrega o buffer de saída para o disco.
int gcount() entrada.	Retorna a quantidade de bytes lida durante a última
char get()	Lê caracteres individuais do arquivo.
char getline(char* buffer, int count, char delimeter = '\n')	Lê múltiplos caracteres até End of File, até que o delimitador seja encontrado ou até que os caracteres de count – 1 sejam lidos. Coloca um null (nulo) ao final da linha lida. Não armazena o delimitador lido no buffer. O delimitador padroniza para nova linha, mas você pode fornecer uma diferente, se quiser.
bool good()	Retorna true se não forem ajustadas condições de erro.
void open (const char* filename,	Os mesmos argumentos que o construtor. Executa o mesmo arquivo aberto em um objeto existente que o construtor openmode mode) executa ao criar um novo objeto.
streamsize precision() streamsize precision(streamsize s)	Lê ou ajusta a quantidade de dígitos exibida para variáveis de ponto de flutuação.
ostream& put(char ch)	Escreve um único caractere em stream.
istream& read(até char* buffer, streamsize num)	Lê um bloco de dados. Lê ou o número de bytes ou um End of File ser encontrado, o que acontecer primeiro.
fmtflags setf(fmtflags)	Ajusta sinalizações específicas de formato. Retorna valor antigo.
fmtflags unsetf(fmtflags)	Limpa sinalizações específicas de formato. Retorna valor antigo.
int width() int width(int w)	Lê ou ajusta o número de caracteres a ser exibido pela próxima declaração de saída formatada.
ostream& write(const char* buffer, streamsize num)	Escreve um bloco de dados ao arquivo de saída.

Como ler e escrever streams diretamente

Os operadores de inserção e extração fornecem um mecanismo conveniente para ler entrada formatada. Entretanto, às vezes basta que você diga: "Dê-me; não me importo qual é o formato". Nesse caso, várias funções membro são úteis.

A função mais simples, get (), retorna o próximo caractere em um arquivo de entrada. A sua saída equivalente é put (), a qual escreve um único caractere em um arquivo de saída. A função getline () retorna uma *string* de caracteres até algum finalizador – o padrão é uma nova linha, mas você pode especificar qualquer outro caractere que quiser como o terceiro argumento à função. A função getline () separa o finalizador, mas não faz outra tentativa de reformatar ou, então, interpretar a entrada.

A função membro read () é ainda mais básica. Ela lê o número de *bytes* que você especifica, ou menos, se o programa encontrar End of File. A função gcount () sempre retorna o número corrente de *bytes* lidos. A saída equivalente é write ().

O programa a seguir, Copy,Files usa as funções read () e write () para criar um *backup* (uma cópia) de qualquer arquivo que você forneça, fazendo uma cópia com a *string* " .backup" anexada ao nome:

```
//
// CopyFiles - make backup copies of whatever files
//                          are passed to the program by creating
//                          a file with the same name plus the name
//                          ".backup" appended.
//
#include <cstdio>
#include <cstdlib>
#include <fstream>
#include <iostream>
#include <cstring>
using namespace std;

void copyFile(const char* pszSrcFileName)
{
    // create a copy of the specified filename with
    // ",backup" added to the end
    int nTargetNameLength = strlen(pszSrcFileName) + 10;
    char *pszTargetFileName = new char[nTargetNameLength];
    strcpy(pszTargetFileName, pszSrcFileName);
    strcat(pszTargetFileName, ".backup");

    // now open the source file for input and
```

```
      // the target file for output
      ifstream input(pszSrcFileName,
                                  ios_base::in | ios_
base::binary);
   if (input.good())
   {
       ofstream output(pszTargetFileName,
     ios_base::out | ios_base::binary | ios_base::trunc);
     {

         while (!input.eof() && input.good())
         {
             char buffer[4096];
             input.read(buffer, 4096);
             output.write(buffer, input.gcount());
         }
     }
   }

   // restore memory to the heap
   delete pszTargetFileName;
}

int main(int nNumberofArgs, char* pszArgs[])
{
   // pass every file name provided to main() to
   // the copyFile() function, one name at a time
   for (int i = 1; i < nNumberofArgs; i++)
   {
       cout << "Copying " << pszArgs[i] << endl;
       copyFile(pszArgs[i]);
   }

   // wait until user is ready before terminating program
   // to allow the user to see the program results
   system("PAUSE");
   return 0;
}
```

O programa interage através dos argumentos passados a ele, lembrando que pszArgs[0] aponta para o nome do próprio programa. O programa passa cada argumento, um de cada vez, à função copyFile().

Inicialmente, a função copyFile() cria uma cópia do nome passado a ela no *array* pszTargetFileName. Depois, ela concatena a *string* " .backup" àquele nome. Por fim, você chega à parte boa: copyFile() abre o arquivo fonte, cujo nome foi passado como o argumento à função copyFile(), para entrada binária.

Nota: A `ios_base::` é necessária ao usar as sinalizações `in`, `out`, `binary` e `trunc`, pois esses são membros estáticos `const` da classe `ios_base`.

Use o modo binário se você estiver trabalhando com outros arquivos que não texto ou não quiser exibir o conteúdo. Nesse caso, não limitei o programa para funcionar apenas com arquivos de texto.

A única função continua a executar se `input.good()` for `true`, indicando que o objeto de entrada foi criado com sucesso, visto que será impossível ler a partir do arquivo se a abertura não funcionar adequadamente.

Em um programa de mundo real, eu teria exibido alguma mensagem de erro útil antes de retornar ao chamador.

Se o objeto de entrada for criado certo, `copyFile()` cria um objeto de saída usando o `pszTargetFileName` criado anteriormente. Esse arquivo é aberto para saída binária. A sinalização de modo também é ajustada para truncar o conteúdo removido do arquivo alvo, se ele já existir. Se `output.good()` for `true`, a função executará a seção seguinte à função; caso contrário, o controle pulará para o fim.

Agora a função está pronta para copiar o conteúdo de um arquivo para outro: ela entra em um *loop*, onde lê blocos de 4K a partir do arquivo de entrada e os escreve no arquivo de saída.

Observe que, na chamada a `write()`, `copyFile()` usa o valor retornado de `input.gcount()` em vez de um 4096 hardcoded*. Isso porque a menos que o arquivo fonte aconteça de ser um inteiro múltiplo de 4096 *bytes* de comprimento (bastante improvável), a última chamada a `read()` tentará alcançar menos que o número de *bytes* solicitado antes de encontrar End of File.

A *loop* termina quando `input` chega a End of File ou o objeto `input` não é mais útil.

O operador `!` (pronunciado como "o operador NÃO") inverte o sentido de uma expressão Booleana. Em outras palavras, `!true` é `false` e `!false` é `true`. (Você lê essa última frase como "NÃO verdadeiro é falso e NÃO falso é verdadeiro".)

Imediatamente antes de sair, a função retorna o *array* `pszTargetFileName` à pilha. A saída da função faz com que o destrutor tanto de `input` quanto de `output` seja chamado, o qual fecha os arquivos de entrada e saída.

Para executar o programa dentro do ambiente Code::Blocks, primeiro selecionei Project⇨Set Programs' Arguments (Projeto – Ajustar/Configurar Argumentos do Programa) para abrir a caixa de diálogo alvo Select (selecionar). No campo de argumentos do Programa, entrei com `main.cpp` e cliquei OK. Eu também poderia ter selecionado e soltado vários arquivos no nome do arquivo executável `CopyFiles` ou entrado com o nome do comando seguido pelos nomes dos arquivos para "backup" no comando *prompt*.

O Capítulo 18 aborda as diversas formas de passar argumentos ao seu programa.

---

* NRT: "Hardcoded" é qualquer parâmetro ou valor escrito de maneira fixa pelo programador, em vez de ser calculado ou obtido de fontes externas. Isto é frequentemente reconhecido como uma má prática de programação.

Ao rodar o programa, obtenho a seguinte saída:

```
Copying main.cpp
Press any key to continue ...
```

Olhando na pasta contendo o arquivo fonte `main.cpp`, agora eu vejo um segundo arquivo `main.cpp.backup` que tem o tamanho e o conteúdo idênticos ao original.

Controlando formato

Todas as funções membro, `flags()`, `setf()` e `unsetf()`, são usadas para ajustar ou recuperar um conjunto de sinalizações de formato usado para controlar o formato de entrada extraído de um objeto `ifstream` ou inserido em um objeto `ofstream`. As sinalizações são ajustadas para o mesmo valor padrão que faz sentido, na maior parte do tempo, quando o objeto é criado. Entretanto, você pode mudar essas sinalizações para controlar o formato de entrada e/ou saída. A Tabela 31-4 descreve as sinalizações que podem ser usadas com as funções membro `flags()`, `setf()` e `unsetf()`.

Tabela 31-4: Sinalizações de formato de fluxo I/O usadas com setf(), unsetf() e flags()

Sinalização	Se a sinalização for verdadeira, então...
boolalpha	Exibe variáveis de tipo bool, como falsas ou verdadeiras, ao invés de 1 ou 0
dec	Lê ou escreve inteiros em formato decimal (padrão)
fixed	Exibe ponto flutuante em ponto fixo em oposição a científico (padrão)
hex	Lê ou escreve inteiros em hexadecimais
left	Exibe a saída justificada à esquerda (isto é, alinha à direita)
oct	Lê ou escreve inteiros em octais
right	Exibe a saída justificada à direita (isto é, alinha à esquerda)
scientific	Exibe ponto flutuante em formato científico
showbase	Exibe um 0 à frente para saída octal e 0x à frente para saída hexadecimal
showpoint	Exibe um ponto decimal para saída de ponto flutuante mesmo que a parte fracionada seja zero
skipws	Ao ler, pula espaço em branco usando o extrator
unitbuf	Descarrega a saída depois de cada operação de saída
uppercase	Substitui na saída as letras minúsculas pelas suas equivalentes maiúsculas

Por exemplo, o seguinte fragmento de código exibe valores inteiros em hexadecimais (em vez de pelo padrão, decimal):

```
// fetch the previous value so we can restore it
ios_base::fmtflags prevValue = cout. flags();

// clear the decimal flag
cout.unsetf(cout.dec);

// now set the hexadecimal flag
cout.setf(cout.hex);

// ...do stuff...

// restore output to previous state
cout.flags(prevValue);
```

Inicialmente, este exemplo consulta o objeto `cout` quanto ao valor atual das sinalizações de formato, usando a função membro `flags()`. O tipo do valor retornado é `ios_base::fmtflags`.

Não abordei os tipos definidos por usuário, definidos dentro das classes – esse é um tópico avançado – apenas, confie em mim que esse tipo faz sentido.

Sempre é uma boa ideia registrar as sinalizações de formato de um objeto de entrada ou saída antes de alterá-los, para ser possível recuperá-los ao seu valor anterior quando você tiver terminado.

Depois, o programa limpa a sinalização decimal usando a função `unsetf()` (isso é feito porque hexadecimais, octais e decimais são modos de formato mutuamente exclusivos), antes de ajustar o modo hex usando `setf()`. O `setf()` ajusta a sinalização hexadecimal sem alterar o valor de quaisquer outras das sinalizações de formato que possam estar ajustadas. Sempre que um inteiro for inserido no objeto `cout` para o restante da função, C++ exibirá o valor em hexadecimal.

Quando a função terminar de exibir valores no formato hexadecimal, ela recuperará o valor anterior, chamando `flags(fmtflags)`. Essa função membro sobrescreve as sinalizações atuais sem qualquer valor que você passar a ela.

Outro controle de formato é fornecido pela função membro `width(int)` que ajusta a largura mínima da seguinte operação de saída. No caso de o campo não aceitar toda a largura especificada, a inserção acrescentará o número exigido de caracteres de enchimento. O caractere de preenchimento padrão é um espaço, mas você poderá alterar isso, chamando `fill(char)`. Se C++ acrescenta os caracteres de preenchimento à esquerda ou à direita é determinado pela maneira pela qual a sinalização de formato `left` ou `right` está configurada.

Por exemplo, o fragmento de código:

```
int i = 123;
cout.setf(cout.right);
cout.unsetf(cout.left);
cout.fill('+');
cout << "i = [";
cout.width(10);
cout << i;
cout << "]" << endl;
```

gera a seguinte saída:

```
i = [+++++++123]
```

Observe que a chamada a width(int) aparece imediatamente antes de cout << i. Diferente de outras sinalizações de formatação, a chamada a width(int) só se aplica a exatamente o valor seguinte que você insere. Ele precisa ser reajustado depois de cada valor que você promove a saída.

O que está havendo com endl?

A maior parte dos programas neste livro termina com um *stream* (fluxo) de saída, inserindo o objeto endl. No entanto, alguns programas incluem \n dentro do texto para sair uma nova linha. Do que se trata?

O objeto endl insere uma nova linha no fluxo de saída, mas realiza mais uma etapa. Discos são dispositivos lentos (comparados aos processadores de computador). Escrever em disco com mais frequência que o necessário tornará o seu programa consideravelmente mais lento. Para evitar isso, a classe ofstream coleta a saída em um buffer interno. A classe escreve o conteúdo no disco quando o buffer está cheio.

Um *buffer* de memória usado para agilizar a saída de um dispositivo lento, como um disco, é conhecido como um *cache* – 'esconderijo' – local de alta velocidade na memória utilizado para armazenar temporariamente dados usados com frequência) – pronuncia-se "quéxi". Escrever o conteúdo do *buffer* em disco é conhecido como *flushing the cache* (esvaziando o cache).

O objeto endl acrescenta uma nova linha ao *buffer* e, depois, esvazia o cache no disco. Também é possível esvaziar, manualmente, o cache, chamando a função membro flush().

Veja que C++ não coloca no cache a saída para o objeto padrão de erro, cerr.

Manipulando Manipuladores

A extensão de algumas funções membro de formatação é bem curta. O melhor exemplo disso é a função membro width(n) – ela só é boa para a saída do valor seguinte. Depois disso, ela precisa ser reajustada. Essa implicação foi vista no fragmento anterior – a chamada a `cout.width(n)` teve que aparecer à direita, no meio da inserção:

```
cout << "i = [";
cout.width(10);
cout << i;
cout << "]" << endl;
```

A chamada a `cout.width(10)` só é boa para a saída logo a seguir, `cout << i`; ela não afeta a seguinte saída, `cout << "]"`.

Outras funções têm uma extensão curta, em geral porque você precisa mudar o valor delas com frequência. Por exemplo, alternar entre os modos decimal e hexadecimal enquanto executar saída, exige múltiplas chamadas a `setf(hex)` e `setf(dec)` através do programa.

Visto que o processo pode ser um pouco desajeitado, C++ define um meio mais conveniente de chamar essas funções membro comuns. A Tabela 31-5 define um conjunto dos chamados *manipulators* (manipuladores), que podem ser diretamente inseridos no fluxo de saída. Esses manipuladores definidos no arquivo include `iomanip` têm o mesmo efeito que chamar a função membro correspondente.

Tabela 31-5: Manipuladores comuns e suas funções membro equivalentes

Manipulador	Função Membro	Descrição
dec	setf(dec)	Ajusta exibição de raiz para decimal
hex	setf(hex)	Ajusta exibição de raiz para hexadecimal
oct	setf(oct)	Ajusta exibição de raiz para octal
setfill(c)	fill(c)	Ajusta o caractere de enchimento para c
setprecision(n)	precision(n)	Ajusta a exibição de precisão para n
setw(n)	width(n)	Ajusta a largura mínima do campo para n para a próxima saída

Por exemplo, o fragmento anterior pode ser escrito como a seguir:

```
cout << "i = [" << setw(10) << i << "]" << endl;
```

Os manipuladores de I/O nada mais são que um dispositivo para poupar trabalho – eles não acrescentam qualquer nova capacidade.

Se pretende usar manipuladores de I/O, você deve incluir `iomanip`.

Como Usar Classes Stringstream

Depois de alguma prática, você ficará muito bom em separar a entrada de um arquivo usando os extratores e gerando saída atraente com os controles de formatação oferecidos pela inserção. É uma pena que você não possa usar tal habilidade para separar *strings* de caracteres que já estão na memória.

Bem, é claro que C++ oferece tal capacidade (caso contrário, eu nem teria mencionado). C++ fornece dois pares de classes que permitem separar uma *string* na memória usando as mesmas funções de membro, aquelas que você está acostumado a usar para o arquivo de I/O. Um objeto de classe `istrstream` ou `istringstream` "se parece e sente" como um objeto `ifstream`. Da mesma forma, um objeto de classe `ostrstream` ou `ostringstream` responde aos mesmos comandos que um objeto `ofstream`.

A diferença entre os dois conjuntos de classes não está em como elas operam, mas em como são construídas. A classe `istrstream` deve ser montada com um *array* ASCIIZ como sua base. Toda entrada é realizada a partir desse *array*. A classe `istringstream` toma como sua base um objeto de classe `string`.

Neste livro, não trato da classe `string`, visto que, na prática, ela está um pouco além do escopo de um programador iniciante. Entretanto, a classe `string` age como um *array* ASCIIZ, cujo tamanho se altera automaticamente para ficar de acordo com o tamanho da *string*, se for solicitada a contê-la.

Da mesma forma, a classe `ostrstream` escreve em um *array* ASCIIZ, que é fornecido no construtor, enquanto a classe `ostringstream` cria um objeto `string` para saída.

As classes `istrstream` e `ostrstream` são definidas no arquivo *include* `strstream`. As classes `istringstream` e `ostringstream` são definidas no arquivo *include* `sstream`.

O seguinte programa, StringStream, separa as informações de `Student` de um arquivo de entrada, lendo primeiro uma linha que usa `getline()` antes de separá-la com `istrstream`.

As classes `strstream` estão sendo retiradas gradualmente da linguagem, sendo substituídas pelas classes `stringstream`; porém, aqui eu usei as classes `strstream`, visto que você está se baseando nos *arrays* de caractere ASCIIZ com os quais você já está familiarizado. Você irá querer trocar isso pelo uso das classes `stringstream` quando conhecer melhor a classe *string*. Ao montar o programa StringStream, o compilador Code::Blocks gera um aviso de que as classes `strstream` estão *deprecated* (depreciadas), significando que estão sujeitas à remoção.

```cpp
// StringStream - demonstrate the use of string stream
//                                            classes for parsing
input safely
#include <cstdio>
#include <cstdlib>
#include < iostream>
#include <strstream>
#include <cstring>
using namespace std;

struct Student
{
protected:
   char    szFiestName[128];
   char  szLastName[128];
   int     nStudentID;

public:
   Student(const char* pszFN, const char* pszLN,int nSID)
   {
       strncpy(szFirstName, pszFN, 128);
       strncpy(szLastName, pszLN, 128);
       nStudentID = nSID;
   }

   // display - write the student's data into the
   //                       array provided; don't exceed the size
   //                       of the array set by nLength
   void display(char* pszBuffer, int nLength)
   {
       ostrstream out(pszBuffer, nLength);

       out << szFirstName << " " << szLastName
           << " [" nStudentID << "]" << ends;
   }
};

int main(int nNumberofArgs, char* pszArgs[])
{
   Student *pStudents[128];
   int nCount = 0;

   cout << "Input student <last name, first name ID>\n"
        << "(Input a blank line to stop input)" << endl;

   for(;;)
   {
       // get another line to parse
```

```
        char szLine[256];
        cin.getline(szLine, 256);

        // terminate if line is blank
        if (strlen(szLine) == 0)
        {
            break;
        }

        // associate an istrstream object with the
        // array that we just read
        istrstream input(szLine, 256);

        // now try to parse the buffer read
        char szLastName[256];
        char szFirstName[256];
        int nSSID;

        // read the last name up to a comma separator
        input.getline(szLastName, 256, ',');

        // read the first name until encountering white
        // space
        input >> szFirstName;

        // now read the student id
        input >> nSSID;

        // skip this line if anything didn't work
        if (input.fail())
        {
            cerr << "Bad input: " << szLine << endl;
            continue;
        }

        // create a Student object with the data
        // input and store it in the array of pointers
        pStudent[nCount++] = new Student(szFirstName,
                        szLastName, nSSID);
    }

    // display the students input - use the Student's
    // output function to format the student data
    for(int n = 0; n < nCount; n++)
    {
        char szBuffer[256];
        pStudent[n]>display(szBuffer, 256);
        cout << szBuffer << endl;
    }
```

```
    // wait until user is ready before terminating program
    // to allow the user to see the program results
    system("PAUSE");
    return 0;
}
```

O programa começa criando um *array* de indicadores que ele usará para armazenar os objetos Student que ele criar. Depois, ele solicita ao usuário pelo formato dos dados do aluno que ele espera ler.

Em seguida, o programa entra em um *loop* onde, inicialmente, ele lê toda uma linha de entrada, inclusive a nova linha de encerramento. Se o comprimento da linha for lido como zero, significando que nada foi fornecido exceto uma nova linha, o programa romperá o *loop* de entrada.

Se algo entrou, o programa associa a entrada de um objeto istrstream ao *buffer*. Solicitações seguintes de leitura serão feitas a partir desse *buffer*, szLine. O *buffer* istrstream também deve informar ao construtor o tamanho do *buffer*, para que ele não leia além do fim.

A seguinte seção lê o sobrenome, o primeiro nome e o número da Previdência Social.

Essas leituras são seguras – elas não podem sobrecarregar os *buffers* szLastName e szFirstName, porque não é possível ao extrator retornar mais que 256 caracteres em qualquer leitura individual – razão pela extensão do *array* szLine.

Observe como o programa chama getline() passando um ',' como terminador. Isso lê caracteres, inclusive a vírgula que separa o sobrenome do primeiro nome.

Quando o programa tiver lido os três campos de alunos, ele verificará o objeto de entrada, para confirmar se tudo está funcionando, chamando input.fail(). Se fail() for true, o programa descartará qualquer coisa que ler e jogará a linha para o usuário, com uma mensagem de erro.

O construtor Student é típico daqueles que você viu em outros lugares no livro. O programa usa a função Student::display() para exibir o conteúdo de um objeto Student. Isso é feito de uma maneira muito elegante, simplesmente associando um objeto ostrstream ao *array* fornecido e, depois, inserindo o objeto. Tudo o que main() precisa fazer é fornecer a saída do resultado.

Isso é bem mais flexível do que a alternativa de inserir a saída diretamente em cout – o programa pode fazer qualquer coisa que queira com o *array* szBuffer contendo os dados de Student. Ele poderá escrevê-lo em um arquivo, enviá-lo para cout ou colocá-lo em uma tabela, mencionando apenas três possibilidades.

Observe que o último objeto, `display()`, insere o objeto `ends`. Isso é a abreviação da versão `endl;` de `strstream;` no entanto, `ends` não insere uma nova linha. Em vez disso, insere um nulo para encerrar a *string* ASCIIZ dentro do *buffer*.

Insira sempre um `ends` final para terminar a *string* ASCIIZ que você montar.

A saída do programa aparece como a seguir:

```
Input student <last name, first name ID>
(Input a blank line to stop input)
Davis, Stephen 12345678
Ashley 23456789
Bad input: Ashley 23456789
Webb, Jessalyn 34567890

Stephen Davis [12345678]
Jessalyn Webb [34567890]
Press any key to continue...
```

Veja como a segunda linha é rejeitada, visto que ela não segue o formato de entrada especificado, mas, o programa se recupera para aceitar novamente a entrada em uma terceira linha. De qualquer maneira, essa recuperação amável é muito difícil de fazer.

Capítulo 32
Aceito Exceção!

Neste Capítulo
▶ Introdução do mecanismo de exceção para lidar com erros de programa
▶ Como examinar em detalhes o mecanismo
▶ Criando sua própria classe de exceção personalizada

*S*ei que é difícil aceitar, mas, eventualmente, os programas não funcionam adequadamente – nem mesmo os meus. O meio tradicional de informar uma falha dentro de uma função é retornar alguma indicação àquele que chama, em geral como um valor de retorno. Historicamente, programadores de C e C++ têm usado 0 como o indicador de "tudo limpo" e qualquer outra coisa significando que houve um erro – o valor exato retornado indica a natureza do erro.

O problema com essa abordagem é que, normalmente, as pessoas não verificam todos os retornos de possíveis erros. É trabalho demais. E, se você fosse verificar todos os retornos de possíveis erros, logo veria o "código real", pois, de todos os caminhos de erro, é esse que quase nunca é executado.

Por fim, é possível embutir simplesmente muitas informações em um único valor de retorno. Por exemplo, a função `factorial()` poderia retornar um `-1` para "argumento negativo" (o fatorial de um número negativo não é definido) e um `-2` para "argumento grande demais" (fatoriais ficam muito grandes rapidamente – fatorial(100) está bem além da faixa de um `int`). Mas, se o programa retornasse um `-2`, você não gostaria de saber o valor daquele "argumento grande demais"? Não existe uma maneira fácil de embutir tais informações no retorno.

Os pais (e as mães) de C++ decidiram que a linguagem precisava de uma forma melhor de lidar com erros, assim, inventaram o mecanismo de exceção, que tem sido duplicado em muitas linguagens similares. As exceções são o assunto deste capítulo.

O Mecanismo de Exceção

O mecanismo de exceção é uma maneira para as funções reportarem erros, de modo que o erro seja tratado, mesmo se a função de chamada nada fizer. Ele se baseia em três novas palavras-chave: `try`, `catch` e `throw` (está certo, mais nomes variáveis que você não pode usar). O mecanismo de exceção funciona assim: uma função *trys* (tenta) fazê-lo através de um bloco de código sem erro. Se o programa detecta um problema, ele *throws* (dispara) um indicador de erro que a função de chamada pode *catch* (pegar) para processar.

O seguinte FactorialException demonstra como isso funciona em uns e zeros:

```cpp
// FactorialException - demonstrate the Exception error
//                                    handling mechanism with a
//                                    factorial function
#include <cstdio>
#include <cstdlib>
#include <iostream>
using namespace std;

// factorial - compute factorial
int factorial(int n)
{
    // argument must be positive; throw exception if
    // n is negative
    if (n < 0)
    {
        throw "Argument for factorial is negative";
    }

    // anything over 100 will overflow
    if (n > 100)
    {
        throw "Argument too large";
    }

    // go ahead and calculate factorial
    int nAccum = 1;
    while(n > 1)
    {
        nAccum *= n--;
    }
    return nAccum;
}

int main(int nNumberofArgs, char* pszArgs[])
{
    try
    {
        cout << "Factorial of 3 is "
             << factorial(3)
             << endl;

        cout << "Factorial of -1 is "
```

```
              << factorial(-1)
              << endl;

        cout << "Factorial of 5 is "
              << factorial(5)
              << endl;

    }
    catch(const char* pMsg)
    {
        cerr << "Error occurred: " << pMsg << endl;
    }
    catch(...)
    {
        cerr << "Unexpected error thrown" << endl;
    }

    // wait until user is ready before terminating program
    // to allow the user to see the program results
    system("PAUSE");
    return 0;
}
```

A função `main()` começa com a palavra-chave `try` seguida por uma chave aberta e, ocasionalmente, uma fechada. Tudo dentro das chaves é considerado como sendo um *try block* (bloco de tentativa). Depois, a função segue, exibindo o fatorial de três valores: 3, -1 e 5. O único problema é que o fatorial de um número negativo não é definido.

Isso pode ser visto dentro da função `factorial()`. Agora, essa versão da função contém uma verificação de um argumento negativo e de um argumento, que é tão grande que sobrecarregará a `int`. O controle passa para uma declaração consistindo da palavra-chave `throw`, seguida por uma *string* ASCIIZ contendo uma descrição do erro, no caso de quaisquer das condições serem verdadeiras.

Voltando a `main()`, ao final do bloco de tentativa, há duas *catch phrases* (frases de captura). Cada uma delas consiste da palavra-chave *catch* seguida por um argumento. Essas frases de captura destinam-se a pegar quaisquer exceções atiradas de dentro do bloco de tentativa. A primeira frase de captura irá pegar um ponteiro para uma *string* ASCIIZ. Essa frase de captura exibe a *string*. A segunda frase de captura com as reticências para um argumento destina-se a pegar qualquer coisa. Essa frase de captura coringa também exibe uma mensagem, mas, visto ser tão genérica, ela não imagina de onde foi atirada a exceção ou como interpretá-la; portanto, ela simplesmente fornece a saída de uma mensagem de erro genérica.

Na prática, o programa funciona assim: a primeira chamada a `factorial(3)` salta sobre as duas condições de erro e retorna o valor 6. Até aqui, sem problema.

A segunda chamada, `factorial(-1)`, leva o controle a passar à declaração `throw "Argument for factorial is negative"`. Esse comando passa, imediatamente, o controle para fora de `factorial()` e para o final do bloco de tentativa, onde C++ começa a comparar o tipo de `"Argument for factorial is negative"` (o qual, a propósito, é `const char*` – mas você sabia disso) a cada um dos argumentos de captura.

Felizmente, o tipo de objeto atirado combina com o tipo da primeira frase de captura. Isso exibe a *string* `"Error occurred:"` seguida pela *string* atirada de dentro de `factorial()`. Depois, o controle passa a primeira declaração seguinte à última frase de captura, a qual é a chamada comum a `system("PAUSE")`.

Em execução, a saída do programa aparece como a seguir:

```
Factorial of 3 is 6
Error occurred: Argument for factorial is negative
Press any key to continue ...
```

Observe que a chamada a `factorial(5)` nunca é executada. Não há como retornar de uma captura.

Examinando o mecanismo de exceção em detalhes

Vejamos agora, mais atentamente, como C++ processa uma exceção.

Quando C++ encontra *throw*, primeiro ela copia o objeto lançado em algum local neutro que não a memória local da função. Depois, na função atual, ela começa a procurar pelo fim do bloco de tentativa atual. Se não encontrar um, ela, então, executa um retorno a partir da função e prossegue a busca. C++ continua a retornar e procurar, retornar e procurar, até encontrar o fim do bloco de tentativa atual. Isso é conhecido como *unwinding the stack* (desenrolando a pilha).

Um aspecto importante de desenrolar a pilha é que, quando cada pilha é desenrolada, objetos que saem do escopo são destruídos, exatamente como se a função tivesse executado uma declaração `return`. Isso evita que o programa perca bens ou deixe objetos pendendo.

Quando é encontrado um encerramento de bloco de tentativa, o código busca pela primeira frase de captura, para ver se o tipo de argumento combina com o objeto atirado. Se não, ele verifica a frase de captura seguinte e assim por diante, até encontrar uma combinação.

Se não for encontrada nenhuma frase de captura combinando, então C++ volta a olhar para o bloco de tentativa seguinte, mais acima, em uma espiral interminável, até que possa ser encontrada uma captura adequada. Se nenhuma for encontrada, o programa terminará.

Quando uma frase de captura é encontrada, diz-se que a exceção deve ser tratada, e o controle passa para a seguinte declaração da última frase de captura.

A frase `catch(...)` pega todas as exceções.

Considerações especiais para lançar

Eu preciso citar algumas considerações especiais com relação a lançar exceções. Você precisa ter cuidado para não lançar um ponteiro a um objeto na memória local. Como a pilha está desenrolada, todas as variáveis locais são destruídas. C++ copiará o objeto em um local de memória protegida, para evitar que ele seja destruído, porém, não há como C++ dizer para onde um ponteiro está apontando.

Veja que evitei esse problema no exemplo anterior, lançando um ponteiro a uma *string* const – essas são mantidas em uma área diferente de memória, e não na pilha. Na próxima seção, você verá uma forma melhor de evitar esse problema.

Não pegue uma exceção se não souber o que fazer com o erro. Isso pode parecer óbvio, mas, na verdade, não é. O mecanismo de exceção permite aos programadores lidar com erros a um nível no qual eles podem, realmente, fazer algo a respeito deles. Por exemplo, se você estiver escrevendo uma função de armazenagem de dados e obtiver uma exceção de uma escrita em disco, não faz muito sentido pegá-lo. O destrutor do objeto de saída deve fechar o arquivo, e C++ irá chamá-lo automaticamente. Melhor deixar o erro se propagar a um nível onde o programa saiba o que ele está tentando fazer.

Uma frase de captura pode lançar novamente uma exceção, executando a palavra-chave `throw;` sozinha (sem um argumento). Isso permite ao programador processar, parcialmente, um erro. Por exemplo, uma função de banco de dados poderia capturar uma exceção "fechar quaisquer tabelas ou banco de dados abertos" e lançar novamente a exceção ao aplicativo de *software*, para que fosse tratado lá para sempre. (Supondo que os destrutores já não tenham feito isso.)

Finalmente, uma função pode declarar os tipos de objetos que ela lançará como parte da declaração. Em outras palavras, eu poderia ter declarado `factorial()` como a seguir:

```
int factorial(int n) throw(const char*);
```

Eu disse "poderia", pois ainda que algumas pessoas julguem declarações de exceção uma boa forma, elas não são obrigatórias. Nem sempre fica claro se as declarações de exceção são uma boa ideia. (Pessoalmente, eu não acho.)

Se você declarar os tipos de objeto que uma função lança, então, cada um que for lançado será comparado àquela lista, e será gerado um erro se a função tentar atirar alguma outra coisa. Se você não incluir um *throw* na declaração, a função poderá atirar o que quiser.

Criação de Uma Classe de Exceção Personalizada

A coisa seguinte a atirar é, na verdade, uma expressão que cria um objeto de algum tipo. No capítulo anterior, o objeto era um ponteiro, mas poderia ter sido qualquer objeto que você quisesse (com uma exceção, que citarei mais adiante nesta seção).

Por exemplo, eu poderia ter criado minha própria classe, com o objetivo específico de conter informações sobre erros. Para o exemplo `factorial()`, eu poderia ter criado uma classe `ArgOutOfRange`, que incluiria tudo o que você precisa saber sobre argumentos fora de faixa. Assim, eu poderia armazenar tantas informações quantas necessárias para depurar o erro (se fosse um erro), processar a exceção e informaria, claramente, o problema ao usuário.

O seguinte programa, CustomExceptionClass, cria uma classe `ArgOutOfRange` e a usa para oferecer uma descrição exata do erro encontrado em `factorial()`:

```
// CustomExceptionClass - demonstrate the flexibility of
//                                                              the
exception mechanism by creating
//                                                              a
custom exception class.
#include <cstdio>
#include <cstdlib>
#include <iostream>
#include <cstring>
#include <exception>
#include <strstream>
using namespace std;

class ArgOutOfRange : public exception
{
protected:
    char  szMsg[256];
    int nValue;
    int nMaxLegal;
    int nMinLegal;

public:
    ArgOutOfRange(const char* pszFName, int nVal,
                  int nMin = 0, int nMax = 0)
    {
```

```
        nValue = nVal;
        nMinLegal = nMin;
        nMaxLegal = nMax;

        ostrstream out(szMsg, 256);
        out << "Argument out of range in " << pszFName
            << ", arg is " << nValue;
        if (nMin != nMax)
        {
            out << ", legal range is "
                << nMin << " to " << nMax;
        }
        out << ends;
    }

    virtual const char* what()
    {
        return szMsg;
    }
};

// factorial - compute factorial
int factorial(int n)
{
    // argument must be positive; throw exception if
    // n is negative
    if (n < 0)
    {
        throw ArgOutOfRange("factorial()", n, 0, 100);
    }

    // anything over 100 will overflow
    if (n > 100)
    {
        throw ArgOutOfRange("factorial()", n, 0, 100);
    }

    // go ahead and calculate factorial
    int nAccum = 1;
    while(n > 1)
    {
        nAccum *= n--;
    }
    return nAccum;
}

int main(int nNumberofArgs, char* pszArgs[])
{
    try
```

```
{
  cout << "Factorial of 3 is "
       << factorial(3)
       << endl;

  cout << "Factorial of -1 is "
       << factorial(-1)
       << endl;

  cout << "Factorial of 5 is "
       << factorial(5)
       << endl;
}
catch(ArgOutOfRange e)
{
    cerr << "Error occurred:\n" << e.what() << endl;
}
catch(...)
{
    cerr << "Unexpected error thrown" << endl;
}

// wait until user is ready before terminating program
// to allow the user to see the program results
system("PAUSE");
return 0;
}
```

O programa `main()` inicia exatamente como no exemplo anterior. A função `factorial()` contém os mesmos testes. Mas, em vez de atirar uma simples *string* de caracteres, essa versão de `factorial()` ativa um objeto de classe `ArgOutOfRange`. O construtor de `ArgOutOfRange` dá espaço para o nome da função, para o valor do argumento afetado e para a faixa de valores legais ao argumento.

Todo o trabalho verdadeiro é feito na classe `ArgOutOfRange`. Primeiro, essa classe amplia a classe `exception`, a qual é definida no arquivo include `exception`. A classe `exception` define a função membro virtual `what()`, que você deve sobrecarregar com uma versão que promova a saída da sua mensagem. Todo o resto é opcional.

As classes de exceção definidas por usuário devem ampliar `exception`, para que C++ saiba o que fazer com a sua exceção, no caso de você falhar em pegá-la.

O construtor para `ArgOutOfRange` aceita o nome da função, o valor do argumento e os valores legais mínimo e máximo do argumento. Oferecer um valor padrão a esses argumentos torna-os opcionais.

O construtor usa a classe `ostrstream` (discutida no Capítulo 31) para criar uma descrição complexa do problema no *array* interno `szMsg`. Ele também salva fora dos próprios argumentos.

Uma versão completa de `ArgOutOfRange` ofereceria funções de acesso para permitir que cada um desses valores fosse questionado a partir do código de aplicativo, se desejado. Eu preciso deixar de fora esses detalhes, de modo a encurtar os programas ao máximo.

De volta à `factorial()`, os dois *throws*, agora, atiram objetos `ArgOutOfRange` com as informações apropriadas. A pega de retorno em `main()` é para um objeto `ArgOutOfRange`. Esse bloco apenas exibe uma mensagem de erro, com a descrição retornada por `ArgOutOfRange::what()`.

Uma vez que todo o verdadeiro trabalho foi feito no construtor, a função `what()` nada tem a fazer, exceto retornar um ponteiro à mensagem armazenada dentro do objeto.

Agora, a saída do programa é bem descritiva:

```
Factorial of 3 is 6
Error occurred:
Argument out of range in factorial(), arg is -1, legal
          Range is 0 to 100
Press any key to continue ...
```

Restrições sobre classes de exceção

Mencionei que o mecanismo de exceção pode atirar quase qualquer tipo de objeto. A única verdadeira restrição é que a classe deve poder ser copiada. Isso significa que ou o construtor de cópia padrão fornecido por C++ é o bastante (caso de `ArgOutOfRange`) ou a classe oferece o seu próprio construtor de cópia.

Essa restrição deve-se ao fato de que C++ precisa copiar o objeto exceção fora da armazenagem local e para algum "lugar seguro" antes de desenrolar a pilha. C++ usa novamente o construtor de cópia para copiar o objeto na área de armazenagem da captura.

Parte VII

A Parte dos Dez

Nesta parte. . .

Nenhum livro *Para Leigos* estaria completo sem a sua Parte dos Dez. Nesta parte, você verá dez maneiras de evitar os erros de codificação mais comuns e dez recursos avançados de linguagem, que você pode querer atacar quando for um pouco mais experiente com a linguagem C++

Capítulo 33

Dez Maneiras de Evitar Bugs

É uma tristeza saber que você gastará muito mais tempo procurando *bugs* e removendo-os do que, em primeiro lugar, de fato, gastará escrevendo seus programas. As sugestões desta seção podem ajudá-lo a minimizar a quantidade de erros introduzidos em seus programas, de modo a tornar a programação uma experiência mais agradável.

Habilite Todos os Avisos e as Mensagens de Erro

A sintaxe de C++ permite uma série de verificações de erro. Quando o compilador encontra uma montagem que ele simplesmente não pode decifrar, não há escolha senão enviar a saída de uma mensagem. Ele tentará sincronizar uma cópia com o código fonte (às vezes, com pouco sucesso), mas não gerará um executável. Isso forçará o programador a corrigir todas as mensagens de erro – sem escolha.

No entanto, quando C++ cruza com uma estrutura que consegue entender, mas que, de qualquer forma, cheira mal, C++ gera uma mensagem de aviso. Pelo fato de C++ ter muita certeza de entender o que você quer, ela vai em frente e cria um arquivo executável, de modo que você pode ignorar os avisos, se quiser. Na verdade, se você não quiser, realmente, preocupar-se, poderá incapacitar avisos.

Incapacitar ou então ignorar avisos é uma ideia extraordinariamente ruim. É, mais ou menos, como desligar a luz do motor no painel do seu carro, pois ela o incomoda. Ignorar o problema não o faz ir embora. Não significa que você pode, sempre, corrigir o problema – por exemplo, preferi ignorar os avisos no Capítulo 31 sobre `strstream` ser depreciado – mas pelo menos, você precisa entender o aviso. O que você não sabe, doerá em você.

Se o seu compilador tiver uma Syntax Check (Verificador de Sintaxe) do modo Hell, habilite-o.

Adote um Estilo de Codificação Objetivo e Consistente

Escrever o seu código C++ em um estilo objetivo e consistente não apenas aumenta a legibilidade de seu programa, como também resulta em menos erros de codificação. Essa posição, de certa forma surpreendente, resulta do fato de que a nossa mente só tem uma quantidade limitada de poder de computação. Quando você lê código que é claro e objetivo e que segue um estilo com o qual você está familiarizado, você gasta muito pouca energia analisando a sintaxe das declarações C++. Isso deixa mais energia da CPU do cérebro para decodificar o que o programa está tentando fazer, e não como ele está fazendo.

Um bom estilo de codificação permite que você faça o seguinte com facilidade:

- ✔ Diferencie entre nomes de classes, nomes de objetos e de funções.

- ✔ Entenda qual classe, função ou objeto é usado para basear seu nome.

- ✔ Diferencie símbolos de pré-processadores dos símbolos de C++ (isto é, objetos `#define` devem se destacar).

- ✔ Identifique blocos de código C++ ao mesmo nível (esse e o resultado de recuo consistente).

Além disso, você precisa estabelecer um formato de cabeçalho padrão de módulo que ofereça as informações sobre as funções ou classes no módulo, o autor (supostamente, você), a data, a versão e algo sobre a história da modificação.

Todos os programadores envolvidos em um único projeto devem usar o mesmo estilo de codificação. Um programa escrito como um mosaico de diferentes estilos de código é confuso e não parece profissional.

Comente o Código Enquanto o Escreve

Você pode evitar erros se comentar o seu código enquanto o escreve, em vez de esperar até que tudo funcione e, depois, voltar e acrescentar comentários. Posso aceitar não perder tempo para escrever cabeçalhos volumosos e descrições de funções, senão mais tarde, mas nunca aceitei não escrever comentários rápidos enquanto codificava.

Você já passou pela experiência de fazer uma pergunta a alguém e, mesmo antes de terminá-la, já saber a resposta? De alguma maneira, formular a pergunta o forçou a organizar seus pensamentos o bastante para que a resposta ficasse clara.

Escrever comentários é assim. Formular comentários força-o a controlar o que está tentando fazer. Comentários curtos são esclarecedores tanto quando você os lê mais tarde quanto ao escrevê-los.

Escreva comentários como se estivesse conversando com outro programador experiente. É possível imaginar que o leitor entenda o básico do programa, portanto, não explique como C++ funciona. Não faz sentido escrever comentários que expliquem como funciona a declaração `switch`, a menos que você esteja se baseando em algum ponto obscuro da linguagem (como a capacidade de queda da declaração `switch`).

Cada Caminho de Etapa Única no Depurador Pelo Menos uma Vez

Pode parecer uma declaração óbvia, mas direi de qualquer forma: como um programador, é importante que você entenda o que seu programa está fazendo. Não é suficiente que o programa execute a saída do valor esperado. Você precisa entender tudo o que o seu programa está fazendo. Nada lhe dá um melhor sentido do que está acontecendo abaixo do capô do que executar passo a passo o programa com um bom depurador (como aquele que vem com Code::Blocks).

Além disso, enquanto você depura um programa, às vezes precisa de material bruto para descobrir algum comportamento bizarro. Nada lhe dá tal material melhor que executar passo a passo através de cada função, quando elas entram em serviço.

Por fim, cada caminho lógico precisa ser percorrido pelo menos uma vez quando uma função é encerrada e está pronta para ser acrescentada ao programa. É mais fácil encontrar *bugs* quando a função é examinada sozinha em vez de ser atirada no pote com o resto das funções – e a sua atenção se foi nos novos desafios de programação.

Limite a Visibilidade

Limitar a visibilidade de classes internas ao mundo exterior é um fundamento de programação orientada a objeto. A classe deve ser responsável pela sua posição interna – se alguma coisa der errado na classe, então a culpa é do programador da classe. O programador do aplicativo deve se preocupar em resolver o problema à mão.

Especificamente, visibilidade limitada significa que os dados de membros não devem ser acessíveis de fora da classe – isto é, eles devem ser marcados como protegidos. Além disso, as funções membro, sobre as quais o aplicativo de *software* não precisa saber, também devem ser marcadas como protegidas. Não exponha mais do que o necessário das classes internas para conseguir o trabalho feito.

Uma regra correlata é que as funções membro públicas devem confiar o mínimo possível no código de aplicativo, mesmo se o programador da classe e o programador do aplicativo forem a mesma pessoa. O programador da classe deve agir como se aquele programador de aplicativo fosse um *hacker* mal-intencionado; se o seu programador estiver acessível à *Internet*, com muita frequência essa suposição é verdadeira.

Controle a Memória de Pilha

Perder o controle da memória de pilha é a fonte mais comum de erros fatais em programas que tenham sido liberados em campo e, ao mesmo tempo, o problema mais difícil de rastrear e remover (pois esse tipo de erro é difícil de encontrar e remover, ele é predominante em programas que você compra). Você pode ter rodado um programa por horas antes do problema começar a surgir (dependendo de quão grande é o vazamento de memória).

Como regra geral, os programadores devem sempre alocar e liberar memória de pilha ao mesmo "nível". Se uma função membro `MyClass::create()` alocar um bloco de memória de pilha e retorná-lo a quem chamar, então, lá deve haver um membro `MyClass::release()` que o retorna à pilha. Especificamente, `MyClass::create()` não deve exigir que a função pai libere a memória.

Se for possível, o próprio (membro) `My Class` deverá manter o controle de tais ponteiros de memória e removê-los no destrutor.

Com certeza, isso não evita todos os problemas de memória, mas reduz, de alguma forma, o predomínio deles.

Como Zerar Ponteiros Depois de Excluir o que Eles Apontam

Deduz-se, mediante a advertência da seção anterior, que é preciso certificar-se de zerar os ponteiros depois que já não forem mais válidos. Os motivos para fazer isso ficam claros com a experiência: frequentemente, você pode continuar a usar o bloco de memória que tenha sido retornado à pilha sem ao menos saber disso. Um programa deve rodar bem 99 % do tempo, dificultando encontrar o 1 % de casos onde o bloco é realocado, e o programa não funciona.

Se você zerar os ponteiros que já não são válidos e tentar usá-los para armazenar um valor (não é possível armazenar qualquer coisa em ou perto de um local 0), o seu programa quebrará imediatamente. Quebrar parece ruim, mas não é. O problema está lá; é apenas uma questão de se você vai encontrá-lo ou não, antes de colocar em produção.

É como descobrir em um raio-x um tumor em um estágio inicial. Encontrar um tumor cedo quando é fácil de tratar é uma coisa boa. Visto que o tumor está lá de qualquer modo, não encontrá-lo é muito pior.

Use Exceções Para Lidar com Erros

O mecanismo de exceção em C++ destina-se a lidar conveniente e eficientemente com erros. Em geral, você deve lançar um indicador de erro em vez de retornar uma sinalização de erro. O código resultante é mais fácil de escrever, ler e manter. Além do mais, outros programadores estão habituados a esperar por ele, e você não quer desapontá-los, não é?

Dito isto, limite o seu uso de exceções a erros verdadeiros. Não é necessário lançar uma exceção a partir de uma função que retorna um indicador de "não funcionou" se isso fizer parte do cotidiano daquela função. Veja a função `lcd()` que retorna o denominador menos comum de seus dois argumentos. Tal função não retornará quaisquer valores quando apresentada com dois números mutuamente primos. Isso não é um erro e não deve resultar em uma exceção.

Declare Destrutores Virtuais

Não se esqueça de criar um destrutor para a sua classe se o construtor alocar recursos, tais como memórias de pilha, que precisem ser retornados quando o objeto atingir o seu fim. Essa regra é bem fácil de ensinar. O que é um pouquinho difícil para os alunos lembrarem é isto: tendo criado um destrutor, não se esqueça de declará-lo virtual.

"Mas", você diz, "minha classe não herda de nada, e não está sujeita à subclasse de uma outra classe". Sim, mas **poderia** tornar-se uma classe base no futuro. A menos que você tenha um bom motivo para não declarar o destrutor virtual, então, faça-o ao criar, inicialmente, a classe (veja uma discussão detalhada sobre destrutores virtuais no Capítulo 29.)

Forneça uma Cópia de Construtor e Operador de Designação Sobrecarregado

Aqui está outra regra pela qual viver: se a sua classe precisar de um destrutor, quase certamente ela precisará de uma cópia de construtor e de um operador de designação sobrecarregado. Se o seu construtor alocar recursos, tais como memória de pilha, a cópia de construtor padrão e o operador de designação nada farão, a não ser criar estragos, gerando múltiplos ponteiros aos mesmos recursos. Quando o destrutor para um desses objetos é chamado, ela recupera os bens. Quando o destrutor de outra cópia surgir, ele estragará as coisas.

Se você estiver com muita preguiça ou muito confuso, ou simplesmente não precisar de uma cópia de construtor e operador de designação, então, declare que as versões "nada fazem", mas, torne-as protegidas, de modo a que o aplicativo de *software* não tente chamá-las inadvertidamente. Veja, no Capítulo 30, mais detalhes. (O padrão C++ 2009 permite que você remova ambos os padrões, cópia de construtor e operador de designação, mas declará-los protegidos também funciona quase tão bem quanto.)

Capítulo 34

Dez Recursos não Abordados Neste Livro

A linguagem C++ contém tantos recursos, que abordar cada um em um único livro – especialmente um livro destinado a programadores iniciantes – é impossível. Felizmente, você não precisa administrar todos os recursos da linguagem para escrever grandes programas de mundo real.

Contudo, talvez você queira olhar adiante para alguns dos recursos que não cortei deste livro para iniciantes, para o caso de vê-los em programas de outras pessoas.

O Comando goto

Esse comando volta por todo o caminho para C, o pai de C++. Em princípio, usar esse comando é bem simples. Você pode colocar goto label; onde quer que você queira. Quando C++ cruza com esse comando, o controle passa imediatamente para a *label* (etiqueta), conforme demonstrado neste fragmento de código:

```
for(;;)
{
   if (conditional expression)
   {
      goto outahere;
   }
   // ...whatever you want...
}
outahere:
// ...program continues here...
```

Porém, na prática, `goto` apresenta uma série de maneiras de estragar as coisas – muitas mais do que posso comentar aqui. De qualquer modo, não demorou muito para os programadores perceberem que os dois usos mais comuns de `goto` eram sair de *loops* e ir para o próximo comando dentro de uma *loop*. O C Standards Committee (Comitê de Padrões de C) introduziu `break` e `continue` e removeu quase completamente a necessidade do comando `goto`. Posso dizer que tenho programado em C e C++ por quase 20 anos e nunca tive uma aplicação para um `goto` com o qual não pudesse lidar de uma maneira mais clara.

O Operador Ternário

O operador ternário é um operador único em C e C++. Ele funciona como a seguir:

```
int n = (conditional) ? expression1 : expression2;
```

Inicialmente, o operador ? avalia `conditional`. Se a condição for verdadeira, então, o valor da expressão é igual ao valor de `expression1`; caso contrário, é igual ao valor de `expression2`.

Por exemplo, você poderia implementar uma função `maximum()` como a seguir:

```
int max(int n1, int n2)
{
   return (n1 > n2) ? n1 : n2;
}
```

O operador ternário pode ser aplicado a qualquer tipo numérico, mas não pode ser sobrecarregado. Na verdade, o operador ternário é uma expressão, e não uma declaração de controle, como `if`.

Lógica Binária

Eu resolvi pular completamente o tópico de aritmética binária. Alguns leitores considerarão isso escandaloso. Afinal, como é possível falar sobre programação sem se aprofundar nos uns e nos zeros? Não que eu não considere o tópico válido – simplesmente acho que explicar adequadamente o tópico ocupa muitas páginas de texto e, de alguma forma, deixa os leitores confusos, quando, na prática, ele raramente é usado. Busque pelo tópico quando se sentir à vontade com o básico da programação C++.

Tipos Enumerados

Esse é um tópico que quase foi cortado do livro. A ideia simples é que você pode definir constantes e deixar que C++ designe valores a eles, como mostrado aqui:

```
enum Colors {BLACK, BLUE, GREEN, YELLOW, RED};
Colors myColor = BLACK;
```

O problema com tipos enumerados está na implementação: em vez de criar um tipo verdadeiro, C++ usa inteiros. Nesse caso, BLACK é designado ao valor 0, BLUE é designado 1, GREEN 2 e assim por diante. Isso leva a situações especiais que fazem o tópico não valer o trabalho.

A Biblioteca Padrão 2009 para C++ "corrigiu" esse problema, criando tipos enumerados verdadeiros, porém, não afastou a versão de inteiro, tentando manter compatibilidade para com programas existentes. O resultado é ainda mais confuso que antes.

Namespaces

É possível fornecer entidades diferentes em duas bibliotecas diferentes do mesmo nome. Por exemplo, provavelmente, a função grade() dentro da biblioteca de Student designa uma nota, enquanto a função grade() dentro da biblioteca de Civil Engineering (Engenharia Civil) poderia ajustar a inclinação do lado de uma colina. Para evitar esse problema, C++ permite que o programador coloque seu código em um *namespace* separado. Assim, o grau dentro do espaço de nome de Student é diferente daquela dentro de CivilEngineering.

O espaço de nome está acima e além do nome de classe. A função membro `grade()` da classe `BullDozer` no espaço de nome de `CivilEngineering` tem o nome ampliado `CivilEngineering::BullDozer::grade()`.

Todos os objetos e todas as funções de biblioteca estão no espaço de nome `std`. A declaração no início do gabarito de programa `using namespace std;` informa que você não vê o objeto especificado no espaço de nome padrão, depois, veja em `std`. Sem isso, eu teria que incluir explicitamente o espaço de nome, como no seguinte fragmento:

```
std::cout << "Hello, world!" << std::endl;
```

Funções Virtuais Puras

No Capítulo 29, você viu como declarar funções virtuais. O que eu não citei lá é que não é preciso definir uma função virtual declarada. Essa função indefinida é conhecida como uma *pure virtual member function* (função membro virtual pura). Entretanto, as coisas ficam complicadas. Por exemplo, uma classe com uma ou mais funções virtuais puras é considerada abstrata e não pode ser usada para criar um objeto (vê o que quero dizer?). Explore esse assunto depois que estiver à vontade com funções virtuais ligação tardia.

A Classe String

Esse é outro tópico que quase foi cortado. A maioria das linguagens inclui uma classe `string` como um tipo intrínseco para lidar facilmente com *strings* de caracteres. Na teoria, a classe *string* deveria fazer o mesmo para C++. Porém, na prática, não é assim tão simples. Pelo fato de `string`, não ser um tipo intrínseco, as mensagens de erro que o compilador gera quando alguma coisa dá errado são mais como aquelas associadas às classes definidas por usuário. Para um iniciante, essas mensagens podem ser bem difíceis de interpretar.

Na realidade, é pior do que estou descrevendo aqui – `string`, nem mesmo é uma classe. É um exemplo de um gabarito de classe. As mensagens de erro podem ser de tirar o fôlego.

Herança Múltipla

No Capítulo 28, descrevo como basear uma classe em outra usando herança. O que não mencionei lá é que, de fato, uma classe pode se ampliar mais do que uma classe de base. Isso parece simples, mas pode ficar bem complicado quando as duas classes de base contêm funções membro com o mesmo nome. Ou pior, quando ambas são, elas próprias, subclasses de alguma classe comum. Na verdade, há tantos problemas que surgem, que C++ é a única linguagem do tipo C que suporta múltipla herança. Java e C#, duas linguagens oriundas de C++, resolveram desistir do suporte para múltipla herança. Eu recomendo que programadores iniciantes evitem o assunto.

Gabaritos e a Standard Template Library (Biblioteca de Gabarito Padrão)

Os autores de C++ perceberam como são as funções similares com o seguinte:

```
int max(int n1, int n2)
{
   if (n1 > n2)
   {
      return n1;
   }
   return n2;
}
double max(double n1, double n2)
{
   if (n1 > n2)
   {
      return n1;
   }
   return n2;
}
char max(char n1, char n2)
{
   if (n1 > n2)
   {
      rerturn n1;
   }
   return n2;
}
```

Quase consigo imaginar a cena: "Não seria legal", um diria ao outro, "se pudéssemos substituir o tipo por um pseudotipo T que pudéssemos definir no tempo de compilação?". Antes que você soubesse disso, os gabaritos tornaram-se uma parte de C++:

```
template <classT> T max(T t1, T t2)
{
   if (t1 > t2)
   {
      return t1;
   }
   return t2;
}
```

Agora o programador pode criar um `max(int, int)` substituindo T por int e compilar o resultado, criar um `max(double, double)`, substituindo T por `double` e assim por diante. O Comitê de Padrões até mesmo liberou uma biblioteca inteira de classes, conhecida como a Standard Template Library (abreviada para STL), com base nos gabaritos de classes.

Mas, para um iniciante, o assunto de gabarito de classes começa a ficar sintaticamente bem complicado. Além disso, os erros gerados pelo compilador quando você faz um recuo errado de gabarito são confusos para um especialista, que dirá para um iniciante. Definitivamente, esse é um tópico que precisa esperar até que você esteja à vontade com a linguagem básica.

O Padrão C++ 2009

O C++ Standard (Padrão C++) foi lançado e aceito no final da década de 1990. As coisas mudaram relativamente pouco nos anos seguintes, mas a demanda por acréscimos à linguagem cresceu até que, finalmente, foi lançado para comentários o Padrão 2009 ao final de 2008. O problema com esse padrão é que ele apresenta muitos novos recursos para os quais parece haver bem pouca demanda. O padrão tem mais de 1.400 páginas. (Reconhecidamente, ele inclui muitas definições de biblioteca muito secas e muito repetitivas, mas, ainda assim, C++ não é mais qualquer pequena linguagem.) Enquanto escrevo isto (início de 2010), nenhum dos compiladores implementa totalmente o padrão 2009.

Apêndice

Sobre o CD

Esta seção descreve o CD-ROM incluso ao final de *Começando a Programar em C++ para leigos*. Todos os leitores gostarão do código fonte para os programas do livro – usar esse código pode poupá-lo de muita digitação. Além disso, usuários de Windows de 32-bit gostarão do ambiente de desenvolvimento Code::Blocks acoplado ao compilador GNU C++, pronto para ser instalado no Windows 2000, Windows XP, Windows Vista ou Windows 7 (usurários de Macintosh e Windows de 64-bit podem fazer o *download* de Code::Blocks de *www.codeblocks.org*).

Exigências de Sistema

Assegure-se de que o seu computador atinja as exigências mínimas de sistema, mostradas na relação a seguir. Se o seu computador não combinar com a maior parte dessas exigências, você terá problemas ao usar o *software* e os arquivos do CD. Para obter mais e mais recentes informações, favor ler o arquivo ReadMe (Leia-me), localizado na raiz do CD-ROM.

- Um PC rodando Microsoft Windows ou Linux com kernel (núcleo; a parte principal de um programa) 2.4 ou posterior

- Um Macintosh rodando Apple OS X ou posterior

- Uma conexão com a *Internet* (exigida apenas para fazer o *download* de versões do Code::Blocks para Macintosh ou Linux)

- Um *drive* de CD-ROM

Se houver necessidade de mais informações sobre o básico, consulte esses livros publicados pela Wiley Publishing, Inc.: *PCs for dummies*, de Dan Gookin; *Macs for dummies*, de Edward C. Baig; *iMacs for dummies*, de Mark L. Chambers: e *Windows XP for dummies*, *Windows Vista Para Leigos* e *Windows 7 Para Leigos* todos de Andy Rathbone.

Como Usar o CD

Estas etapas irão ajudá-lo a instalar os itens do CD em seu disco rígido:

1. **Insira o CD no *drive* de CD-ROM do seu computador.**

   Aparece o contrato de licenciamento.

   Nota para usuários Windows: A *interface* não será lançada se a autoria estiver incapacitada. Nesse caso, escolha Start⇨Run [Iniciar – Rodar] (Para Windows Vista, escolha Start⇨All Programs⇨Accessories⇨Run [Iniciar – Todos os Programas – Acessórios – Executar]). Na caixa de diálogo que aparece, digite **D:\Start.exe**. (Substitua *D* pela letra apropriada se o seu *drive* de CD usar uma letra diferente. Se não souber qual é a letra, veja como o seu CD está relacionado em My Computer [Meu Computador].) Clique OK.

   Nota para usuários Mac: Quando o ícone de CD aparecer em seu *desktop*, clique duas vezes no ícone para abrir o CD e clique duas vezes o ícone Start.

   Nota para usuários Linux: As especificidades de montar e usar CDs variam muito entre as diferentes versões de Linux. Por favor, veja o manual ou busque informações para o seu sistema específico se tiver problemas para usar este CD.

2. ***Leia todo o contrato de licenciamento e, depois, clique o botão Accept [Aceito] se quiser usar o CD.***

   A *interface* do CD aparece. Ela permite que você busque o conteúdo e instale os programas apenas com um clique de um botão (ou dois).

3. ***Copie o código fonte de C++ em seu disco rígido.***

   É possível ver o código fonte no CD-ROM, mas você não pode montar ou executar programas lá.

4. ***Usuários Windows irão querer instalar o ambiente Code::Blocks.***

   O Capítulo 2 irá guiá-lo através de instruções passo a passo sobre como instalar Code::Blocks e como criar o seu primeiro programa.

O Que Você Encontrará no CD

As seções a seguir são organizadas por categoria e oferecem um resumo do *software* e outras benesses que você encontrará no CD. Se precisar de ajuda com a instalação dos itens fornecidos no CD, procure as instruções de instalação na seção anterior.

Para cada programa relacionado, forneço a plataforma do programa (Windows ou Mac), além do tipo de *software*. Os programas caem em uma das seguintes categorias:

- Os *shareware programs* (programas de degustação) são programas funcionais, gratuitos, em versões de direitos autorais. Se você quiser programas em especial, registre-se com seus autores por uma taxa nominal e receba licenças, versões avançadas e suporte técnico.

- Os *freeware programs* (programas gratuitos) são gratuitos, jogos com direitos autorais, aplicativos e utilitários. Você pode copiá-los para tantos computadores quantos quiser – gratuitamente –, mas eles não oferecem suporte técnico.

- O *software GNU* é regulado pela sua própria licença, a qual está incluída na pasta do *software* GNU. Não há restrições quanto à distribuição de *software* GNU. Para mais detalhes, veja a licença GNU na raiz do CD.

- As versões de *software trial* (de experiência), *demo* (demonstração) ou *evaluation* (avaliação), normalmente são limitadas, seja por tempo ou por funcionalidade (tal como não permitindo que você salve um projeto depois de criá-lo).

Programas CPP

Para todos os ambientes. Todos os exemplos oferecidos neste livro estão localizados no diretório Beginning_Programming-CPP no CD e funcionam com Macintosh, Linux, Unix e Windows e computadores posteriores. Esses arquivos contêm o exemplo de código do livro. Cada programa de exemplo está em sua própria pasta. Por exemplo, o programa Conversion está em:

```
Beginning_Programming-CPP\Conversion
```

Para Windows. Eu montei um conjunto de espaço de trabalho e um de arquivos de projeto para Code::Blocks, que lhe permite recompilar todos os programas do livro com um único clique de *mouse*. O arquivo AllPrograms.workspace está localizado na pasta Beginning_Programming-CPP (veja o Capítulo 2 para uma explicação de arquivos de Projeto Code::Blocks). Você **deve** copiar o código fonte do CD-ROM em seu disco rígido antes de usá-lo.

Ambiente de desenvolvimento Code::Blocks

Para Windows. Code::Blocks é uma "de código aberto, multiplataforma" de ambiente de desenvolvimento destinado a funcionar com uma série de compiladores diferentes. A versão incluída no CD-ROM traz o compilador GNU gcc C++ (versão 4.4) para versões de 32-bit de Windows (se você não souber se o seu Windows é de 32-bit ou não, quase certamente, é). Code::Blocks é suportado pela "The Code::Blocks Team/" (A Equipe Code::Blocks). Mais informações podem ser obtidas em www.codeblocks.org.

Para não Windows. É possível fazer o *download* de uma versão de Code::Blocks que funciona para o seu sistema operacional em `www.codeblocks.org`. Eles têm versões de Code::Blocks para quase todos os ambientes, faltando apenas o iPhone.

Solucionando Problemas

Eu fiz o máximo possível para compilar programas que funcionem na maioria dos computadores com o mínimo de exigências de sistema. Mas o seu computador pode ser diferente, e alguns programas podem não funcionar adequadamente por algum motivo.

Incluo o espaço de trabalho e arquivos de projeto de Code::Blocks para a fonte C++ inclusa. Literalmente, isso lhe permite recompilar todos os programas com um único clique. Entretanto, esses arquivos de projeto imaginam que os programas estão instalados no diretório `C:\Beginning_Programming-CPP`. Você terá que configurar os seus próprios arquivos de projeto se resolver instalar o código fonte em um diretório diferente.

Outros problemas comuns são que você não tem memória suficiente (RAM) para os programas que deseja usar, ou tem outros programas rodando que estão afetando a instalação ou rodando um programa. Se obtiver uma mensagem de erro, tal como `Not enough memory` (memória insuficiente) ou `Setup cannot continue` (instalação não pode prosseguir), experimente uma ou mais das seguintes sugestões e, depois, tente usar de novo o *software*:

- **Desative qualquer** *software* **de antivírus rodando em seu computador.** Às vezes, a instalação de programas imita a atividade de vírus e pode fazer o seu computador acreditar, erroneamente, que está sendo infectado por um vírus.

- **Feche todos os programas sendo executados.** Quanto mais programas você tiver rodando, menos memória estará disponível a outros programas. Tipicamente, a instalação de programas atualiza arquivos e programas; assim, se você mantiver outros programas em execução, a instalação poderá não funcionar adequadamente.

- **Peça à loja local de computadores para acrescentar mais RAM ao seu computador.** Certamente, essa é uma ação drástica e, de certa forma, cara. No entanto, acrescentar mais memória poderá, de fato, ajudar a velocidade de seu computador e permitir que mais programas rodem ao mesmo tempo.

Índice Remissivo

• G •

Editora Alta Books

Livros sobre negócios, gastronomia, informática, fotografia, guias de viagens, idiomas, além das séries Para Leigos, Use a Cabeça!, Sem Mistério, Leia & Pense e Frommer's.

Acesse nosso site
www.altabooks.com.br
e conheça nosso catálogo.

ALTA BOOKS
E D I T O R A

www.altabooks.com.br/blog

ROTAPLAN
GRÁFICA E EDITORA LTDA

Rua Álvaro Seixas, 165
Engenho Novo - Rio de Janeiro
Tels.: (21) 2201-2089 / 8898
E-mail: rotaplanrio@gmail.com